Top im Gesundheitsjob

TOP im Gesundheitsjob – Einfach zum Mitnehmen!
Die Pocketreihe für Berufe im Gesundheitswesen mit Themen für Ihre Karriere und die persönliche Weiterentwicklung.
Top im Gesundheitsjob bietet Ihnen zum schnellen Nachlesen und Anwenden:

- Wissen rund um Themen für eine bessere Ausgangsposition in Gesundheitsberufen
- Autoren aus den Gesundheitsberufen
- Konzentration auf die wesentlichen, für die Umsetzbarkeit wichtigen Inhalte
- Eine kurzweilige und informative Wissensvermittlung
- Selbsttests, Übungen und Trainingsprogramme

Renate Tewes

Wie bitte? – Kommunikation in Gesundheits- berufen

3. Auflage

Renate Tewes
Crown Coaching International
Dresden, Sachsen, Deutschland

ISSN 2625-9400   ISSN 2625-9419   (electronic)
Top im Gesundheitsjob
ISBN 978-3-662-66737-8   ISBN 978-3-662-66738-5   (eBook)
https://doi.org/10.1007/978-3-662-66738-5

Die Deutsche Nationalbibliothek verzeichnet diese Publikation in der Deutschen Nationalbibliografie; detaillierte bibliografische Daten sind im Internet über http://dnb.d-nb.de abrufbar.

Planung/Lektorat: Sarah Busch
Springer ist ein Imprint der eingetragenen Gesellschaft Springer-Verlag GmbH, DE und ist ein Teil von Springer Nature.
Die Anschrift der Gesellschaft ist: Heidelberger Platz 3, 14197 Berlin, Germany

Für Katharina: meine Schwester

Vorwort

Das Thema »Kommunikation im Gesundheitswesen« ist brandaktuell. Obwohl die Kommunikation in dieser Branche eine zentrale Grundlage für alles Handeln bildet, wird es doch vergleichsweise wenig gelehrt. Das mag einer der Gründe dafür sein, warum es in Bezug auf Gesprächsführung und Zusammenarbeit enorme Entwicklungspotenziale im Gesundheitswesen gibt.

Das Missverstehen, aneinander vorbeireden oder das Vorenthalten von Informationen prägt oft den beruflichen Alltag. Auch Mobbing gehört dazu und kommt im Gesundheits- und Sozialwesen 7-mal häufiger vor als in anderen Berufsbereichen [214, 215]. Diese Zahlen sprechen eine deutliche Sprache und weisen auf den Handlungsbedarf hin.

Eine Verbesserung des kommunikativen Umgangs miteinander hat bedeutsame ökonomische Auswirkungen. Denn unprofessionelle Kommunikation belastet die Menschen im Gesundheitswesen und hat Auswirkungen auf die Berufszufriedenheit, den Krankenstand, die Fluktuation und die Fehlerhäufigkeit. Damit wird professionelle Kommunikation zum ökonomischen Faktor und Führungskräfte im Gesundheitswesen müssen sich fragen, wie viel unprofessionelle Kommunikation sie sich noch leisten können.

Und hier die gute Nachricht: Kommunikation ist kein Hexenwerk, sondern lernbar! Es braucht natürlich Übung, um Gespräche und Interaktionen zu trainieren. Doch dafür bietet der berufliche Alltag viele Übungsfelder. Mögen alle Leser*innen dieses Buches inspiriert sein, die eigenen Gespräche zukünftig intensiver zu reflektieren, die aufgezeigten Kommunikationsmodelle auszuprobieren und Lust an gelungener Kommunikation zu entwickeln.

Die beste Tanzpartnerin für den beruflichen Erfolg ist die gelingende Kommunikation. Gemeinsam sind sie ein unschlagbares Paar" (Renate Tewes)

Tewes Dresden   Renate Tewes
Dezember 2022

Inhaltsverzeichnis

Über die Autorin

Prof. Dr. Renate Tewes „Die kommunikative Kompetenz ist einer der größten Treiber für wirtschaftlichen Erfolg in Unternehmen" so Renate Tewes

Prof. Dr. Renate Tewes hat vor 20 Jahren den ersten Pflegestudiengang in Dresden aufgebaut. Seither lehrt in den Fachgebieten Pflegewissenschaft und Pflegemanagement an der Ev. Hochschule Dresden. Als Dipl.-Psychologin, Coachin und Trainerin verfügt sie über langjährige Erfahrungen in der Beratung und Begleitung von Führungskräften im Gesundheitswesen. Seit 15 Jahren ist sie Geschäftsführerin der Unternehmensberatung CROWN COACHING INTERNATIONAL und berät, trainiert und coacht in deutscher und englischer Sprache. Sie bildet Führungstrainer aus und leitet Case Management Weiterbildungen.

Die gelingende Zusammenarbeit im Gesundheitswesen zählt zu ihren Herzensprojekten. Deshalb bietet sie zu diesem Thema eine Vielzahl an Trainings an und hat dazu eigene Methoden entwickelt. Die Teilnehmer*innen ihrer Workshops sagen es ist „informativ, kurzweilig und praxisnah" Ebenfalls bei Springer erschienen sind:

- Tewes R (Hrsg.) (2021) Innovative Staff Development in Healthcare.
- Tewes R; Matzke C (Hrsg.) (2021) Innovative Personalentwicklung im In- und Ausland. Für Einrichtungen im Gesundheitswesen
- Tewes (2015) Führungskompetenz ist lernbar. Praxiswissen für Führungskräfte in Gesundheitsfachberufen (3. Auflage)
- Tewes, Stockinger (2014) Personalentwicklung in Pflege- und Gesundheitseinrichtungen. Erfolgreiche Konzepte und Praxisbeispiele aus dem In und Ausland
- Tewes (2014) Einig werden. Verhandlungsführung für Physio- und Ergotherapeuten
- Tewes (2014) Einfach gesagt. Kommunikation für Physio- und Ergotherapeuten
- Tewes (2011) Verhandlungssache. Verhandlungsführung in Gesundheitsberufe

1

Kennen Sie das auch?

Gomer

Zwei Mitarbeiter unterhalten sich über eine Patientin.

»Wie alt ist die eigentlich?« Eher vom »Typ Krampf-adergeschwader« oder schon »Rubrik Scheintod?« »Na, ein echter Gomer eben!«

Gomer ist die Abkürzung für get out of my emergency room und bezieht sich auf den Roman »House of God« von Samuel Shem [179]. In der Umgangssprache medizinischen Personals steht Gomer für einen alten ver-wirrten Patienten, der lieber sterben sollte, als die Notauf-nahme einer Klinik zu blockieren.

Die Unterredung der beiden Mitarbeiter*innen ist würdelos und menschenverachtend. Dennoch bestimmen solche Vokabeln nicht selten den medizinischen Alltag und laden – insbesondere in arbeitsreichen Phasen – dazu ein, einfach mit zu lästern.

© Der/die Autor(en), exklusiv lizenziert an Springer-Verlag GmbH, DE, ein Teil von Springer Nature 2023
R. Tewes, *Wie bitte? – Kommunikation in Gesundheitsberufen,* Top im Gesundheitsjob, https://doi.org/10.1007/978-3-662-66738-5_1

Extra Einladung
Eine ergotherapeutische Praxis hat sich auf entwicklungs-
verzögerte Kinder spezialisiert. Der neue Kollege gibt sich
viel Mühe und kommt auch bei den Eltern und Kindern
gut an. Einmal beobachten Sie folgende Szene: der Kollege
arbeitet gerade mit einem stark sehbehinderten Kind mit
Knete, als die Mutter eines anderen Kindes im Therapie-
raum erscheint und um eine Terminverschiebung bittet.
Der Kollege verlässt kurz den Raum, um dieser Mutter
behilflich zu sein. Der sehbehinderte Junge fängt an, sich
die Knete in den Mund zu stecken und Sie können gerade
noch verhindern, dass er sie herunterschluckt.

Als ihr Kollege zurückkommt, sagen Sie: »Wenn Du
zukünftig während einer Behandlung den Raum verlässt,
sag mir bitte vorher Bescheid, damit ich mich dann auch
um Dein Kind kümmern kann, okay? Der Kleine hier hat
gerade versucht seine Knete zu essen.«

Der Kollege reagiert ärgerlich: »Mein Gott, Du hast
doch gesehen, dass ich mal raus musste. Da ist es doch
selbstverständlich, dass Du mal einen Blick auf mein Kind
wirfst. Oder brauchst Du dazu eine extra Einladung?«

Eine ganz alltägliche Situation. Sie haben es mit
dem Kollegen nur gut gemeint und der reagiert gleich
abwehrend. Sie haben doch nichts Falsches gesagt, oder?
Nein, eigentlich nicht. Doch in diesem Gespräch reagieren
Sender und Empfänger der Kommunikation auf unterschiedlichen Ebenen und reden so aneinander vorbei.
Während Sie auf der Sachebene einen Vorschlag machen,
der zukünftig mögliche Probleme verhindern soll, hört der
Kollege auf der Beziehungsebene nur die Kritik.

2

Basics professioneller Kommunikation

Jenseits von richtig und falsch liegt ein Ort. Dort treffen wir uns. (Dschalal-ad-Din Muhammad Rumi)

Fast alle Kommunikation hat gelungene und weniger gelungene Momente. Deshalb gibt es Streng genommen keine Einteilung in professionelle und unprofessionelle Kommunikation. Dennoch habe ich mich entschlossen, im Folgenden jeweils Beispiele auszuwählen, welche eher für das Eine oder für das Andere stehen. Diese Schwarz-weiß-Zeichnung dient insbesondere dem leichteren Verständnis dieser komplexen Thematik.

© Der/die Autor(en), exklusiv lizenziert an Springer-Verlag GmbH, DE, ein Teil von Springer Nature 2023
R. Tewes, *Wie bitte? – Kommunikation in Gesundheitsberufen,* Top im Gesundheitsjob, https://doi.org/10.1007/978-3-662-66738-5_2

2.1 Professionelle Kommunikation macht den Unterschied

Bei der menschlichen Kommunikation werden verbale und nonverbale Nachrichten gesendet und empfangen [50]. Obwohl sich das simpel anhört, handelt es sich dabei um einen komplexen Vorgang, der höchst störanfällig ist. Das müssen wir im beruflichen Alltag immer wieder (oft schmerzhaft) erfahren.

„Kommunikation ist ein komplexer Prozess, der sowohl interpersonale als auch intrapersonale Faktoren einbezieht. Jeder Mensch ist einzigartig mit einer individuellen Interpretation der Welt, die beeinflusst wird durch seine Herkunft, Erziehung und Lebenserfahrung" [90] (Hindle 2006: 53).

Was ist mit professionell gemeint? Professionelles Handeln ist v. a. praktisches Handeln und vereint zwei wichtige Prinzipien:

- Fachwissen und eine
- soziale Orientierung.

Zugleich bezieht sich professionelles Verhalten auf die berufliche Tätigkeit, die über eigene Ethikrichtlinien verfügt und deren Erkenntnisse wissenschaftlich überprüft werden. Professionelles Handeln ist dabei an Klient*innen ausgerichtet und bedarf der Begründung und kritischen Analyse [200]. Annegret Veit verwendet in diesem Kontext den Begriff der »reflexionsgesättigten Erfahrung« und meint damit, das Einbringen wohl durchdachter (reflektierter) persönlicher Erfahrungen, die mit wissenschaftlichen Kenntnissen abgeglichen und nun diesem Klienten individuell zur Verfügung gestellt werden. Zum professionellen Handeln gehört auch das Respektieren der Eigenverantwortung des Klienten [200]. Wir handeln also dann professionell, wenn wir Fachwissen und berufliche Erfahrung überdenken und hieraus für den individuellen Patienten maßgeschneidertes Wissen anbieten können. Interessanterweise spielt der verbale Anteil der Kommunikation oftmals eine eher untergeordnete Rolle. In der Übermittlung der Botschaft dominieren zumeist die nonverbalen Elemente [146]. Deshalb ist die Beziehung zwischen den Kommunikationspartnern so wichtig. Oft ist es nicht entscheidend, was ich sage, sondern was der andere hört. Und was mein Gegenüber hört, hängt von vielen Dingen ab, wie:

- seinem Vertrauen, mir gegenüber,
- seinen Erfahrungen mit mir oder Angehörigen meiner Berufsgruppe,
- seiner emotionalen Situation (Angst, Schmerz, Erleichterung über die Diagnose etc.) und
- seiner Erwartungshaltung.

Damit ist Kommunikation stark beziehungsgesteuert. Daraus lässt sich ableiten, dass professionelle Kommunikation in erster Linie Beziehungsarbeit ist und erst in zweiter Linie das Übermitteln von Nachrichten. Oder anders formuliert: die schönste Gesprächsführungstechnik hilft nichts, wenn die Beziehungsebene nicht stimmt.

Wenn Mitarbeiter*innen aus Gesundheitsberufen professionell kommunizieren wollen, übernehmen sie aktiv die Verantwortung für den Aufbau einer Arbeitsbeziehung, auch Arbeitsbündnis genannt. Der Fokus sollte weniger darauf liegen, bestimmte Informationen mitzuteilen, als vielmehr auf das Einholen der Rückmeldung des Gegenübers. Nur so kann herausgefunden werden, welcher Inhalt diesen wirklich erreicht hat. Somit ist ein gelingendes Gespräch nicht dann beendet, wenn ich etwas gesagt habe, sondern erst wenn ich mich versichert habe, dass meine Information auch angekommen und verstanden ist. Und genau daran scheitert das Gelingen nur allzu oft und führt zu Missverständnissen.

Hier einige Beispiele:

Beispiel „Rauchen Sie Tabak"?
Die Pflegefachkraft fragt den türkischen Patienten Yildirim „rauchen Sie Tabak"? Der Patient schüttelt mit dem Kopf. Das Wort Tabak bedeutet auf türkisch Teller und Herr Yildirim hat verstanden, „soll ich Ihnen einen Teller mit Essen bringen?" Da er keinen Hunger hat, verneint er die Frage und geht erst mal raus, um eine Zigarette zu rauchen.

In diesem Fall hätten drei begleitende Gesten im Gespräch gute Dienste leisten können. Zum einen die Handbewegung mit einer imaginären Zigarette, die zum Mund geführt wird und zum anderen den Fingerzeig auf Herrn Yildirim mit fragenden hochgezogenen Augenbrauen.

Beispiel „Haben Sie Ihre Medikamente schon genommen?"
Die Pflegefachkraft Sabine Kluge fragt die schwerhörige Patientin Maurer auf dem Stationsflur „haben Sie Ihre Medikamente schon genommen?" Die Patientin sagt „Ja, habe ich". Verstanden hat die Patientin allerdings „Haben Sie Ihre Medikamente schon bekommen?" Genommen hatte sie die Medikamente noch nicht.

Um sicher zu sein, dass Frau Maurer ihre blutdrucksenkende Tablette vor ihrer anstehenden Physiotherapie genommen hat (bei der sie zu Blutdruckspitzen neigt), setzt Sabine Kluge hier noch mal etwas schelmisch nach: „Und, wie haben Ihnen die Tabletten heute geschmeckt?" Da lacht Frau Maurer und teilt mit „ich hab die Pillen ja noch gar nicht genommen".

Auf den Punkt gebracht:
Beim professionellen Handeln fließt hoch spezialisiertes Expertenwissen mit reflektierten beruflichen Erfahrungen zusammen und kommt individuell auf den Klienten zugeschnitten zum Einsatz. Dieses praktische Handeln erreicht jedoch erst durch begleitende professionelle Kommunikation ihre volle Wirkung. Kommunikation wird damit zu dem entscheidenden Transportmittel beruflicher Expertise, welches den Unterschied zwischen herkömmlichem Tun und Profi-Handeln ausmacht.

Eine gelingende Gesprächskultur muss als Basiskompetenz im Gesundheitswesen schlechthin verstanden werden, auf die alles professionelle Handeln aufbaut und damit unverzichtbar macht.

2.2   Das Gesundheitswesen lebt von Kommunikation

Die Kommunikation ist eine der wichtigsten Grundlagen, auf denen das Gesundheitswesen basiert. So werden im Umgang mit Patient*innen Informationen gesammelt in sogenannten Anamnesen und Assessments, Gespräche mit unterschiedlichsten Schwerpunkten werden geführt (informieren, beraten, beruhigen, unterstützen, austauschen, verhandeln, übergeben…), in schweigender Anteilnahme wird Kummer, Schmerz und Leid getragen und geteilt, mit körperlicher Zuwendung wird gepflegt, umsorgt und begleitet, beim Wechsel in eine andere Institution wird übergeleitet und schließlich wird die Versorgung evaluiert. Ein Teil dieser Informationen, Daten und Gespräche wird dokumentiert. Doch ein großer Teil dieser Kommunikationsarbeit wird nicht in Akten und Unterlagen gesammelt, sondern verbleibt wie ein unsichtbares Band zwischen Mitarbeit*innen aus dem Gesundheitswesen und dem Patient*innen.

Im Umgang mit Kolleg*innen und Mitarbeite*innen anderer Fachdisziplinen werden Informationen mitgeteilt, Befunde ausgetauscht, Diagnosen erstellt, Anordnungen getroffen, Fachfragen diskutiert, Untersuchungsergebnisse gebündelt, Beobachtungen notiert, Daten analysiert und Diagnosen hinterfragt. Dabei werden Netzwerke entwickelt, Konflikte gemanagt, Probleme gelöst, Missverständnisse ausgeräumt und kommunikative Plattformen entwickelt.

2.3 Kommunikative Kompetenz: noch Luft nach oben

Wir stellen also fest, dass die kommunikative Kompetenz essentiell für das Gesundheitswesen ist. Sie ermöglicht die Zusammenarbeit, macht Leistungen sichtbar, verdeutlicht Fortschritte, deckt Missstände auf, bewerkstelligt professionelles Handeln und beseitigt Fehler. Sowohl bei Ärzt*innen als auch bei Pflegefachkräften ist bezüglich der kommunikativen Kompetenz noch viel Luft nach oben [211].

Wenn also Kommunikation so wichtig ist, müssten alle Mitarbeiter*innen in Gesundheitsberufen hierzu intensiv beschult sein. Doch wenn wir uns die Curricula der verschiedenen Gesundheitsprofessionen ansehen, ist der Anteil der verbalen und nonverbalen Gesprächsführung doch eher übersichtlich.

Es wundert nicht, dass das Interesse an gelingender Kommunikation für die Einrichtungen im Gesundheitswesen an Bedeutung gewinnt. Immer mehr Studien belegen den enormen Wert von guter Kommunikation, wie der positive Einfluss auf die Patientensicherheit und der Reduzierung von Fehlern nach Kommunikationstrainings [164]. Außerdem ist die kommunikative Kompetenz ein wesentlicher Indikator für Berufszufriedenheit [138].

Mit der Zunahme der Berufsunzufriedenheit im Gesundheitswesen [23, 87] wird es für Führungskräfte zukünftig immer wichtiger, Mitarbeit*innen emotional zu binden [75]. Der Volkswirt Erik Händeler [86] sagt:

„Die Qualität der zwischenmenschlichen Beziehungen wird zur wichtigsten Quelle der Wertschöpfung" [86] (Händeler 2003, S. 221).

Einzig die Verbesserung der Kommunikation kann in Unternehmen noch Effekte bringen, da hier Unsummen verschlungen werden. Missverständnisse, Vorenthalten von Information, Lästern und Mobbing beherrschen oft den Alltag und führen zu Ausfall von Personal oder inneren Kündigungen. Und Erik Händeler geht noch einen Schritt weiter und sagt: „Nur eine bessere seelische Gesundheit schafft mehr Wohlstand" [86] (2003, S. 243).

2.3.1 Aus Fehlern lernen

Professionelle Kommunikation lernt sich nicht durch theoretische Lektüre, sondern durch Üben. Es ist ähnlich wie beim Schwimmen lernen. Wir müssen ins Wasser und solange üben, bis wir nicht nur oben bleiben, sondern auch gut vorankommen.

Da sich durch Fehler bekanntlich viel Erlernen lässt, beginne ich nun mit zwei Fallbeispielen, aus denen sich viel lernen lässt.

Fallbeispiel „präoperativer Scherz"

Die Gesundheits- und Krankenpflegerin Nora Berger (27) bringt Herrn Lange (53) in seinem Patientenbett zum OP. Herr Lange wird zum ersten Mal operiert und bekommt ein Varizenstripping. Auf der Fahrt zum OP redet er ohne Punkt und Komma und scherzt über die Außenministerin Annalena Baerbock.

Herr Lange: »Es ist schon witzig, dass die Frauen das Ruder übernehmen und immer mehr bestimmen, wo es langgeht. Selbst in der Außenpolitik! Da reist Annalena Baerbock durch die Welt und hält schlaue Reden, statt sich um ihre eigene Familie zu kümmern. Gut, dass im OP alle so lustig verkleidet sind, da kann man wenigstens nicht sehen, ob man von einer Frau oder einem Mann operiert wird.«.

Nora Berger sagt darauf verärgert: »Sie trauen wohl Frauen gar nichts zu, was?«.

Unsere persönlichen Erfahrungen fließen in Gespräche ein. Sind die Erfahrungen von Angst oder Ärger geprägt, können sie die Kommunikation negativ beeinflussen, ohne dass wir es merken.

Analyse des Fallbeispiels

Schauen wir uns dieses Fallbeispiel einmal genauer an und betrachten zunächst die Perspektive von Herrn Lange. Es ist seine erste Operation. Sein pausenloses Gerede kann als Angst vor der Operation verstanden werden. Die Anspielung auf Annalena Baerbock – als eine Frau am Hebel der Macht – kann verschiedenes bedeuten, z. B., dass Herr Lange sich machtlos fühlt und befürchtet von einer Frau operiert zu werden. Irgendwie scheint dieser Gedanke nicht in sein männliches Weltbild zu passen. Um das verstehen zu können, benötigen wir weitere Informationen.

Herr Lange wurde vor einem halben Jahr von seiner Frau geschieden, nachdem diese (ohne sein Wissen) ein langjähriges sexuelles Verhältnis mit seinem besten und einzigen Freund gepflegt hatte. Nach der Scheidung sorgte seine Frau dafür, dass Herr Lange seine Kinder nur noch sehr selten sieht. Sie lebt nun mit »seinem Freund« in dem Haus, was er vor 20 Jahren gemeinsam mit seiner Frau gebaut hatte.

Widmen wir unsere Betrachtung nun der Pflegefachkraft Nora Berger. Diese reagiert verärgert, weil sie sich vermutlich als Frau selbst angesprochen fühlt und die Aussage von Herrn Lange persönlich auf sich bezieht. Obwohl ihre Reaktion verständlich ist, ist sie dennoch nicht professionell.

Vor dem Hintergrund ihrer Fachkenntnisse sollte Nora Berger wissen, dass Operationen den meisten Menschen Angst machen und Gespräche auf dem Weg zum OP oft von diesem unangenehmen Grundgefühl beherrscht werden. Eine angemessene Reaktion wäre z. B. das Nachfragen, wie es dazu kommt, dass Herr Lange operierenden Männern mehr traut, als Frauen. Doch auch Frau Berger hat ihre eigene Geschichte. Nachdem sie sich vor zwei Wochen von ihrem Freund getrennt hat, hatte dieser ihr prophezeit, dass sie es ohne ihn sowieso zu nichts bringen würde. Diese Worte hatten sie so sehr geärgert, dass sie es nun »den Männern« zeigen wollte, und plant, ein Studium »Pflegemanagement« aufzunehmen. Nora Berger beschließt, sich nie wieder von einem Mann abhängig zu machen.

Mögliche professionelle Reaktionen auf die Scherze von Herrn Lange
»Mir fällt auf, dass Sie schon die ganze Zeit scherzen und da frage ich mich, ob das wohl noch einen anderen Grund hat, als bloße gute Laune?«

(Wenn ich bewusst auf die Gefühlsebene gehe, und die Ängste des Patienten zum Thema machen möchte. Einmal ausgesprochen, können Ängste entlastend wirken.)

»Was wäre denn für Sie der Unterschied von einem Mann oder einer Frau operiert zu werden, Herr Lange?«

(Wenn ich auf das Thema seines Misstrauens gegenüber Frauen eingehen möchte… Wenn ich sicher weiß, dass die Operation von einem Mann übernommen wird, wäre jetzt eine gute Möglichkeit, darauf hinzuweisen.)

»Unsere Klinik hat sich auf die Operation der Krampf-aderentfernung spezialisiert, sodass bei uns alle Mediziner und Medizinerinnen diese Technik sehr gut beherrschen.«

(Wenn ich ablenken will und die Ängste mit dem Argu-ment der Professionalität binden möchte.)

2.3.2 Unsere Gesprächsziele bestimmen unsere Kommunikation!

sinnvoll, sich zunächst zu fragen: „Was will ich erreichen?" Sobald das Ziel steht überlege ich, wie ich das am besten erreichen kann. Bei der professionellen Kommunikation geht es eben auch darum, effektiv zu sein. Und das gelingt besser, wenn ich mir das Ergebnis vor Augen halte, welches ich erreichen möchte.

Im Falle von Herrn Lange könnte Nora Berger auch einfach nur das Ziel haben, ihren Ärger loszuwerden. Und mit ihrer Reaktion („Sie trauen Frauen wohl auch gar nichts zu, was?") hat sie das vermutlich auch geschafft. Doch wie bewusst hat sie ihre Antwort gesteuert?

Ärger ist ein schlechter Ratgeber
Was tun, wenn ich verärgert bin? Gefühle wirken sich immer auf die Kommunikation aus. Sobald Gefühle im Spiel sind, die besonders stark triggern, besteht die Gefahr,

sich von diesen leiten zu lassen. Dann steuere ich nicht mehr das Gespräch, sondern meine Emotionen steuern mich. Bei positiven Gefühlen ist das in der Regel auch kein Problem, wenn mit uns die „Pferde durchgehen" und wir dadurch anderen freundlich, humorvoll oder gar überschwänglich begegnen. Doch was mache ich, wenn der Ärger in mir aufsteigt?

Emotionsmanagement zählt zur hohen Kunst der Kommunikation. Hier bedarf es einigen Trainings. So ist es beim Ärger gut, sich für einen Moment auf die Atmung zu konzentrieren und bewusst tief in den Bauch zu atmen. Also einen Moment inne halten und noch mal kurz überlegen, welches Ergebnis ich mit diesem Gespräch gern erreichen möchte. Das mag nicht immer gelingen, aber mit etwas Übung vielleicht immer öfter.

Für ein gutes Emotionsmanagement empfehlen sich Techniken, welche die Atmung mit der Visualisierung kombinieren, wie beispielsweise Yoga, Chi Gong oder Tai Chi. Für die HeartMath Methode konnte in verschiedenen Studien der positive Einfluss für den beruflichen Gefühlsalltag nachgewiesen werden [192].

Beim HeartMath wird die Atmung mit der Visualisierung verbunden, was sich positiv auf die Herzratenvariabilität (HRV) auswirkt. Die HRV zeigt, wie gut das Herz an die jeweilige Situation adaptieren kann und ist damit ein zentraler Indikator für die Herzgesundheit. Je besser die HRV-Kurve, desto besser das Emotionsmanagement. Die simplen HeartMath Übungen dauern zwischen 1–5 min und sind damit gerade im stressigen beruflichen Alltag des Gesundheitswesens sehr geeignet. Mittels Ohrsensor und einer App kann der Erfolg der Übung sofort gemessen werden. Oft reichen schon 2 min, um den Körper aus dem roten Stressbereich in den grünen gesunden Bereich zu bringen [191].

In einer Studie mit onkologischen Pflegefachkräften konnte nachgewiesen werden, dass die HeartMath Methoden auf lange Sicht Stress, Ärger, Angst und Erschöpfung reduzieren, während Gelassenheit, Dankbarkeit und eine positive Zukunftsperspektive zunahm [159]. Bei Ärzt*innen zeigte sich, dass der Kortisolpegel signifikant sank, wenn diese HeartMath Übungen machten, im Vergleich zur Kontrollgruppe, die sich verschiedene Formen von Wellness aussuchten [120].

Bei Soldat*innen konnte sogar ein Zusammenhang zwischen der Herzratenvariabilität und der Entwicklung einer posttraumatischen Belastungsstörung aufgezeigt werden [162].

2.4   Bestandteile der Kommunikation

Kommunikationswissenschaft – die Lehre von den Missverständnissen (Markus M. Ronner)

Die Kommunikation lässt sich in zwei verschiedene Bestandteile zerlegen:

1. verbale Kommunikation,
2. nonverbale Kommunikation.

Interessanterweise wirkt die Sprache auf das Gegenüber zumeist viel weniger als die nonverbale Kommunikation. »Nonverbale Signale haben oft einen wesentlich stärkeren Einfluss als verbale Signale.« [146]. Zum Nonverbalen der Kommunikation zählen Mimik, Gestik, Körperhaltung, Stimmlage, Kleidung, Blickkontakt, räumlicher Abstand, körperliche Berührung und Kommunikationsobjekte, wie Klingeln, Autoblinker oder Flaggen [83]. Das Verbale ist eben »nur die Sprache«.

Warum wir Nonverbalem mehr Gewicht geben als der Sprache, beantwortet uns die Entwicklungspsychologie. Wir kommen als Säuglinge sozusagen sprachlos auf die Welt. Angewiesen auf eine fürsorgliche Umwelt bemühen sich die Babys alles Verhalten zu interpretieren. Und bevor sie Sprache verstehen können, lesen sie zunächst aus der Körpersprache, Mimik, Gestik, Stimmlage etc. Dieses früh erworbene Interpretationsmuster begleitet die Menschen auch dann noch, wenn sie bereits sprechen können [207].

Kommunikation beschränkt sich also nicht auf das Sprechen und Zuhören sondern ist physiologisch gesehen ein Prozess, der viele Sinnesorgane zeitgleich anspricht. Dabei können unsere Sinne unterschiedlich viele Informationen aufnehmen. Während unsere Ohren 100.000 Bit/s erfassen nehmen die Augen in der gleichen Zeit 100-mal mehr wahr (nämlich 10.000.000 Bit/s). Kein Wunder also, wenn wir Nonverbales stärker gewichten, denn unsere Ohren nehmen weniger Informationen auf als unsere Augen [200].

Die Bedeutung nonverbaler Kommunikation macht sich insbesondere die Werbung zunutze. Dort werden stimulierte Gefühle mit Produkten in Verbindung gebracht, die oftmals nichts miteinander zu tun haben. Dazu zählen z. B. die nackte Frau auf der Kühlerhaube eines Autos, die glückliche Familie und ein Putzmittel oder die Freiheit und das Bier.

Schon vor über 30 Jahren wurde ein Testverfahren entwickelt, mit dem nonverbale Signale ermittelt wurden [170]. Der Test nennt sich Profile of Nonverbal Sensitivity, kurz PONS. Mit dem Einsatz dieses Verfahrens wurden einige interessante Untersuchungsergebnisse erzielt. Demnach verfügen Frauen über eine bessere nonverbale Sensitivität als Männer. Ärz*innen haben zufriedenere Patienten, wenn sie die Körpersprache besser verstehen. Erfolgreiche Psychotherapeut*innen und Pädagog*innen

weisen bessere PONS-Werte auf als ihre weniger erfolgreichen Kolleg*innen [49].

Bessere nonverbale Skills bei Mediziner*innen beeinflussen die Patientenzufriedenheit deutlich positiv [82].

Fallbeispiel „der erste Eindruck zählt"
Die Ärztin Maria Weber (32) wird abends um 23.30 Uhr
in die Ambulanz gerufen. Dort wartet bereits eine ältere
Dame ungeduldig auf sie. Die Pflegefachkraft erklärt,
es handele sich um Ilse Singer (78), die mit unklarem
Abdomen mit einem Taxi eingeliefert wurde. Frau Singer
trägt einen Pelzmantel und elegante Schuhe. Ihre Hände
umklammern fest eine Gucci-Handtasche und ihr Blick ist
abschätzend auf die Ärztin gerichtet.

Frau Singer: »Sie sind also Ärztin? Können Sie sich aus-
weisen?«

Dr. Weber: »Das habe ich gar nicht nötig. Ich arbeite
hier, das sollte reichen. Also: was führt Sie zu uns?«

Frau Singer: »Nun ja, also ähm…Ich habe Bauchschmerzen.«

Dr. Weber: »Dann ziehen Sie bitte den Mantel aus,
damit ich Sie untersuchen kann.«

Frau Singer's Augen weiten sich ängstlich: »Den
Mantel? Ausziehen?«

Hinter dem Rücken von Frau Singer treffen sich die
Blicke der Ärztin und der Pflegefachkraft. Beide rollen mit
den Augen.

Analyse des Fallbeispiels
Betrachten wir das Fallbeispiel zunächst aus der
Perspektive von Frau Dr. Weber. Nach einem
anstrengenden Tagesdienst hatte sie auf eine ruhige
Nacht gehofft und wollte sich gerade ins Dienstzimmer
zurückziehen, als sie in die Ambulanz gerufen wurde.
Ihr letzter Patient war ein wohnungsloser Mann, der

sich Erfrierungen an den Zehen zugezogen hatte. Die Untersuchung des Mannes war für Frau Dr. Weber eine kleine Herausforderung, da die mangelnden Hygiene-vorstellungen des Patienten ihre feine Nase sehr gereizt hatten. Doch es war ihr gelungen, sich nichts anmerken zu lassen. Sie hatte ihm sogar ein Einzelzimmer besorgen können.

In der Ambulanz bot sich mit Frau Singer ein völlig anderes Bild. Die Frage nach dem Ausweis erlebte Dr. Weber als direkte Konfrontation. So herablassend hatte sie sich selten behandelt gefühlt. Am liebsten hätte sie die Patientin in eine andere Klinik geschickt. Doch als Alternative sah sie die Möglichkeit, dieser »aufgetakelten Lady« zu zeigen, wer hier das Sagen hatte. Sie wollte sich auf keinen Fall von Frau Singer bevormunden lassen oder wie Dienstpersonal behandelt werden. Als Kind war Frau Weber auf ein Internat gegangen, wo sie sich von ihrer Klassenlehrerin wie eine Dienstmagd behandelt fühlte. Das sollte ihr nie wieder passieren, hatte sie sich damals vorgenommen.

Betrachten wir nun dieses Gespräch aus der Sicht von Frau Singer. Ihr ganzes Leben erfreute sie sich stets bester Gesundheit und war lediglich zu den beiden Geburten ihrer Kinder im Krankenhaus gewesen. Eine ausgewogene Ernährung, regelmäßige Bewegung mit zwei Hunden und liebevolle Freundschaften bildeten eine stabile Basis. Den größten Teil ihres Lebens hatte sie eine eigene Musikschule geleitet.

Im letzten Jahr war ihr Mann überraschend einem Pankreaskarzinom erlegen. Von der Diagnose bis zum Tod waren es nur drei Monate. Am heutigen Abend hatte sie sich mit ihrer Freundin getroffen, von der sie erfuhr, dass diese einen Tumor im Darm habe, der sich nur schwer operieren lasse. Bei der Beschreibung der Symptome ihrer Freundin hatte sie ähnliches bei sich selbst festgestellt (wechselnd Diarrhö und Obstipation, Appetitmangel). Diese Bauchbeschwerden hatten nach dem Tod ihres Mannes eingesetzt und waren von ihrem Hausarzt als normale Verlustbeschwerden bezeichnet worden. Nun fürchtete sie jedoch, auch einen Darmtumor zu haben. Auf dem Heimweg im Taxi hatte sie dann plötzlich so starke Bauchschmerzen bekommen, dass der Taxifahrer sie kurzerhand vor der Klinik absetzte, statt sie heimzufahren.

Zu ihren Schmerzen und Sorgen kam hinzu, dass Frau Singer letzte Woche einen Fernsehfilm gesehen hatte, in der das Krankenhauspersonal sich als Diebe und Betrüger entpuppte. Dort wurde empfohlen, bei Unsicherheit das Personal zu bitten sich auszuweisen.

Wenn wir uns in unserem Selbstwert bedroht fühlen, reagieren wir oft mit Misstrauen, Angst oder entwickeln eine negative Erwartungshaltung.

Was sich aus dem Gespräch in der Ambulanz lernen lässt

1. Sowohl Frau Singer als auch Frau Dr. Weber bringen eine Geschichte mit, die das gemeinsame Gespräch entscheidend prägt. Die unterschiedlichen Erfahrungen der beiden Frauen führen im Erstkontakt zu Vorurteilen auf beiden Seiten.
   - Dr. Weber sieht sich einer arroganten reichen Dame gegenüber, die ihre Mitmenschen wie Dienstboten behandelt.
   - Frau Singer befürchtet, dass sie dem Personal der Klinik nicht trauen kann und sieht in der Ärztin eine mögliche Betrügerin.
2. Beide Gesprächspartnerinnen lösen beim anderen sog. Trigger aus. Dabei wird durch ein kleines Detail in der Kommunikation (verbal oder nonverbal) beim

Gegenüber ein »Knopf gedrückt«, der den anderen sozusagen, wie eine »Bombe explodieren lässt«.

– Dr. Weber sieht in Frau Singer ihre Lehrerin wieder, von der sie damals herablassend behandelt wurde. Diese unbewusste Verwechslung zweier Menschen wird auch Übertragung genannt.

– Frau Singer hatte einen männlichen älteren Arzt erwartet und misstraut der jungen Frau Weber, indem sie ihre Kompetenz infrage stellt.

3. Beide fühlen sich durch das Gegenüber in ihrem Selbstwert angegriffen, den sie auf unterschiedliche Art »verteidigen«. Mit diesen Schutzmechanismen lösen sie jedoch beim anderen zusätzliche Verletzungen aus.

– Dr. Weber spielt ihre positionale Macht aus, indem sie die Kontrolle übernimmt und das Gespräch dominiert. Damit nutzt sie ihre Rolle als Ärztin aus und hierarchisiert das Gespräch zu ihren Gunsten.

– Frau Singer ist von der gesamten Situation (Schmerz und Sorge) verunsichert und befürchtet den falschen Menschen zu vertrauen. Um die eigene Sicherheit wieder herzustellen, bittet sie die Ärztin, dass diese sich ausweist. Die Reaktion der Ärztin auf diese Bitte führt nun zum Erleben von Kontrollverlust bei Frau Singer.

2.5 Bedeutung des Selbstwertes für die Kommunikation

Selbstvertrauen gewinnt man dadurch, dass man genau das tut, wovor man Angst hat, und auf diese Weise eine Reihe von erfolgreichen Erfahrungen sammelt. (Dale Carnegie; 1888–1955)

Der eigene Selbstwert beeinflusst die Kommunikation maßgeblich. Deshalb spielt dieser auch in den Kommunikationsmodellen von Virginia Satir eine große Rolle. Sie hat sich v. a. mit der Kommunikation in Familien beschäftigt und festgestellt, dass das erlebte Selbstwertgefühl der einzelnen Familienmitglieder sich auf die Kommunikation aller auswirkt. Dabei bringt sie ein geringes Selbstwertgefühl in Verbindung mit [171]:

- Misstrauen,
- Angst,
- Isolation,
- negative Erwartungshaltung und
- der Annahme der »Opferrolle«.

Ein starkes Selbstwertgefühl steht dagegen in Verbindung mit:

- Integrität,
- Ehrlichkeit,
- Verantwortlichkeit,
- Kompetenz,
- Mitgefühl und Liebe.

Ein geringer Selbstwert ist ein wesentliches Kennzeichen von problembeladenen Familien. Dagegen verfügen wachstumsfördernde Familien eher über ein starkes Selbstwertgefühl [172].

Praxistipp

Virginia Satir war eine der kreativsten Familientherapeut*innen, die es je gegeben hat. Sie entwickelte unzählige Methoden, um das Selbstwertgefühl von Menschen zu steigern und um problembeladenen Familien zu helfen in eine wachstumsfördernde Haltung zu gehen.

Es gibt viele Videos von ihrer Arbeit die einen Eindruck von der Präsenz Satirs vermitteln, mit der sie viele Familien bewegte und zu Änderungen ermutigte.

- https://www.youtube.com/watch?v=vfkWnQNWCRE
- https://www.youtube.com/watch?v=86nTyj9U4J0

Satir entdeckte schon früh, dass das Denken das Fühlen beeinflusst. Um also die Persönlichkeit zu entwickeln und einen starken Selbstwert aufzubauen ist es entscheidend, sich mit den Ressourcen zu beschäftigen, die jeder Mensch individuell mitbringt. Folgende Fragen helfen sich dieser Ressourcen bewusst zu werden [172].

1. Was mögen Sie gern an Ihrem Körper?
2. In welchen Bereichen kennen Sie sich besonders gut aus?
3. Wofür haben Sie ein gutes Gespür?
4. Welche Nahrung tut Ihrem Körper gut?
5. Wann und wo fühlen Sie sich besonders gut?
6. Was hören Sie gut und gern?
7. Wofür haben Sie einen guten Riecher?

Diese Fragen klingen simpel, doch für viele Pflegefachkräfte können sie eine Herausforderung sein. In dem empathiebasierten Entlastungstraining für Pflegende empCARE sehen die Trainer immer wieder, wie schwer es Menschen in Pflegeberufen fällt, die eigenen Gefühle und Bedürfnisse wahrzunehmen [193]. Während es ihnen leicht fällt, sich auf die Sorgen und Nöte anderer einzustellen und herauszufinden, was den Patienten guttut, nehmen sie diese häufig bei sich selbst gar nicht wahr. Das empCARE Training wurde gerade für Pflegefachkräfte entwickelt, damit sie

lernen, sich selbst emotional zu entlasten und Selbst-
fürsorge entwickeln.

> **Praxistipp**
>
> Eine gute Idee zur Stabilisierung des Selbstwertes ist es,
> sich jeden Abend bevor Sie einschlafen, sich noch einmal
> alle Dinge des Tages bewusst zu machen, die Ihnen gut
> gelungen sind oder zu den schönen Momenten des Lebens
> gehören. Diese positiven Gedanken werden dann mit in
> den Schlaf genommen und fördern dort unbewusst die
> Träume, welche Ihnen wieder Kraft für den nächsten Tag
> geben.

2.6   Wodurch Kommunikation beeinflusst wird

> Das echte Gespräch bedeutet, aus dem Ich herauszutreten
> und an die Tür des Du klopfen. (Albert Camus)

Als Einflussgrößen auf die Kommunikation lassen
sich äußere und individuelle Faktoren unterscheiden
(Tab. 2.1).

Der Kontext bestimmt die Kommunikation
maßgeblich. So macht es einen Unterschied, ob einem
Zielvereinbarungsgespräch eine Konfliktsituation voraus-
ging, ein Gespräch verabredet wurde oder zwischen »Tür
und Angel« stattfindet.

Der Anlass des Gesprächs ist ebenfalls eine wichtige
Einflussgröße. Bei einem Übergabegespräch werden
andere Erwartungshaltungen geweckt als bei einem
Mitarbeitergespräch, einem Problemgespräch, einem
Bewerbungsgespräch oder einem Entlassungsgespräch.

Die Anwesenheit weiterer Personen bestimmt nicht
nur die nonverbalen Aspekte, sondern auch den Inhalt

Tab. 2.1 Einflussgrößen auf die Kommunikation

Äußere Faktoren	Individuelle Faktoren
Kontext (Ort, Zeit, Gesamtsituation)	Persönliche Erfahrungen (Biografie, Kultur)
Anlass des Gesprächs	Beziehung zum Gesprächspartner
Anwesende Personen	Ziel des Gesprächs
Horizontale oder vertikale Kommunikation	Selbstwertgefühl
	Rollenklarheit
Unbewusste Abwehr (z. B. Projektion)	

der Kommunikation. So können sich die Beteiligten bei einer Visite anders verhalten, wenn beispielsweise der*die ChefÄrzte*in dabei ist.

Gespräche mit dem Vorgesetzten (vertikal) verlaufen oft anders als Gespräche mit Kollegen (horizontal).

Auf der individuellen Ebene der Gesprächspartner gibt es unzählige beeinflussende Faktoren. Hier seien die häufigsten genannt.

Zu den persönlichen Erfahrungen zählen die eigene Biografie, Vorerfahrungen mit dem Thema oder Gesprächspartner*in, Übung mit Gesprächssituationen sowie kultureller Hintergrund.

Eine sehr entscheidende Größe in der Kommunikation ist die Beziehung der Gesprächspartner. Es macht einen Unterschied, ob ich jemandem als Fremden begegne, bereits Vertrauen aufgebaut wurde, ich mit meiner Vorgesetzten rede oder ich schon mal gegen jemanden vor Gericht ausgesagt habe.

Das Ziel des Gesprächs kann sehr unterschiedlich sein. Bei einem spontan entstandenen Gespräch kann ich beispielsweise keinerlei Ziele verfolgen (außer vielleicht netten »small talk« zu machen), ich kann aber auch eine*n Kolleg*n manipulieren, beim Chef »eine gute Figur abgeben« oder den Zuschlag für ein Projekt haben wollen.

Das Selbstwertgefühl spielt in der Kommunikation eine besonders große Rolle [122]. Während ein geringes Selbstwertgefühl negative Erwartungshaltungen an das Gespräch steigert, ermöglicht das Erleben eines starken Selbstwertes eher die Übernahme der Verantwortlichkeit in der Kommunikation.

Jeder Mensch kleidet unterschiedliche soziale Rollen aus, die sich auch auf die Kommunikation auswirken. Wenn eine Frau z. B. mit ihrem 20 Jahre älteren Chef um eine Gehaltserhöhung verhandelt und sich ihm gegenüber als Expertin auf ihrem Fachgebiet zeigen möchte, kann es wichtig sein, dem Chef gegenüber nicht unbewusst in die Rolle einer Tochter zu fallen.

Wenn wir in Entscheidungsdruck geraten, können wir unbewusst mit Abwehrmechanismen reagieren. Ein solcher Mechanismus ist z. B. die Projektion. Dabei nehmen wir bei anderen Menschen Verhalten oder Eigenschaften wahr, die wir bei uns selbst ablehnen. Wenn ich z. B. in einer Verhandlung mein Gegenüber einseitig informieren will, um dadurch Vorteile zu erreichen, könnte ich plötzlich befürchten, dass mein Verhandlungspartner mich manipulieren will.

2.7   Intrapsychischer Ablauf des Kommunikationsprozesses

> Es ist nicht entscheidend, was ich sage, sondern was der andere hört. (Vera Birkenbihl)

Wie komplex Kommunikation ist, wird uns deutlich, wenn wir uns den Prozess anschauen, der dabei in einer Person abläuft. Dabei lassen sich 4 Phasen unterscheiden (Abb. 2.1):

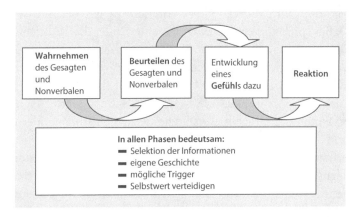

Abb. 2.1 Phasen der Kommunikation nach Tewes

1. Wahrnehmung des Gesagten und Nonverbalen,
2. Beurteilen der Kommunikation,
3. Entwickeln einer Emotion aufgrund der Beurteilung,
4. Reaktion

Diese Phasen gehen oft sehr schnell in einander über und sind zumeist wenig bewusst. Dennoch kann jeder dieser Phasen von großer Komplexität sein.

2.7.1 Wahrnehmung, des Gesagten und Nonverbalen

In der ersten Phase werden aus unzähligen Signalen, wie Geräusche, Bilder, gesprochene Worte, Gerüche, Blickkontakt, Mimik, Gestik, Tonlage, räumliche Umgebung etc. nur einige wenige ausgewählt, die dann als Information das Gehirn erreichen. Diese Selektion verhindert einerseits eine Reizüberflutung und ermöglicht andererseits, dass wichtige Informationen nicht aufgenommen werden. Welche Signale wahrgenommen werden, wird durch viele Vorerfahrungen beeinflusst. Dabei spielt die eigene Biografie eine Rolle, die Kultur in der man aufgewachsen ist, die eigenen Werte, persönliche Vorlieben oder Erfahrungen, die das Thema in irgendeiner Weise berühren.

Schon Aristoteles (384–322 v. Chr.) sagte »Wir erkennen die Dinge nicht so, wie sie an sich sind, sondern nur so, wie sie uns erscheinen. Die Realität selbst ist prinzipiell unerkennbar.«. Damit ist gemeint, dass jeder Mensch sich seine eigene Wirklichkeit selbst konstruiert. Selbst wenn wir alle die gleiche Situation gemeinsam erleben, kann sie doch im Nachgang von jedem anders beschrieben sein. Mir passiert das z. B. regelmäßig, wenn ich am Tag nach einem Theaterabend die Kritik des Stückes morgens in der Zeitung lese und mich fragen muss: »War der Theaterkritiker wirklich im selben Stück?«.

2.7.2 Beurteilen der Kommunikation

Die wahrgenommene Kommunikation kann also nicht als eine objektive Realität verstanden werden, sondern ist immer subjektiv mit den eigenen Sinnen erlebt. Demnach ist selbst die Wahrnehmung einem starken persönlichen Filter ausgesetzt, der nicht alle Informationen erschließt, sondern einen kleineren Teil der Gesamtsituation speichert. Diese Vorauswahl bietet nun die Grundlage für die persönliche Beurteilung des Gesprächs.

Fallbeispiel: »Romantisches Lagerfeuer« oder »Hilfe, es brennt!«
Stellen Sie sich vor, Sie befinden sich in einem Seminargebäude zu einer Weiterbildung. Es handelt sich dabei um ein freistehendes Haus, das sich mitten in einer Parkanlage befindet.

Nach und nach nehmen sämtliche Teilnehmer dieses Seminars den Geruch von Feuer wahr. Damit ist die Wahrnehmung bei allen Anwesenden gleich. Aufgrund der unterschiedlichen Vorerfahrungen der Teilnehmer kommt es jedoch zu völlig unterschiedlichen Beurteilungen:

- Teilnehmerin A: Sie erinnert sich an einen romantischen Abend mit Lagerfeuer, bei dem Sie ihren Freund kennenlernte. Warme Erinnerungen werden wach und zaubern einen lächelnden Ausdruck in ihr Gesicht. Sie beurteilt diese Situation als angenehm und geht davon aus, dass die Küche des Seminarhauses sich auf einen Grillabend im Park vorbereitet und das erste Feuer dazu angezündet hat.
- Teilnehmer B: Er hatte gestern Abend den Film »Flammendes Inferno« gesehen und ist deutlich nervös. Er beurteilt die Situation als gefährlich und geht davon aus, dass das Gebäude brennt und die Gruppe in Gefahr ist.

2.7.3 Entwickeln einer Emotion aufgrund der Beurteilung

Anhand des Beispiels, wie unterschiedliche Beurteilungen sich bei gleicher Wahrnehmung, nämlich dem Geruch von Feuer, einstellen können lässt sich einfach verstehen, dass sich die daraus resultierenden Gefühle im Wesentlichen auf die Beurteilung beziehen. Teilnehmerin A wird bei dem Geruch von Feuer an ein romantisches Erlebnis erinnert, was zunächst Ruhe und Zufriedenheit bei ihr auslöst. Teilnehmer B beurteilt die Situation als gefährlich und er reagiert mit gesteigerter Nervosität.

2.7.4 Reaktion

Die Reaktion leitet sich von der subjektiven Beurteilung ab. In unserem Beispiel lehnt sich die Teilnehmerin A entspannt zurück und Teilnehmer B reagiert mit panischer Hektik.

2.8 Was Hormone mit Kommunikation zu tun haben

Jeder Gedanke, den wir denken, löst eine ganze Kaskade körperlicher Reaktionen aus. So wird all unser Denken neurophysiologisch begleitet. Ein positiver Gedanke löst eine andere Hormonproduktion aus, als ein negativer Gedanke. Der Gedanke an sich ist zunächst wertneutral. Informationen, die wir mit unseren Sinnen aufnehmen und damit hören, riechen, schmecken, tasten oder spüren, gelangen wertfrei durch die Großhirnrinde ins Hirn. Doch dann wird jede Information, die unsere Wahrnehmungskanäle passiert hat, im Limbischen System bearbeitet.

Das Limbische System wird auch Zentrum für emotionale Intelligenz genannt. Hier werden Informationen in gut und böse geteilt. Wird also beispielsweise eine olfaktorische Datenmenge (Parfüm) im Limbischen System als etwas Positives gewertet, produziert der Hypothalamus eine Reihe von Hormonen wie Dopamin, Oxytoxin oder Endorphin, die gemeinhin als Glückscocktail bekannt sind. Sobald der Körper mit diesen Hormonen geflutet wird, kommt es zu angenehmen Gefühlen, die uns freundlich stimmen können oder sogar ein Lächeln ins Gesicht zaubern. Bei länger anhaltenden positiv gewerteten Informationen werden im Hippocampus Wachstumsfaktoren produziert

(Neoneurosynthese), welche auf Dauer unser Gedächtnis stärken [189].

Wird im Limbischen System die eingegangenen Informationen negativ bewertet, beginnt der Mandelkern (Amygdala) zu sprühen. Davon wird wiederum der Hypothalamus munter, der dieses Mal jedoch einen anderen Cocktail mixt. Insbesondere produziert der Hypothalamus nun CRH (Corticotropin Releasing Hormon) und schickt dieses an die Hypophyse. Die macht daraus ACTH (Adenocorticotropes Hormon) und entlässt es in den Körper. Dort dockt ACTH an die Nebennierenrinde an, welche nun Cortisol freisetzt. Cortisol zählt zu den Stresshormonen und sorgt in seiner Freisetzung für den fight and flight Modus. Dadurch verengt sich unsere Wahrnehmung, die sich auf eine Flucht oder einen Kampf vorbereitet und nur noch eine begrenzte vorsortierte Auswahl an Informationen aufnimmt [208]. In der Regel geht dieses mit unangenehmen Gefühlen einher [189].

Wenn es häufig zu negativen Gedanken kommt, wie beim Jammern, Burn-out oder Depressionen werden hohe Dosen von Cortisol ausgeschüttet, die unserem Körper schaden [121, 122].

Bei einer Untersuchung mit pflegenden Angehörigen, die ein krebskrankes Familienmitglied pflegten, konnte festgestellt werden, dass die Cortisolwerte nicht bei der Interaktion und Versorgung des Patienten in die Höhe schossen, sondern nur bei wiederholten negativen Gedanken [160].

Leider bleiben Stresshormone drei Mal länger im Blut als Glückshormone. Deshalb erinnern wir uns auch noch Tage später gut an eine Auseinandersetzung, aber nicht mehr an den Witz, der gestern erzählt wurde. Um also eine Balance herzustellen, benötigen wir drei positive Ereignisse auf ein Negatives [19, 39].

2.8.1 Energiefresser Jammern

Beim Jammern werden hohe Dosen an Cortisol ausgeschüttet, die jede Menge Kraft kosten. Oft spürt man das auch schon direkt danach. Habe ich eine Weile mit Kolleg*innen „über das Elend dieser Welt im Allgemeinen und die berufliche Not im Besonderen" gejammert, fühle ich mich im Anschluss eher kraftlos und nicht energetisiert. Das heißt nicht, dass nicht über ein Problem geredet werden darf und der damit verbundene Ärger geäußert. Es ist allerdings körperlich gesünder mehr Zeit mit Lösungen zu verbringen, statt mit Problemen.

Jammern im Minutentakt

Es macht Sinn, sich die Zeit für die Prozessphasen bei der Problemlösung einzuteilen. Wenn ein Team beispielsweise 6 min Zeit hat, dann können 3 min verwendet werden, um das Problem zu beschreiben und seine Ursachen zu analysieren, um dann die restlichen 3 min für ein Brainstorming zur Lösungsfindung zu nutzen.

Warum ist dieses Vorgehen sinnvoll? Je länger über das Problem und seine Ursachen nachgedacht wird, desto mehr Cortisol wird bei allen Beteiligten ausgeschüttet. Ist zu viel Cortisol im System, wird die Wahrnehmung verengt und dann fallen den Teammitgliedern keine Lösungen mehr ein.

Einladungen zum Jammern ablehnen

Viele von uns bekommen täglich Jammereinladungen. Egal, ob der Nachbar über das Wetter stöhnt, die Mitreisenden in der Bahn über ihre verpassten Anschlüsse oder der Kollege über den Dienstplan schimpft, immer laden Menschen uns ein, mit zu jammern. Allein jammern macht halt wenig Freude. Doch genau genommen ist das laute Jammern ein unmoralisches Angebot. Denn als empathische Wesen schwingen wir unbewusst oft sofort mit, wenn jemand seine Stimmung zum Ausdruck bringt. Den Spiegelneuronen sei Dank.

Was tun, bei all diesen Einladungen, die vielleicht nicht einmal böse gemeint sind, aber doch ihre Stresswirkung bei uns entfalten? Hier gibt es verschiedene Techniken, die Einladung auszuschlagen:

- Den Ort des Jammerns verlassen
- Das Thema wechseln
- Den Inhalt des Gesagten Reframen (also dem Thema eine andere Bedeutung geben) (siehe Abschn. 3.1.6 in diesem Buch)
- Einem Vieljammerer unter 4 Augen ein Feedback geben und ihn bitten, eine stärker lösungsorientierte statt jammerorientierte Haltung einzunehmen

Generell empfiehlt es sich, im Team über das Thema Jammern und seine ungesunden Folgen zu sprechen. Im angespannten Gesundheitswesen gilt es Kräfte zu sammeln und nicht unnütz zu verpulvern. Ein gemeinsamer Teamtag kann eine gute Gelegenheit sein, im Team darüber zu sprechen, wie das gelingen kann.

2.9 Das ganz normale Missverständnis

> Das Missverständnis ist die häufigste Form menschlicher Kommunikation. (Peter Benary)

Jede noch so kleine Informationsweitergabe hat neben dem Inhalt auch immer eine Beziehungsebene (Abb. 2.2).

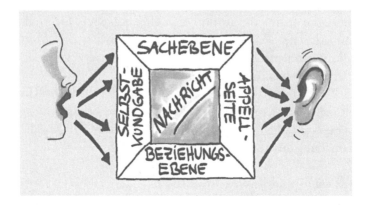

Abb. 2.2 Die 4 Ebenen einer Nachricht nach Schulz von Thun

Der Inhalt steht für das »was« der Nachricht und die Beziehung für das »wie« die Nachricht mitgeteilt wurde. Darüber hinaus kann der Sender auch etwas über sich selbst sagen (wie z. B. »Ich bin ungeduldig!«). Es ist auch möglich, dass mit der Nachricht an den Empfänger appelliert werden soll (z. B. »Nun mach schon!«).

Zum einen kann also eine Nachricht Informationen auf vier verschiedenen Ebenen transportieren und zum anderen hat der Empfänger dieser Nachricht »die Wahl« welche Aspekte er dabei wahrnimmt.

Beispiel Empfangskanäle
Die Pflegefachkraft Silke Mahler ruft ihrer Kollegin Julia Bauer über den Flur zu:

»Julia, kannste mal eben kommen und mir beim Lagern von Frau Menne helfen?«.

Julia Bauer hat nun die Möglichkeit, diesen Satz auf ganz unterschiedlichen »Kanälen« zu empfangen und dementsprechend unterschiedlich zu reagieren. Dieser Prozess ist oft unbewusst gesteuert und hängt sehr von ihrer Beziehung zu Silke Mahler ab.

- Inhaltsebene: »Bitte hilf mir beim Lagern!« → »Okay, ich komme, sobald ich das Telefonat erledigt habe.«
- Beziehungsebene: »Ich frage Dich Julia, weil ich gern mit Dir zusammen arbeite.« → »Ja, ich komme.« (weil ich Dich auch mag).
- Selbstkundgabe: »Ich schaffe es nicht allein.« → »Wenn es unbedingt sein muss.«
- Appellebene: »Nun mach schon, ich will nicht ewig auf Dich warten.« → »Meinst Du etwa ich habe nichts anders zu tun, als Dir bei Deiner Arbeit zu helfen?«

2.9.1 Chaoskommunikation ist die Normalkommunikation

Der Sender einer Nachricht kann bei einem einfachen Satz seinen Schwerpunkt auf einen von vier Kommunikationsebenen legen. Der Empfänger dieser Nachricht kann jedoch eine ganz andere Ebene »heraushören«. Und selbst wenn beide auf dem »gleichen Kanal« senden und empfangen kann es noch zu Missverständnissen kommen. Dabei spielen die Beziehungsebene und der erlebte Selbstwert oft eine entscheidende Rolle (Abb. 2.3).

Wenn Julia Bauer z. B. Selbstwertzweifel plagen kann sie den Satz auf der Beziehungsebene ganz anders verstehen. Statt: »Ich frage Dich Julia, weil ich gern mit Dir zusammen arbeite!« kann sie hören: »Ich frage Dich Julia, weil Du die einzige bist, die ich hier rumkommandieren kann. Alle anderen lassen sich nichts von mir sagen.«.

Da wundert es nicht, wenn es im beruflichen Alltag zu Missverständnissen kommt. In einer Untersuchung über die Kommunikation in der Ambulanz eines Wiener Krankenhauses werden Gespräche so häufig gestört oder unterbrochen, dass die Forscher zu dem Ergebnis kommen: »Das planmäßige Chaos, das aber nie wahrgenommen wird und nicht akzeptiert werden kann,

Abb. 2.3 Der Eisberg

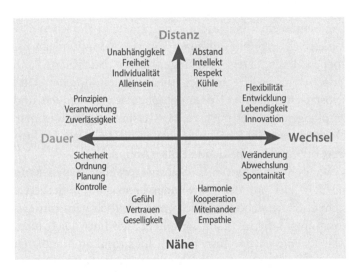

Abb. 2.4 Persönlichkeitstypen und ihre typischen Persönlichkeitsmerkmale. (Modell nach Bernhard Mack [127])

bestimmt schließlich den Ablauf.« [115]. Da diese »Chaoskommunikation« in der Studie dominiert, bezeichnen die Autoren diese als Normalkommunikation.

2.9.2 Rückfragen sind professionell!

Eine sehr gute Methode gegen Missverständnisse sind Rückfragen. Statt sich auf die eigene Interpretation zu verlassen, kann ich meinen Gesprächspartner bitten, mir beim Verstehen seiner Nachricht behilflich zu sein. Rückfragen sind also kein Zeichen von Dummheit, sondern von kommunikativer Kompetenz!

Mögliche Formulierungen dazu sind:

- »Ich bin mir nicht sicher, ob ich Dich richtig verstanden habe. Willst Du damit sagen, dass…«
- »Kannst Du mir kurz erklären, was Du damit meinst, wenn Du sagst….«
- »Habe ich Dich richtig verstanden, dass…?«
- »Willst Du damit sagen, dass…?«
- »Bitte erkläre mir doch mal, wie ich das genau verstehen soll.«

2.10 Individuell maßgeschneiderte Kommunikation

Nichts entstresst so sehr wie gelungene Kommunikation. In einer Studie mit Ärzt*innen konnte nachgewiesen werden, dass diejenigen, die über Gesprächsführungskompetenz verfügen, sich weniger subjektiv durch Patienten belastet fühlen, weniger Stress erleben, mit ihrem Beruf zufriedener sind und weniger zu Ängsten und Depressionen neigen [128].

Je individueller die Kommunikation an den Gesprächspartner angepasst ist, desto erfolgreicher verläuft das Gespräch. Damit Sie jetzt nicht Psychologie studieren müssen, ist es hilfreich sich mit Persönlichkeitstypen zu beschäftigen. Besonders nützlich sind dabei die vier Persönlichkeitstypen Dauer-, Nähe, Wechsel- und Distanztyp nach Riemann/Thomann [69]. Diese Typologie ist leicht verständlich und ausgesprochen praktikabel (Abb. 2.4).

Dem sog. Dauertyp ist Ordnung wichtig. Seine Stärken sind Stabilität, Ausdauer, Genauigkeit und Pflichtgefühl. Zu seinen Schwächen zählen seine übervorsichtige, rigide, uneinsichtige, auch zwanghafte und autoritäre Natur. Wenn er unter Beschuss gerät, reagiert er mit Formalismus, beruft sich auf Ordnung, Moral und Gesetz und übt Druck aus, z. B. durch Sanktionen. Der Dauertyp mag keine Unruhe und meidet Veränderungen, Chaos und Risiken.

Dem Nähetyp sind Beziehungen wichtig. Zu seinen Stärken zählt Empathie, Verständnis, Geduld und Zuwendungsbereitschaft. Als Schwächen sind seine Konfliktscheue und Dulderhaltung auszumachen sowie die Angst vorm Alleinsein und die eingeschränkte Selbständigkeit. Wenn der Nähetyp unter Druck gerät, reagiert er gern mit emotionaler Erpressung, indem Hilflosigkeit oder Abhängigkeit gezeigt werden, um Schuldgefühle zu wecken. Auch das Demonstrieren von moralischer Überlegenheit wird als »Kampfmittel« eingesetzt. Der Nähetyp vermeidet Trennung und Eigenständigkeit.

Der Wechseltyp liebt Veränderungen. Seine Stärken sind: Risikofreude, Spontanität, Kontaktfreude, Unternehmenslust und Aufgeschlossen sein für Neues. Als Schwächen gelten seine selbstbezogene und unzuverlässige Art, er ist leicht kränkbar und hat wenig Ausdauer. Fühlt sich der Wechseltyp angegriffen, macht er gern Szenen (dramatisiert oder intrigiert). Er vermeidet Ordnung und Beständigkeit.

Der Distanztyp orientiert sich primär an Logik und Verstand. Zu seinen Stärken zählen Sachlichkeit, Vernunftgebrauch, Beobachtungsgabe und Kritikfähigkeit.

Seine Schwächen sind geringe Emotionalität, Misstrauen, Kontaktarmut und leichte Kränkbarkeit. Wird der Distanztyp unter Druck gesetzt, reagiert er mit Zynismus und Distanzierung (rationalisieren, argumentieren). Er meidet Gefühle, Nähe und Hingabe.

Professionelle Kommunikation bedeutet, sich auf die unterschiedlichen Persönlichkeiten einzustellen und entsprechend zu interagieren.

Wenn mein Patient z. B. ein Dauertyp ist (mögliche Zeichen: kommt pünktlich, hat alle Unterlagen vollständig dabei, aufgeräumter Nachtschrank, korrekte Wortwahl, will wissen, wann was passiert) bedeutet eine gute Kommunikation, dass ich verlässlich bin, Versprechen einhalte, gut und korrekt informiere, Abläufe erkläre und transparent mache, Blickkontakt halte, also alles tue, um dem Patienten die größtmögliche Selbstkontrolle über die Versorgung zu geben.

Ist mein Patient ein Nähetyp (mögliche Zeichen: Fotos auf dem Nachtschrank, zeigt sichtbar Emotionen, wie lächeln oder sich sorgen, nimmt schnell Kontakt zu anderen Zimmergenossen auf, hat Glückbringer der Kinder dabei, verwendet emotionales Vokabular, wie »ich spüre ein leichtes Ziehen« oder »ich fühle mich nicht wohl«), dann nehme ich stets lächelnd Kontakt auf, kann durch Körperkontakt (Berühren des Arms) Stress lindern, gehe auf artikulierte Gefühle ein und bemühe mich um positives Feedback.

Wenn mein Patient ein Distanztyp ist (mögliche Zeichen: ausgesprochen sachliches Vokabular, meidet Nähe, meidet vielleicht Blickkontakt, hat keine persönlichen Sachen, wie Fotos, dabei, reduziert die Kommunikation auf zielorientierte Informationen), dann meide ich Smalltalk, informiere sachlich, meide Körperkontakt und lasse, falls möglich, Wahloptionen offen.

Ist mein Patient ein Wechseltyp (mögliche Zeichen: auffällige Kleidung, eher locker im Umgang, hat vielerlei Interessen, eigenwilliges Priorisieren), weiß ich, dass er gut mit Veränderungen umgehen kann (z. B. in ein anderes Zimmer verlegt werden), gehe mit einer offenen direkten Haltung an den Patienten heran, mache Komplimente und vermeide Missverständnisse, da ich sonst mit Szenen rechnen muss.

Nun lassen sich natürlich nicht alle Menschen in nur vier Kategorien sortieren. Die meisten haben verschiedene Anteile, aber vereinfacht ist der bundesdeutsche Durchschnittsbürger ein distanzierter Dauertyp. Er besteht auf Recht und Ordnung und meidet Gefühle. Im Pflegeberuf überwiegt allerdings der Nähe-Dauer-Typ.

Fazit
Der nonverbale Anteil überwiegt in der Bewertung von Kommunikation.

- Es ist professionell, wenn Personal sich die Bedeutung nichtsprachlicher Kommunikation bewusst machen. Z. B.: »Was bedeutet es für mich und für den Patienten, wenn ich ein wichtiges Gespräch mit einem Patienten führe, während ich die Hand auf der Türklinke habe?«.

Die Gestaltung des Beziehungsprozesses beeinflusst das Gespräch oft stärker als Argumente

- Deshalb müssen Menschen in Gesundheitsberufen bewusst die Verantwortung für die Beziehungsgestaltung übernehmen und darf diese auf keinen Fall ausblenden!

Der eigene Selbstwert spielt in der Kommunikation eine große Rolle.

- Fühlen wir uns in unserem Selbstwert bedroht, reagieren wir oft mit Misstrauen, Angst oder entwickeln eine negative Erwartungshaltung.
- Mit der kommunikativen Kompetenz wächst auch der Selbstwert, deshalb sind Kommunikationstrainings immer eine gute Investition.
- Eine gute Möglichkeit den eigenen Selbstwert zu erhöhen, ist die aktive Übernahme von Verantwortung, z. B. durch gezieltes Einflussnehmen auf die Gesundheitspolitik (statt über diese zu schimpfen) und dem Beitritt und ggf. Engagement in einem Berufsverband.

Scheinbar oberflächliches Gerede von Patient*innen kann eine tiefere Bedeutung haben. Dieses gilt insbesondere für emotional herausfordernde Situationen (Angst, Schmerz, Unsicherheit).

- »Small talk« kann für Patienten durchaus heilsam sein, weil es an den gesunden Alltag anknüpft.
- Wenn Inhalte betont werden, obwohl anderes wichtiger scheint, kann es der Ablenkung dienen oder einen tieferen Grund haben (wie das Scherzen über die Außenministerin Annalena Baerbock auf dem Weg zum Operationssaal).

Wenn Patienten das Personal verbal angreifen, ist es selten wirklich persönlich gemeint. Oft sind es Versuche der Abwehr von Angst und Unsicherheit.

- Wenn Personal sich von Patient*innen angegriffen oder ungerecht behandelt fühlt, ist es wichtig die Situation zu reflektieren. Dazu gehört auch sich ehrlich zu fragen, welches der eigene Beitrag dazu war, dass das Gespräch sich so ungünstig entwickelte.

- Das Trainieren von HeartMath Übungen ermöglicht im beruflichen Alltag eine professionelle Stressreduktion, wenn diese nötig ist

Unsere Wahrnehmung ist immer subjektiv und filtert viele Signale vorab aus.

- Da es keine objektive Realität gibt, kann unser Gegenüber die gemeinsam erlebte Situation ganz anders wahrnehmen. Deshalb ist es wichtig, sich immer wieder mit Rückfragen zu versichern, ob ich meinen Gesprächspartner verstehe und ob mein Gegenüber mich versteht.

Professionelle Kommunikation ist individuell auf das Gegenüber ausgerichtet.

- Das Einschätzen der Persönlichkeit ist ein hilfreiches Mittel der personenzentrierten Interaktion und hilft Fehler zu vermeiden.

Kommunikation ist ein hochkomplexer Prozess und kann leicht zu Missverständnissen führen.

- Rückfragen sind ein geeignetes professionelles Mittel der Kommunikation.

Aus Fehlern lässt sich lernen

- Jedes misslungene Gespräch bietet eine gute Grundlage zur Analyse und damit eine Möglichkeit, den Fehler nicht zu wiederholen.

Jeder Gedanke löst eine ganze Reihe körperlicher Reaktionen aus

- Mit der Wertung einer Information in positiv oder negativ entscheiden wir, ob wir Glücks- oder Stresshormone produzieren, die dann unsere Gefühle und unser Verhalten beeinflussen. Mit der Methode des Reframing lassen sich negative Informationen so umdeuten, dass der Körper sie als positiv wahrnehmen kann. Statt beispielsweise Energie in einen Ärgerprozess zu geben, kann ich mich entscheiden zu überlegen, was ich aus der Situation lernen kann, um sie zukünftig zu meiden. Damit entscheide ich mich für Einflussnahme (Glückshormone) statt Hilflosigkeit (Stresshormone).

Jammern ist ein Energiefresser

- Die Entscheidung, zu Jammern oder mit zu jammern führt zu hohen Ausschüttungen von Stresshormonen, welche die Energie rauben. Oft ist direkt nach einem „Bad im Jammerpool" spürbar, wie die Kraft fehlt. Diese Energie ist unwiederbringlich investiert. Je häufiger gejammert wird, desto weniger Kraft bleibt für die berufliche Tätigkeit.
- Es ist sinnvoll, sich Strategien zuzulegen Einladungen zum Jammern abzulehnen.

3

Gespräche mit Patienten und deren Zugehörigen

Kommunikation ist eine wichtige Schlüsselqualifikation!

Für die Mitarbeiter sämtlicher Berufsgruppen im Gesundheitswesen zählt die Kommunikation zu den Schlüsselqualifikationen. Die Kommunikation wird gar als Erfolgsfaktor in der Medizin bezeichnet [88]. Im Pflegeberuf bildet die Kommunikation die entscheidende Grundlage für die Pflege [153]. Auch der sich immer weiter entwickelnde »Managed Care Bereich« sieht in der Kommunikation berechtigterweise eine Schlüsselqualifikation [5].

3.1 Beziehungsarbeit ist professionelle Kommunikation

Der zwischenmenschliche Raum sollte mehr sein als eine Abstellkammer. (Ernst Ferstl)

© Der/die Autor(en), exklusiv lizenziert an Springer-Verlag GmbH, DE, ein Teil von Springer Nature 2023
R. Tewes, *Wie bitte? – Kommunikation in Gesundheitsberufen,* Top im Gesundheitsjob, https://doi.org/10.1007/978-3-662-66738-5_3

Die Beziehung zwischen den Gesprächspartnern wirkt sich entscheidend auf die Art und Weise aus, wie sie verbal miteinander umgehen. Deshalb gehört die sog. Beziehungsarbeit zur professionellen Kommunikation und bildet ihre Grundlage. Jede gute Diätassistentin weiß, dass der Erfolg einer Ernährungsberatung von einer vertrauensvollen Beziehung zwischen ihr und dem*der Klient*in abhängt. Es gibt einige Pflegetheorien, welche die Beziehungsarbeit berechtigterweise zum Mittelpunkt pflegerischer Tätigkeit erklären [155, 157].

International sind bei der Organisationsentwicklung von Einrichtungen des Gesundheitswesens insbesondere Programme erfolgreich, welche die Beziehungsarbeit in den Vordergrund rücken. Das Programm Relationship-Based Care (RBC) wurde in den USA entwickelt und fokussiert sich auf alle Formen der Beziehungen in den Einrichtungen und bietet hierzu die unterschiedlichsten Trainings an [73]. Im Workshop „See me as a person" lernen die Teilnehmer*innen zunächst zu sich selbst eine gesunde Beziehung aufzubauen. Danach werden die Beziehungen zu den eigenen Kolleg*innen und zu allen anderen Gesundheitsberufen auf eine gesunde und respektvolle Zusammenarbeit hin entwickelt. Erst dann steht die Beziehung zu den Klient*innen im Fokus. Das RBC Programm macht deutlich, dass die gelingende Beziehung zu sich selbst und den Kolleg*innen die entscheidende Voraussetzung ist, um eine gesunde Beziehung zu Patient*innen aufzubauen [112]. Die unglaublichen Erfolge der RBC-Programme in den unterschiedlichsten Kliniken werden alle vier Jahre auf einem Symposium zusammengetragen [189].

Gerade Pflegefachkräften fällt es oft nicht leicht, sich um sich selbst zu kümmern und eine gesunde Selbstbeziehung aufzubauen. Deshalb haben Ludwig Thiry und Vea Lux das empCare Training entwickelt, mit dem Pflegefachkräfte die Empathie für sich entdecken können und dadurch emotionale Entlastung im Beruf erfahren. Mit diesem Training lernen Pflegefachkräfte ihre Emotionen besser zu steuern und verhindern so einen empathischen Kurzschluss. Der empathische Kurzschluss ist ein oft lieb gemeinter, aber fataler Abwehrmechanismus, der letztlich die professionelle Kommunikation stört [193].

In Europa ist das Konzept „Person-centered Care" wegweisend. Hier wird der Fokus auf den Bewohner*innen oder Patient*innen gelegt und professionelle berufliche Beziehungen für ein erfolgreiches Versorgungsmanagement entwickelt. Damit wurde insbesondere das Gesundheitswesen in Irland revolutioniert [136]. In Deutschland lässt sich dieses Konzept an Hochschulen studieren, um Veränderungsprozesse im Gesundheitswesen erfolgreich zu gestalten [190].

Nicht immer gelingt der primäre Fokus auf die*den Klient*in. Manchmal ist das Leid der Patient*innen so groß, dass die Mitarbeiter*innen im Gesundheitswesen davon zu stark berührt werden. Wenn die berufliche Handlungsfähigkeit in Mitleidenschaft gezogen wird, schützen sich die Mitarbeiter*innen. Einige zeigen dann kein mitfühlendes oder tröstendes Verhalten mehr, sondern verschaffen sich Distanz durch Objektivierung des Patienten oder Leugnung der eigenen Emotionen. Hier wird die Fokussierung auf sich selbst (statt auf die*den Klient*in) zu einem Abwehrmechanismus, den Patient*innen dann schmerzlich zu spüren bekommen [147]. Die Kunst in der Kommunikation mit dem Patienten liegt also darin, Mitgefühl zu zeigen, ohne in Mitleid zu zerfließen.

Im Gesundheitswesen lassen sich vier typische Beziehungen zu Patient*innen unterscheiden, die exemplarisch für die Pflegende-Patienten-Beziehung untersucht wurde [147]:

- Klinische Beziehung (Patient wird nur in seiner Patientenrolle wahrgenommen)
- Therapeutische Beziehung (Patient wird zunächst als Patient und dann als Person wahrgenommen)
- Verbundene Beziehung (Patienten wird zunächst als Person und dann als Patient wahrgenommen)
- Überinvolvierte Beziehung (Patient wird nur als Person wahrgenommen, während die Behandlungsziele ihre Bedeutung verlieren)

Die klinische Beziehung und therapeutische Beziehung dominiert bei kürzeren Kontakten, während die verbundene Beziehung in der Langzeitversorgung von Patient*innen ihren Platz findet, wie beispielsweise in der hausärztlichen Versorgung oder häuslichen Pflege. Eine klinische Beziehung kann durchaus angemessen sein, wenn z. B. in der Notfallambulanz lebenswichtige Daten ermittelt werden.

Die überinvolvierte Beziehung findet sich in Bereichen, in denen Menschen über einen sehr langen Zeitraum, oftmals Jahre, auf Unterstützung angewiesen sind, wie in der Behindertenbetreuung, der ambulanten Pflege schwerstkranker Kinder oder der Versorgung von chronisch oder psychisch Kranken. Bei der überinvolvierten Beziehung wird ein wichtiger Aspekt der*des Klient*in ausgeblendet, was den professionellen Blick trübt. Deshalb ist dieser Beziehungstyp den Zugehörigen von Klient*innen vorbehalten und für Mitarbeiter im Sozial- oder Gesundheitswesen unangemessen.

Hier kann regelmäßige Supervision helfen das eigene Tun zu reflektieren und ein gesundes Nähe-Distanz Verhalten zu ermöglichen.

Oft spielt beim Aufbau einer professionellen Arbeitsbeziehung schon die erste Begegnung eine wichtige Rolle (Abb. 3.1).

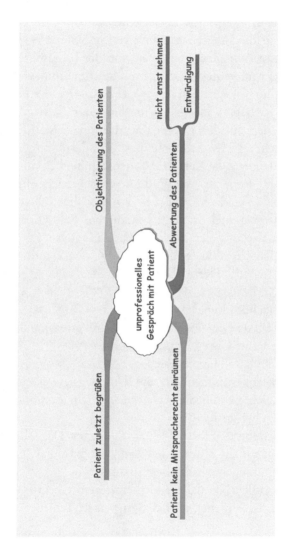

Abb. 3.1 Mindmap »aller Anfang ist schwer"

Fallbeispiel „Aller Anfang ist schwer…"

Herr Schubert (48) wird mit Verdacht auf Herzinfarkt einen halben Tag auf der Intensivstation behandelt und anschließend, wegen seiner Extrasystolen, zur Überwachung in die Innere Abteilung verlegt. Die Pflegekraft Irene Blanke holt Herrn Schubert von der Intensivstation ab. Sie steht unter Zeitdruck, da auf ihrer Station »viel los ist« und eine Kollegin sich heute krank gemeldet hat. Herr Schubert ist bereits in ein Stationsbett umgebettet. Irene Blanke steuert auf den Pfleger Karl der Intensivstation zu, der sich neben Herrn Schuberts Bett befindet.

Irene Blanke: »Na, Karl, was hasten Schönes für mich?«.

Karl: »Hi Irene. Is nix Wildes.«, er überreicht ihr die Unterlagen. »Verdacht auf HI konnte nicht bestätigt werden. Ist vor drei Stunden gekommen. Sollt ihn euch wegen der Extrasystolen noch ne Weile ansehen.«.

Irene Blanke: »Gut, dann wollen wir mal!« und wirft einen Blick auf Herrn Schubert und dann zu Karl, »Tschüß Karl!«.

Karl: »Tschüß, Irene!«.

Irene Blanke: (wendet sich Herrn Schubert zu) »Ich bin Schwester Irene. Guten Tag.«.

Herr Schubert: »Guten Tag.«.

Irene Blanke: (schaut in die Unterlagen) »So, Herr Schubert, ich nehme Sie jetzt mal mit auf Station und dann sehen wir weiter.«.

Herr Schubert: »Hören Se mal, Schwester. Das schaffen Se doch gar nicht alleene. Ich kann auch zu Fuß gehen und dann schieben wir das Bett zusammen.«.

Irene Blank: »Nix da! Sie bleiben liegen. Ich kriege das schon hin. Ist ja nicht das erste Bett, was ich schiebe.«.

Analyse der ersten Begegnung zwischen der Pflegefachkraft Frau Blanke und dem Patienten Herrn Schubert

Auf den ersten Blick ist dieses ein ganz normales Übergabegespräch, wie es täglich in Kliniken stattfinden mag. Bei genauerer Betrachtung ist dieses Gespräch an vielen Stellen unprofessionell (Abb. 3.1). Als »schlechtes Beispiel« lässt sich aus dieser Kommunikation viel lernen:

- Die Aufmerksamkeit der Pflegekraft Irene Blanke gilt zunächst dem Intensivpfleger. Das ist soweit okay. Da der Patient jedoch ansprechbar und munter ist, sollte die Begrüßung von Herrn Schubert mit einbezogen werden und nicht erst, nachdem Karl sich verabschiedet hat.

- Mit dem Satz »Na, Karl, was hasten Schönes für mich!« wird der Patient wie ein Objekt behandelt. Frau Blanke fragt nicht, »wen Karl für sie hat«, sondern »was er für sie hat«. Das ist der erste Schritt zur Entwürdigung eines Menschen.

- Die Reaktion von Karl verschärft die Abwertung von Herrn Schubert. »Hi Irene. Is nix Wildes. Verdacht auf HI konnte nicht bestätigt werden….« Karl stellt nicht Herrn Schubert vor, sondern seine Diagnose. Die Worte »Is nix Wildes« mag vielleicht zum Ziel haben, Frau Blanke direkt und Herrn Schubert indirekt zu beruhigen, doch gleichzeitig können die Worte auch abwertend verstanden werden, im Sinne von »Herr Schubert ist nicht der Rede wert«. Wie wenig ihm Herr Schubert bedeutet, wird an der kurzen Übergabe deutlich, die ausschließlich an Frau Blanke gerichtet ist, sowie der Tatsache, dass Karl sich nicht von Herrn Schubert verabschiedet.

- Erst nachdem Karl gegangen ist, wendet sich Frau Blanke ihrem Patienten zu und stellt sich mit

»Schwester Irene« vor. Obwohl diese Anrede einer Pflegefachkraft üblich ist, ist sie jedoch kritisch zu betrachten. Einerseits beklagt sich die Berufsgruppe Pflege des fehlenden Respekts, wie sie anderen Gesundheitsberufen entgegengebracht wird und anderseits präsentiert sie sich vertraulich mit dem Vornamen. Nomen est Omen heißt es im Lateinischen. Damit ist gemeint, dass der Name eine Bedeutung hat und somit eine Wirkung.

- Letztlich kündigt Frau Blanke Herrn Schubert an, dass sie ihn nun mit auf die Station nehmen wird. Doch an dieser Stelle traut er der Pflegekraft scheinbar nicht zu, dass sie ihn mit dem Bett allein transportieren kann. Er will aufstehen und sein Bett selbst schieben. Diese Reaktion kann verschiedene Gründe haben. Hier können wir nur Vermutungen anstellen:
  - Die Behandlung von Herrn Schubert als Objekt kann von ihm als Degradierung erlebt werden, bei dem seine Selbstbestimmung infrage gestellt wird. Um dieses Ungleichgewicht auszubalancieren, bietet er seine Mithilfe an.
  - Allein die Tatsache, von einer Frau in einem Bett über Krankenhausflure geschoben zu werden, kann das Gefühl der Hilflosigkeit aufkommen lassen, dem Herr Schubert versucht, entgegen zu wirken.
  - Das Nicht-Einbeziehen von Herrn Schubert in die Kommunikation löst bei ihm mindestens eine Verunsicherung aus und kann aber auch zur Angst führen.

Die Reaktion von Frau Blanke auf das Angebot von Herrn Schubert mit »Nix, da! Sie bleiben liegen...!« ist abweisend und dominierend. Sie gibt Herrn Schubert keine Chance, seine Autonomie wieder herzustellen. Er bleibt hier eindeutig der Unterlegene. Ein solches Gefühl ist insbesondere für Männer oft nicht leicht auszuhalten und wird nicht selten entwürdigend erlebt.

3.1.1 Die Anrede »Schwester« für weibliche Pflegefachkräfte

Die Tradition der Anrede weiblicher Pflegekräfte in Deutschland mit »Schwester« stammt aus einer Zeit, in der die meisten Pflegekräfte einem Orden angehörten. Obwohl das heute nicht mehr so ist, hält sich der Schwesternbegriff hartnäckig. Das muss kritisch betrachtet werden, denn mit dieser Anrede werden Rang- und Positionsunterschiede transportiert, die zu einer Degradierung der Pflegefachkräfte führt [174]. Interessanterweise senden die Pflegefachkräfte nicht immer die richtigen Signale in ihrer Kommunikation. So stellen sich einige bei den Patienten und Ärzten als »Schwester…« vor, obwohl sie lieber mit dem Nachnamen angesprochen werden möchten.

Die Ansprache mit dem Vornamen wird von Pflegefachkräften als persönlicher und beziehungsnäher beschrieben, erschwert jedoch zugleich, eine gesunde Distanz zum Patienten und anderen Gesundheitsberufen aufrecht zu erhalten [216].

Obwohl die unzeitgemäße Anrede mit »Schwester« als ein Hemmschuh der Professionalisierung gesehen werden kann, ist es erstaunlich, wie sehr gerade Pflegefachkräfte daran festhalten. Ein Bild bieten hierzu einige Internetforen, welche dieses Thema wie eine »never ending story« immer wieder diskutieren [198, 199]. Mein Eindruck als Coach ist hierzu, dass die Verteidigung der Anrede »Schwester« in den neuen Bundesländern intensiver geschieht, als in den alten.

Mit der Ansprache und Namensnennung wird
immer ein Stück Identität transportiert. Während weibliche Pflegefachkräfte im Dienst gern mit »Schwester«
angesprochen werden ist Ihnen das »auf der Straße« eher
unangenehm. Daraus ergibt sich eine deutliche Zwie-
spältigkeit im Anredewunsch [27].

Die Pflegewissenschaft setzt sich für eine Fachsprache
in der Pflege ein, deren Notwendigkeit spätestens seit der
Diskussion um Pflegediagnosen klar geworden ist. Eine
Anrede mit »Frau und Nachname« hilft nicht nur auf dem
Weg der Professionalisierung, sondern muss auch als Teil
der Fachsprache verstanden werden.

Der allgemeinen Annahme, eine solch alte Tradition
lasse sich bei Patienten nicht ändern, steht das Erfolgs-
modell der Schweiz gegenüber. In diesem deutsch-
sprachigen Ausland war die Anrede der Pflegefachkräfte
mit Schwester lange Zeit üblich, bis 2003 die Berufs-
bezeichnung in diplomierte Pflegefachfrau bzw. Pflege-
fachmann geändert wurde. Die Pflegefachfrauen und
-männer der Schweiz stellen sich ihren Patienten mit
Nachnamen vor und werden von diesen mit Herr oder
Frau und dem Nachnamen angesprochen. Diese Änderung
wird in der Schweiz als ein wichtiges Kriterium der
Professionalisierung gesehen [126]. Wenn die Patienten in
der Schweiz ihr Verhalten ändern können, ist es auch für
deutsche Patient*innen möglich. Denn auch die Schweizer
Bürger sind eher Dauer-Distanz-Typen als Wechseltypen.

3.1.2 Objektivierung von Patient*innen und pflegerisches Selbstbewusstsein: Ein gefährliches Zusammenspiel

Die renommierte Pflegewissenschaftlerin Jean Watson
sieht einen gefährlichen Zusammenhang zwischen der

Objektivierung von Patient*innen und dem Selbstbewusstsein von Pflegefachkräften.

Im ersten Schritt wird die*der Patien*int als Objekt behandelt und damit abgewertet, wenn sie*er beispielsweise als „Galle in Zimmer 3" betitelt wird, statt namentlich genannt Durch die Abwertung der*des Patient*in erfolgt eine unbewusste Abwertung der eigenen Tätigkeit, die zweifelsfrei auf den Patienten ausgerichtet ist. Durch die Abwertung der eigenen Tätigkeit wird letztlich auch die eigene Person abgewertet, was dann schließlich zu einem Mangel an Selbstbewusstsein führt [206]. Das geschieht in aller Regel unbewusst.

Nach Watson haben Pflegefachkräfte, die ihre Patient*innen respekt- und würdevoll behandeln, weniger Selbstwertprobleme als solche, die ihre Patient*innen zum Objekt machen.

3.1.3 Verunsicherung und Angst bei der Aufnahme: oft bagatellisiert

Die Aufnahme in ein Krankenhaus gehört bei den wenigsten Menschen zu einer Routine, geschweige denn zu einem freudigen Ereignis. Die ungewohnte Umgebung mit all ihren Geräuschen, Gerüchen und Fachvokabeln lösen nicht selten Verunsicherung beim Patienten aus. Die Symptome der Krankheit, die vielleicht mit Schmerzen oder einer unklaren Diagnose oder Prognose verbunden sind, können leicht Angst auslösen.

Allerdings werden Aussagen von Patienten, die auf diese Ängste hinweisen oft überspielt, übersehen oder nicht ernst genommen. In seiner Untersuchung über Angst im pflegerischen Erstgespräch liefert Markus Lotz [123], viele Beispiele für ein solch abwehrendes Verhalten. So berichtet er von einem Krankenpfleger, der bei der Aufnahme seinen Patienten fragt, ob er seiner Körperpflege selbst nachkommen kann. Der Patient sagt darauf: »Ja, bis jetzt noch. Ja, solange ihr mich noch nicht in der Mache gehabt habt.«. Darauf lacht der Krankenpfleger und fragt »Was macht denn das Herz und der Kreislauf?«.

Wenn Patienten Ängste äußern ist das Ablenken, Herunterspielen oder Überhören des Themas ein häufiger Mechanismus im Gesundheitswesen. Ein proaktiver und offener Umgang mit Patientängsten ist eher selten. Ein wesentlicher Grund für die Unterbewertung von Ängsten liegt in der Überbewertung des Körperlichen im Gesundheitswesen. Psychischen Aspekten wird außerhalb von Psychiatrien zumeist weniger Bedeutung beigemessen. Deshalb werden Gesundheitsfachberufe in ihren Ausbildungen auch nicht systematisch auf den Umgang mit Angst vorbereitet. Obwohl diese Situationen im beruflichen Alltag häufig vorkommen, werden sie selten von Mitarbeitern der Gesundheitsfachberufe als eine Übungsmöglichkeit gesehen. Es wird eher erwartet, dass die*der Patient*in ihre*seine Ängste selbst in den Griff bekommt und das Personal nicht damit belästigt [148].

Ein professioneller Umgang mit Patientenängsten ist von Bedeutung, da ängstliche Menschen dazu neigen, Dinge misszuverstehen, was die weitere Kommunikation negativ beeinflusst. Außerdem wirkt Angst sowohl der Hoffnung als auch der Heilung entgegen, die das eigentliche Ziel einer Behandlung ist.

- Um den Ängsten von Patienten professionell zu begegnen hilft es manchmal bereits, einfache Regeln einzuhalten. Hierzu zählen:
- Patienten mit Namen ansprechen
- Ein freundlicher Umgang mit einem Lächeln im Gesicht (wie wirksam Lächeln gegen Flugangst ist, weiß jede Flugbegleiterin)
- Eine ruhige Stimme und zugewandtes Sprechen (Blickkontakt)

- Die Angst thematisieren und Gründe herausfinden, um gezielt dagegen vorgehen zu können. Oft reicht auch einfaches Verständnis für die Angst ohne tiefergehendes Thematisieren, im Sinn von „ja, das verstehe ich, dass Ihnen das Angst macht".
- Ehrlich sagen, was den Patienten erwartet (z. B., wenn ich die Blutdruckmanschette aufpumpe drückt es am Arm. Das kann kurz unangenehm sein, es dauert aber nur ein paar Sekunden)
- Nähetypen entspannen über Körperkontakt (Berührung an Schulter oder Unterarm)
- Ggf. ablenken (z. B. bei unangenehmen Untersuchungen, wie eine Koloskopie) und den Patienten über Hobbies, Familie, Urlaube, Arbeit… ausfragen
- Den Patienten möglichst nicht warten lassen, das steigert oft die Angst

Ängste sind immer persönlich und deshalb gibt es kein allgemeines Instrument dagegen, was bei allen wirkt. Während dem Einen das präoperative Beruhigungsmittel hilft, hat der Andere Angst vor jeder Art von Medikamenten. Während einem Nähetypen eine Berührung hilft, kann dieses für einen Distanztypen ein Angriff auf seine Intimsphäre sein. Während die Meditationslehrerin vor dem Eingriff ihre Ruhe benötigt, um sich spirituell auszurichten, ist dem Elektriker ein bisschen ablenkendes Geplapper ganz recht. Und dann gibt es natürlich noch die Meditationslehrerin, die bei ihren Ängsten Ablenkung benötigt und den Elektriker, der seine Ruhe braucht.

Für den Umgang mit unausgesprochenen Gefühlen wurde das NURSE Modell entwickelt. Emotionen beeinflussen stark den Genesungsprozess einer*s Patient*in, deshalb ist es gut zu wissen, was ihn bewegt. Das Akronym NURSE steht für Naming (benennen), Understanding (Verständnis zeigen), Respecting (respektieren), Supporting (unterstützen) und Exploring (ausloten) [13].

Naming:	Unausgesprochene Gefühle, die im Raum stehen, sind zu benennen.
	z. B. „Ich habe den Eindruck, etwas bedrückt Sie gerade"
Understanding:	Verständnis zeigen, für die Situation oder Gefühle des Patienten.
	z. B. „Jetzt haben Sie sich die letzten Jahre so sehr um die Versorgung ihrer Mutter gekümmert und seit ihrem Tod ist ein großes Loch entstanden. Ich verstehe, dass Sie das traurig macht."
Respecting:	Anerkennung und Respekt für den Patienten zum Ausdruck bringen
	z. B. „Mit der Versorgung ihrer demenziell erkrankten Mutter haben Sie viel geleistet. Dieses Engagement ist schon besonders und ich schätze sehr, was Sie für ihre Mutter gemacht haben."
Supporting:	Unterstützung anbieten
	z. B. „Mit dieser Trauer sind Sie nicht allein. Es gibt eine Reihe Menschen, denen es ähnlich geht und die sich zu einer Selbsthilfegruppe zusammen geschlossen haben. Nach langer Pflege ihrer Angehörigen ist ein Loch entstanden, was oft nur Menschen verstehen, die selbst jemanden bis zum letzten Atemzug begleitet haben. Vielen tut der Austausch gut. Wenn Sie möchten, gebe ich Ihnen die Adresse des Treffpunktes mit."
Exploring:	Wenn noch weitere unklare Emotionen im Raum stehen, sollten diese ausgelotet werden
	z. B. „Gibt es darüber hinaus noch etwas, was Sie bedrückt?"

3.1.4 Erste Begegnung

Es sind die Begegnungen mit Menschen die das Leben lebenswert machen. (Guy de Maupassant)

Die erste Begegnung zwischen einem*r Patient*in und der Pflegefachkraft ist oft ein besonderer Moment für beide. Wie im folgenden Fallbeispiel sind Patient*innen zu Beginn ihres Krankenhausaufenthaltes oft verunsichert. Insbesondere dann, wenn die Einweisung überraschend kam. Doch auch für regulär aufgenommene Patient*innen ist diese Situation mit Verunsicherungen verbunden: »Was wird man in meinem Körper finden? Werde ich damit leben können? Wird man mich in der Klinik gut behandeln? Wird man mir überhaupt helfen können? Habe ich alles mit, was ich brauche? Mit wem werde ich das Zimmer teilen?«. So ist die erste Begegnung geprägt durch:

1. Unsicherheit,
2. unklare Erwartungshaltung,
3. Kontaktaufnahme,
4. Anrede und Vorstellung.

Ein kleines Lächeln im Erstkontakt kann große therapeutische Wirkung haben!

Fallbeispiel „Jedem Anfang liegt ein Zauber inne"
Die 84-jährige Frau Hansen wird mit einer Oberschenkel-halsfraktur von ihrem Nachbarn in ein Bremer Krankenhaus eingeliefert und dort auf die Chirurgie verlegt. Mithilfe eines Pflegehelfers aus der Notfallambulanz der Klinik wird Frau Hansen auf ihr Zimmer gebracht. Ihr Nachbar ist gerade einen Kaffee trinken gegangen, als die zuständige Pflegefachkraft Sabine Blum das Zimmer betritt.
  Sabine Blum: »Moin, Moin«, sie lächelt Frau Hansen an, »wen ham wa denn da?«.

Frau Hansen: »Moin«.

Sabine Blum: »Ich heiße Sabine Blum und bin ihre Krankenschwester. Und Sie sind (sieht in ihre Unterlagen), ah, Sie sind Frau Hansen, nech?«.

Frau Hansen: »Ja, stimmt (mit aufgeregter Stimme), ich bin heut früh vorm Haus hingefallen. Dabei wollte ich doch nur den Müll rausbringen. Aber es war so glatt und denn war's zu spät, nech.«.

Sabine Blum: »Oh, je, da ham se wohl gar nicht mit gerechnet, was?«.

Frau Hansen (mit tränenunterdrückter Stimme): »Un nächste Woche is Weihnachten. Da wollte ich doch zun Kinern.«.

Sabine Blum: »Na, da ham Se aber Glück, dasse heute nammitag noch operiert werden. Und wir werden hier alles tun, dasse bald wieder auf die Beine kommen und Weihnachten bein Kinern sind, nech?«.

Frau Hansen: »Na, Ihr Wort in Gottes Gehör.«.

Sabine Blum: »Sie trauen mir wohl nicht, Frau Hansen?«.

Frau Hansen: »Doch, doch, aber man weiß es ja noch nicht.«.

Sabine Blum: »Sehen Sie, Frau Hansen, bei dieser Operation bleiben die Patienten üblicherweise 7–9 Tage bei uns. Und Heiligabend ist in 10 Tagen. Warum sollten Sie also länger bei uns bleiben, als andere Patienten?«.

Frau Hansen (irritiert aber erleichtert): »Is das so?«.

Sabine Blum (hebt zwei Finger in die Luft und grinst verschmitzt): »Ich schwöre, Frau Hansen. Das is wirklich so. Nach dem Krankenhausaufenthalt steht noch eine Reha an, doch die beginnt erst im Neuen Jahr, sodass sie über Weihnachten zuhause sind«.

Frau Hansen (atmet erleichtert aus): »Danke, Schwester!«.

Analyse des Gesprächs zwischen der Pflegefachkraft Sabine Blum und der Patientin Frau Hansen

Auch wenn dieses Gespräch für Nichtbremer etwas befremdlich klingt, ist es doch insgesamt recht gelungen (Abb. 3.2). So ist die Ansprache mit »Moin, Moin!« in Norddeutschland üblich, ähnlich dem »Grüß Gott!« in Bayern. Gerade für Menschen, die in Norddeutschland leben, ist das in der Regel vertrauenserweckend. Ebenso wie das Beenden eines Satzes mit »nech« einer Kurzform für ein um Bestätigung ersuchendes »nicht wahr?«. Die nonverbale Kontaktaufnahme von Frau Blum (anlächeln der Patientin) mag routinierte Freundlichkeit sein, hat jedoch zumeist eine therapeutische Wirkung, die Sicherheit vermittelt. Und genau dieser Effekt ist im Erstkontakt erwünscht.

Im ersten Gespräch zwischen Gesundheitsmitarbeiter*innen und Patient*innen werden häufig Informationen gesammelt. Ärzt*innen sprechen dabei von Anamnese, Pflegefachkräfte von Erstgespräch und Case-Manager von Assessment. Um an diese Informationen zu kommen ist es wichtig, Vertrauen und Sicherheit zu schaffen. Da für die Mitarbeiter*innen einer Klinik diese Gespräche zur Routine gehören, machen sie sich oft nur wenig bewusst, wie sehr diese Informationssammlung durch die Beziehungsebene beeinflusst wird.

In unserem Fallbeispiel traut sich Frau Hansen auch sofort, die Pflegefachkraft mit ihren Sorgen und Selbstvorwürfen zu belasten. Das kann als ein Zeichen von Vertrauen verstanden werden. Frau Blum geht auf das Gesprächsangebot ein (»Aber es war so glatt und denn war's zu spät, nech?«), indem sie sagt: »Oh je, dam ham se wohl gar nicht mit gerechnet, was?«. Dieser Satz ist hier von großer Bedeutung, weil er so vieles gleichzeitig signalisiert:

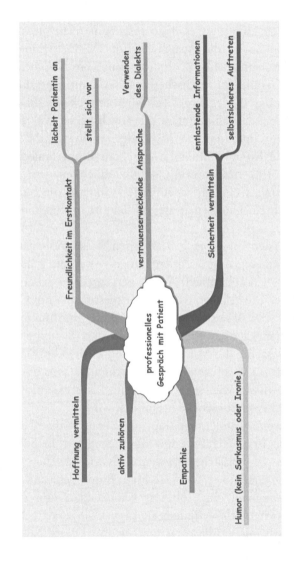

Abb. 3.2 Mindmap „Jedem Anfang wohnt ein Zauber inne"

1. Ich höre Ihnen zu.
2. Der Unfall hat Sie überrascht und aus dem Konzept gebracht.
3. Ich verstehe Ihre Aufregung.

Mit diesem Satz fühlt sich Frau Hansen so sehr verstanden, dass sie sich nun traut, ihre eigentliche Angst zum Ausdruck zu bringen, nämlich die Sorge, Weihnachten nicht mit ihren Kindern verbringen zu können.

Auch die nächste Reaktion der Pflegefachkraft Frau Blum darf als professionell bewertet werden. Hier noch mal der Wortlaut: »Na, da ham se aber Glück, dasse heute nammitag noch operiert werden. Und wir werden hier alles tun, dasse bald wieder auf die Beine kommen und Weihnachten bein Kinern sind, nech?«. Auch dieser Satz vereint viele Signale und Ebenen des Wissens:

- Die Situation wird positiv bewertet und die schnelle Operation mit Glück bezeichnet. Diese Technik, eine scheinbar negative Situation in eine positive umzudeuten wird, Reframing genannt (Abschn. 3.1.6).
- Es wird Unterstützung zugesichert, damit die Genesung schnell voran geht. Damit ist Frau Hansen nicht allein, sondern bekommt Hilfe.

Doch die Unsicherheit der Gesamtsituation ist für Frau Hansen derart belastend, dass Sie den Worten ihrer Pflegefachkraft nicht ganz traut. Die Reaktion »Na, Ihr Wort in Gottes Gehör!« bedeutet so viel wie: »Nur Gott weiß, was passieren wird.«. Dieses Misstrauen wird von Frau Blum aufgegriffen (»Sie trauen mir wohl nicht, Frau Hansen?«). Damit spricht sie zum einen die emotionale Ebene des Satzes an, mit dem sich Frau Hansen auf Gott beruft (Sie sind misstrauisch.) und zum anderen die Beziehungsebene der beiden (Sie misstrauen mir.). Diesem Misstrauen begegnet sie dann professionell mit Fachinformationen zur üblichen Aufenthaltsdauer bei diesem Eingriff. Mit dem abschließenden »Warum sollten Sie also länger bei uns bleiben, als andere Patienten?« unterstreicht sie die Regelhaftigkeit dieser Behandlung und vermittelt zusätzlich Sicherheit. Hier sind es Fachwissen und Erfahrung, welche die Grundlage für den Optimismus bieten, dass Frau Hansen Weihnachten mit ihren Kindern verbringen kann. Damit vermittelt Frau Blum Hoffnung, was eine wesentliche Qualität von Mitarbeitern im Gesundheitswesen ist.

Mit der Geste des »Schwörens« (zwei Finger in die Luft) und dem verschmitzten Lächeln wechselt Frau Blum nun auf eine humorvolle Ebene. Wenn genug Vertrauen aufgebaut ist, wird der humorvolle Umgang oft als Erleichterung oder Entlastung erlebt.

Das gilt nicht für schwarzen Humor oder Sarkasmus!

In der Gesprächsführung muss der Einsatz von wirksamen Humor als große Kunst verstanden werden. Der tragische Umstand eines Unfalls und die bevorstehende Operation machen Ängste verständlich. Auch die Sorge, Weihnachten nicht zu den Kindern zu können, kann hier eine symbolische Bedeutung haben, nämlich das Alleinsein (ohne ihre Kinder) im Krankenhaus. Wer die Kunst des Humors beherrscht, hat damit gegen diese »emotionale Schwere« ein wirksames Instrument gefunden [24].

3.1.5 Beziehung zum Patienten

Da die Beziehungsebene in der Kommunikation einen entscheidenden Einfluss auf das Gespräch hat, ist es wichtig, die Beziehung zum Patienten bewusst zu gestalten. Aus dem ersten »unprofessionellen« Beispiel mit der Pflegefachkraft Frau Blanke, die ihren Patienten Herrn Schubert von der Intensivstation abholt, können wir lernen, was beim Erstkontakt alles falsch gemacht werden kann und somit den Beziehungsaufbau erschwert. Besser gelungen ist der Beziehungsaufbau im zweiten Fallbeispiel mit der Pflegefachkraft Frau Blum und ihrer Patientin Frau Hansen.

Eine professionelle Beziehung zum Patienten hat therapeutischen Charakter [157]. Professionell bedeutet ein Engagement, das sich auf einem Kontinuum zwischen »überinvolviert« und »kontaktlos« genau in der Mitte befindet [9].

Damit Mitarbeiter aus Gesundheitsfachberufen eine Beziehung zum Patienten eingehen, sind bestimmte Voraussetzungen erforderlich, wie:

- Bewusstsein über die Bedeutsamkeit der Beziehung zum*zur Patient*in als Basis für den Versorgungs- und Heilungsprozess.
- Beziehungsaufbau zum*zur Patient*in als essenziellen Teil der beruflichen Arbeit verstehen.
- Selbstwahrnehmung der eigenen Person mit ihren Fähigkeiten, Gefühlen, Kenntnissen, Bedürfnissen und Verantwortlichkeiten.
- Fähigkeit zur Empathie.
- Fähigkeit, im Kontakt mit dem*der Patient*in wirklich präsent zu sein.
- Fähigkeit, professionelle Grenzen zu setzen, die ein Überengagement oder Burnout verhindern.
- Fähigkeit, die Persönlichkeit des*der Patient*in einzuschätzen.

3.1.6 Reframing

Reframing kommt aus dem Englischen und bedeutet, etwas neu umrahmen. Immer wieder leiten Menschen aus bestimmten Ereignissen oder Situationen automatisch Dinge ab, die mit unangenehmen Gefühlen verbunden sind. Doch das muss nicht so zutreffen.

Beispiel Herr Kummer: „Seit dem Tod meiner Frau habe ich darüber nachgedacht, mir einen Hund zuzulegen, dann wär ich nicht so allein. Aber so ein Tier macht ja ständig Dreck, wenn es mit nassen Pfoten in die Wohnung kommt. Da hat man ja auch keine Freude, wenn man dann ständig die Bude putzen muss."

Durch gezieltes Nachfragen der Physiotherapeutin Gerlinde Schön gelingt es hier den behaupteten ständigen Dreck in Zweifel ziehen.

- Physiotherapeutin: „Ständig? Wie oft regnet es denn bei Ihnen?"
  Herr Kummer: „Naja, einmal die Woche bestimmt"
- Physiotherapeutin: „Aha, also an 6 von 7 Tagen käme der Hund sauber nachhause?"
  Herr Kummer: nickt
- Physiotherapeutin: „Und wenn der Hund einmal die Woche mit dreckigen Pfoten heimkommt, gibt es keine andere Möglichkeit als nachher die ganze Bude zu putzen?"
- Herr Kummer: „Naja, man könnte ja auch den Hund vor der Tür trocken rubbeln und die Pfoten sauber machen, bevor er in die Wohnung kommt"
- Physiotherapeutin: „Und, wäre das einmal die Woche zu schaffen?"
- Herr Kummer: grinst „Stimmt schon, jetzt wo Sie mich mit der Physio wieder fit gemacht haben, müsste das zu schaffen sein"

Beim Reframing geht es also nicht darum, sich etwas schön zu reden oder Tatsachen zu leugnen. Es sollen vielmehr weitere Möglichkeiten in Betracht gezogen werden, als eine ausschließlich negative Bilanz. Die Folgen, die sich aus der Situation ergeben, können vielfältig sein. Wenn Menschen negativ auf eine Konsequenz ausgerichtet sind,

Tab. 3.1 Reframing

Methode	Beispiel
Situation	Drei Tage vor der praktischen Führerschein-prüfung bekommt Jürgen S. eine Erkältung
Erwartete Konsequenz	»Oh Schreck, dann werde ich mich bei der Prüfung nicht konzentrieren können und durchfallen!«
Reframing	a.) Gut, dass die Erkältung mich heute erwischt und nicht in 3 Tagen, da habe ich noch etwas Zeit mich zu erholen b.) Hatte einfach zu viel um die Ohren und nun Gottseidank Zeit, auszuschlafen und mich in Ruhe auf die Prüfung vorzubereiten c.) Ich sehe die Erkältung als ein Zeichen, dass ich mich in letzter Zeit übernommen habe und mir nun alles zu viel wird. Jetzt wird mir bewusst, dass ich noch etwas Zeit brauche, um mich auf die Führerscheinprüfung vorzubereiten. Ich werde den Prüfungstermin verschieben und sie dann in vier Wochen ganz gelassen und ohne den jetzigen Druck angehen

kann sie das viel Kraft kostet. Dann ist das Reframing eine gute Methode, energiefressende Glaubenssätze zu verändern (Tab. 3.1).

Die Methode des Reframing basiert auf der Tatsache, dass sich aus einer Situation immer viele Möglichkeiten ergeben, der betroffene Mensch jedoch oft nur eine einzige Option sieht. Eine gute Ausgangsbasis ist die Frage, was bestenfalls passieren kann – statt am schlimmstenfalls festzuhalten. Reframing ist eine einfache Technik mit hoher Wirkung. Mit ein bisschen Übung kann diese Methode jeder lernen, der sich nicht explizit dem Pessimismus verschrieben hat.

Beispiel eines Reframings mit Humor

Lisa Simon hatte sich einer Hysterektomie unterzogen und war entlassen worden. Zwei Wochen nach dem Eingriff bricht sie morgens in ihrem Bad zusammen und kann noch mit letzter Kraft ihre Nachbarin mit dem Handy rufen. Diese bringt sie umgehend zurück in der Klinik, wo die zuständige Gynäkologin eine akute Blutung diagnostiziert und anordnet, sie sofort in den OP zu bringen. Die ganze Aufregung und Sorge steht Lisa Simon ins Gesicht geschrieben. Sie ist selbständig und Mutter von zwei Kindern (9 und 12 Jahre). Eine erneute OP war in ihrem eng gesteckten Zeitplan „nicht vorgesehen". Alles mögliche geht ihr durch den Kopf, was jetzt dringend organisiert werden muss, während sie sich bereits im Bett vor der OP-Schleuse befindet.

Da kommt der OP-Pfleger auf sie zu und fragt bedeutungsschwanger: „Na, was haben wir denn hier?" Er schnappt sich die Kurve, wirft einen kurzen Blick darauf und verkündet: „Aha, eine Reklamation!"

Darüber muss Lisa Simon laut lachen und die angespannte Situation verliert etwas von ihrer Bedrohlichkeit.

> **Praxistipp**
>
> Lesen Sie doch eins der folgenden »Übungsbücher« zum Reframing:
>
> 1. Bandler R, Grinder J (2010) Reframing. Paderborn: Junfermann
> 2. Berger, Wolfgang (2018) Business Reframing. Berlin: Springer
> 3. Markowitsch Hans J & Schreier, Margit (2019) Reframing der Bedürfnisse. Psychische Neuroimplantate. Berlin: Springer

3.1.7 Das Konzept Hoffnung

> Hoffnung ist nicht die Überzeugung, dass etwas gut ausgeht, sondern die Gewissheit, dass etwas Sinn hat, egal wie es ausgeht. (Vaclav Havel)

In Bezug auf das körperliche und seelische Wohlbefinden spielt Hoffnung eine große Rolle. Auch im Genesungsprozess ist Hoffnung wichtig. So ist sie eine entscheidende Voraussetzung für den Copingprozess bei herausfordernden Krankheiten, wie z. B. Krebs [71]. Deshalb ist die Vermittlung von Hoffnung im Gesundheitswesen von zentraler Bedeutung.

Aus Sorge ihren Patienten falsche Versprechungen zu machen, besteht im Gesundheitswesen oft eine ausgesprochene Scheu im Umgang mit hoffnungsvollen Worten. Das ist bedauerlich, weil hier so viel Potenzial ungenutzt bleibt. Denn es geht bei der Hoffnung nicht um ein juristisch anfechtbares Zusichern einer guten Prognose, sondern um eine hoffnungsvolle Haltung, die Möglichkeiten offen lässt, welche für den Patienten Sinn ergeben.

Hoffnung ist das Ergebnis einer angemessenen Balance zwischen Vertrauen und Misstrauen. Hoffnung impliziert eine Erwartungshaltung, die auf die Zukunft ausgerichtet ist und bezieht Gedanken, Gefühle, Verhalten und Beziehungen mit ein. Sie ist an eine positive Erwartungshaltung geknüpft, die für den betroffenen Menschen Sinn macht [184].

In einer aktuellen wissenschaftlichen Analyse wird Hoffnung in drei Bestandteile zerlegt. Neben der 1) Erwartungshaltung an die Zukunft und 2) dem Wunsch nach Sinn wird 3) die Resilienz betont, mit ihrer ausdauernden Fähigkeit, Widrigkeiten zu überwinden [154].

Damit kann Hoffnung als ein gutes Konzept gegen Stress verstanden werden. Der Umgang mit einer Krankheit ist für viele Menschen mit Stress verbunden.

Das Vermitteln von Hoffnung ist eine hohe Kunst professioneller Kommunikation im Gesundheitswesen.

> **Was können Sie tun, damit Ihre Patient*innen und deren Zugehörige Hoffnung entwickeln?**
>
> 1. Seien Sie präsent, wenn Sie mit der*dem Patient'in zusammen sind (d. h. nicht nur körperlich anwesend, sondern auch gedanklich und emotional ganz dabei). Die Präsenz der Pflegefachkräfte hat eine therapeutische Wirkung auf die Patienten [110].
> 2. Bauen Sie eine ehrliche und respektvolle Beziehung zum*zur Patient*in auf.
> 3. Formulieren Sie erreichbare Erwartungen.
> 4. Beziehen Sie Zugehörige mit ein, die dem*der Patient*in etwas bedeuten.
> 5. Helfen Sie bei der Bewältigung von Verlustgefühlen (evtl. Vermittlung zu professioneller Trauerarbeit).
> 6. Verwenden Sie hilfreiche und sinnvolle Geschichten. Methode des Storytelling
> 7. Geben Sie »Hilfe zur Selbsthilfe«, um die Autonomie zu stärken.
> 8. Heben Sie die Energie an, z. B. durch positives Denken oder Humor.
> 9. Finden Sie heraus, was dem*der Patient*in wirklich wichtig ist – Sinn als Ressource.
> 10. Explorieren Sie »spirituelle« Zugänge des*der Patient*in – Glaube als Ressource. (In Anlehnung an Wilkinson [209])

Selbst bei Patiet*innen mit terminalen Erkrankungen spielt Hoffnung eine wichtige Rolle. Hier geht es vor allem darum, die verbleibende Lebenszeit sinnvoll und selbstbestimmt mit den Menschen zu verbringen, die einem am Herzen liegen [97].

Hoffnungslosigkeit dagegen, wird bei terminalen Patient*innen durch Isolierung, aktuelle Verluste von geliebten Menschen und schlechter Symptomkontrolle, wie z. B. Nebenwirkungen medikamentöser Behandlung [89] gefördert.

Nicht immer steht bei der Hoffnung die Aussicht auf Heilung im Mittelpunkt. Oftmals geht es um die

Bewältigung von Angst oder Sorge, der Fähigkeit zum Loslassen oder Verzeihen sowie dem Erreichen von Wohlbefinden. Menschen mit der Fähigkeit, zunächst die Chancen erkennen zu können, statt in der Problemschau verhangen zu bleiben, fällt es oft leichter, Hoffnung zu vermitteln. Übrigens lässt sich die Fähigkeit zum positiven Denken lernen. Verschiedene Trainings aus dem Bereich des NLP (neurolinguistisches Programmieren) eignen sich hierzu hervorragend und werden mittlerweile fast an jeder Volkshochschule angeboten (Literatur hierzu im Praxistipp Abschn. 3.1.6).

3.2 Anamnese – Assessment – Erstgespräch

Die Begriffe Anamnese, Assessment und Erstgespräch stehen alle für das Einholen erster Patient*inneninformationen, die die Ausgangslage der weiteren Versorgung bildet. Anamnese stammt aus dem Griechischen und bedeutet „Erinnern". Assessment ist Englisch und steht für „Einschätzung".

Bei der medizinischen **Anamnese** wird die Krankheitsgeschichte erhoben sowie ihre Vorgeschichte in Bezug auf die aktuellen Beschwerden. Dabei werden möglichst objektive Symptome gesammelt, um daraus Syndrome und diagnostische Klassifikationen abzuleiten. Die ermittelte Diagnose bestimmt dann die weitere Behandlung. Für die ärztliche Anamnese wurde das Four Habit Model entwickelt, das sich auf 4 Grundhaltungen bezieht, welche im Gespräch eingenommen werden sollen. Das Modell zielt insbesondere darauf ab, die Lücke zu schließen, die sich durch fehlende Empathie ergeben kann (näheres dazu findet sich in Kap. 7). Um jede dieser Grundhaltungen in der Anamnese einzunehmen, sind diese mit jeweiligen Anforderungen an bestimmte Fähigkeiten verbunden. Für die Ausbildung von Medizine*innen eignet sich die folgende Übersicht zum **Four Habit Modell** [124].

Investiere in den Beginn:
Hier gilt es einen guten Kontakt zur*zum Patient*in her-zustellen, ihre+seine Sorgen in den Blick zu nehmen und ihn in die Entscheidungen einzubeziehen.

Erkunde die Perspektive des Patienten:
Der*die Patient*in wird nach seinen spezifischen Fragen und nach seiner Meinung gefragt. Hier wird sich bemüht, die Auswirkungen der Symptome, Behinderung, Erkrankung auf das Leben des*der Patient*in zu verstehen. Wie beeinflusst dieses Leid sein Fühlen und Denken? Und welche Folgen hat die Symptomatik und das Krankheits-erleben für seine Copingstrategien?

Zeige Empathie:
Hier wird dem*der Patient*in verbal als auch non-verbal empathisch begegnet. Einfühlsame Blicke, sanfte Berührungen und Mitgefühl für seine Situation sind hier angezeigt. Dafür müssen wir uns für die Emotionen des Patienten öffnen.

Investiere in das Ende:
Diagnostische Informationen werden mitgeteilt und der Patient in die Entscheidungsfindung einbezogen. Das Gespräch wird zusammengefasst und der*die Patient*in ermutigt, eigene Copingstrategien zu aktivieren.
Vier gute Techniken der patientenorientierten Gesprächsführung beschreibt das **WWSZ Modell**. Das

Akronym steht für Warten, Wiederholen, Spiegeln und Zusammenfassen und wird im Kap. 7 näher beschrieben.

Beim **Assessment** im Case-Management geht es darum, die Bedürfnisse und Ressourcen des Klienten herauszufinden und eine erste Klärung vorzunehmen, wer zu dieser Bedürfnisbefriedigung beitragen kann. Es wird also ermittelt, was die*der Klient*in, bzw. ihr*sein soziales Netzwerk übernehmen kann und für welche Aspekte institutionelle Hilfen erforderlich sind [142]. Die gesammelten Informationen dienen der Erstellung eines Hilfeplans. Die wesentlichen Bestandteile des Assessments sind:

- Analyse der Situation (Bedürfnisse und Ressourcen),
- erste Einschätzung (Hypothesenbildung),
- Besprechung des weiteren Vorgehens (Vertragsklärung).

Beim pflegerischen **Erstgespräch** (auch Pflegeanamnese genannt) bestehen die Ziele in der Sammlung pflegerelevanter Informationen sowie dem Aufbau einer Beziehung zum Patienten [149]. Wegen der umfangreichen Datensammlung, die für eine gute Pflege erforderlich ist, verwenden die meisten Pflegeeinrichtungen einen Pflegeanamnesebogen. Dieser Bogen ist zumeist wissenschaftlich fundiert und sieht je nach theoretischer Grundlage unterschiedliche Kategorien vor.

In der somatischen Pflege in Deutschland kommen häufig die »Aktivitäten des Lebens« zum Einsatz, welche auf der Pflegetheorie von Roper, Logan und Tierney (2000) zurückzuführen sind und 12 Kategorien vorsieht [117]. In der Behindertenpflege bietet sich die »ICF-Skala« an, eine Internationale Klassifikation der Funktionsfähigkeit, Behinderung und Gesundheit. Sie umfasst 8 Kategorien und ist in ihrem Einsatz anspruchsvoll und zeitintensiv [36]. In der Langzeitpflege rentieren sich aufwendige Erhebungsverfahren, wie z. B. die

»Functional Independence Measure«, kurz FIM genannt mit ihren 18 Kategorien. Die Community Health Nurses (CHN) fokussieren bei Ihrer Diagnostik nicht auf einzelne Personen, sondern auf ganze Gemeinden oder Quartiere und verwenden hierzu eine Reihe von Assessmentinstrumenten, um zu einer Community Diagnose zu kommen [45]. Die spannende Ausbildung zur Community Health Nurse erfolgt in Deutschland mittels eines Masterstudiums und ermöglicht einen großen Entscheidungs- und Handlungsspielraum. Dementsprechend benötigt die CHN viel kommunikative Kompetenz, wie beispielsweise Kenntnisse der motivierenden Gesprächsführung (Motivational Interviewing) [168] und des Verhandlungsmanagements.

Mit den gewonnenen Daten eines pflegerischen Erstgesprächs wird ein Pflegeplan erstellt, um die gesamte Pflege individuell zu strukturieren und zu dokumentieren:

- Ermittlung von Personen- und Hintergrundinformationen,
- Erhebung pflegerischer Bedürfnisse,
- Festlegen des gemeinsamen Vorgehens.

3.2.1 Das erste Gespräch

Je nach Krankheit, Symptomatik oder Versorgungsbedarf gibt es unterschiedliche Assessmentinstrumente zur Feindiagnostik. So finden z. B. in der Demenzdiagnostik Verfahren wie der »Mini-Mental-Status-Test« oder das »Cohen-Mansfield Agitation Inventory« ihren Einsatz. In der Schmerztherapie werden unterschiedliche Schmerzskalen verwendet und zur Ermittlung von Pflegeabhängigkeit kann die Pflegeabhängigkeitsskala (PAS) eingesetzt werden.

Doch kein Fragebogen der Welt ersetzt die Fähigkeit, die richtigen Fragen zum richtigen Zeitpunkt zu stellen.

Fallbeispiel „Ein Gespräch »unter Jungs"
Herr Dr. Anders (59) ist Stationsarzt in der Urologie. Der Patient Herr Franke (62) kommt von der Zentralen Notaufnahme (ZNA) des Hauses auf seine Station mit Verdacht auf Niereninsuffizienz. Es ist sein erster Krankenhausaufenthalt. Herr Franke ist etwa zwei Stunden auf der Station und teilt sich sein Zimmer mit zwei anderen Patienten als Dr. Anders in das Zimmer kommt. Das Gespräch wird vom anwesenden Stationspfleger, der bei einem Patienten einen Verband wechselt, beobachtet und anschließend aufgezeichnet. Hier ein Auszug aus dem dann stattfindenden Anamnesegespräch:
Dr. Anders: »Ich bin Dr. Anders. Herr Franke, wann fingen denn die Beschwerden an?«.
Herr Franke: »Also, dass man nachts mal raus muss, ist ja normal. Aber jetzt muss ich fast jede Stunde zur Toilette. Und die Müdigkeit ist immer schlimmer geworden. In letzter Zeit habe ich auch keinen Hunger mehr, weil mir so oft schlecht ist.«.
Dr. Anders: »Geben Sie mir mal ihren Arm!«, dann schiebt er Herrn Franke den Hemdärmel hoch und misst ihm den Blutdruck. »Kein Wunder, Ihr Blutdruck ist viel zu hoch!«.
Herr Franke: »Wie hoch isser denn?«
Dr. Anders: »Ich muss Sie jetzt mal untersuchen. Machen Sie sich mal frei und legen sich auf's Bett.«
Herr Franke sieht sich verschämt um: »Ich soll mich hier ausziehen?«
Dr. Anders: »Wir sind hier unter Jungs, da wird Ihnen schon keiner was weggucken!«
Die beiden Mitpatienten grinsen. Der Stationspfleger nickt aufmunternd.

Dr. Anders palpiert Bauch, Blase und Nierengegend: »Tut's irgendwo weh?«

Herr Franke: »Naja, angenehm is was anderes. Wie lange muss ich denn hier bleiben, Herr Doktor?«

Dr. Anders: »Was für Medikamente nehmen Sie denn?«

Herr Franke: »Eigentlich keine.«

Dr. Anders: »Wieso eigentlich?«

Herr Franke: »Naja, mal was gegen Kopfschmerzen, wenn ich wieder Stress im Büro habe.«

Dr. Anders: »Und wie oft haben Sie Kopfschmerzen?«

Herr Franke: »Oft. Ich mache das Büro jetzt seit 15 Jahren allein. Meinem Kollegen ham se gekündigt, damals. Und die Arbeit ist nicht weniger geworden. Ganz im Gegenteil.«

Dr. Anders: »Also nehmen Sie regelmäßig Schmerzmittel! Mehr als einmal die Woche?«

Herr Franke: »Na, so zwei bis dreimal die Woche kommt schon hin. Früher habe ich nur Paracetamol und Ibuprofen genommen. Doch damit komme ich jetzt nicht mehr hin. Heute nehme ich eher Novalgin.«

Dr. Anders: »Und das seit 15 Jahren?«

Herr Franke: »So ungefähr.«

Dr. Anders: »Kein Wunder, wenn sich die Nieren irgendwann bedanken. Und wie sieht's aus mit Alkohol?«

Analyse des Anamnesegesprächs

Da sich aus Fehlern bekanntlich viel lernen lässt, eröffnen sich uns mit diesem Anamnesegespräch einige Lernchancen (Abb. 3.3).

- Der gewählte Rahmen, für das Gespräch – auch Setting genannt – ist denkbar ungünstig. Mit drei weiteren Zuhörern (zwei Mitpatienten und ein Stationspfleger) ist es schwer eine vertrauensvolle Basis herzustellen, die notwendig ist, um ehrliche Informationen zu erhalten.

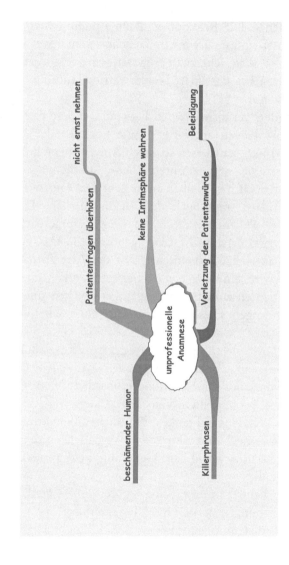

Abb. 3.3 Mindmap »ein Gespräch „unter Jungs"«

- Wie unangenehm das Setting für Herrn Franke ist wird deutlich, als dieser sich vor allen anderen ausziehen soll. Unsicher fragt er noch mal nach: »Ich soll mich hier ausziehen?«. Die Reaktion von Dr. Anders (»Wir sind hier unter Jungs, da wird Ihnen schon keiner was weggucken.«) mag scherzhaft gewesen sein, trägt jedoch nicht dazu bei, dass Herr Franke Vertrauen und Sicherheit gewinnt.
- Dr. Anders verunsichert den Patienten, indem er nicht auf seine Fragen antwortet (»Wie hoch ist der Blutdruck?«) und stattdessen lediglich Anweisungen ausgibt »Ich muss Sie jetzt mal untersuchen«. Auf die Frage, wie lange er noch hier bleiben muss geht Dr. Anders nicht ein, sondern fragt nach den Medikamenten. Damit wird der Patient in diesem kurzen Gesprächsauszug bereits zwei Mal nicht ernst genommen. Das Recht Fragen zu stellen, scheint hier nur der Arzt zu haben. Damit wird eine ungleiche Hierarchie aufgebaut, die den Patienten zum Befehlsempfänger machen und ihn herabwürdigen. Dieses Vorgehen wird auch Killerphrase genannt.
- Da es für Herrn Franke seine erste Krankenhauserfahrung als Patient ist, können wir davon ausgehen, dass ihn die Situation verunsichert. Das wenig empathische Verhalten von Dr. Anders verletzt die Würde von Herrn Franke. Ein solches Benehmen ist unprofessionell und provoziert Verhaltensweisen bei Patienten, die wenig zur Genesung beitragen. Dazu zählen z. B.:
  - Ängstliche Unterwerfung unter die ärztlichen Anordnungen statt aktiver Mitgestaltung,
  - fehlende Compliance in den Behandlungsplan,
  - passive Aggression, die sich gegen sich selbst oder andere richtet und ein
  - Gefühl von Hilflosigkeit und Abhängigkeit.

Die voreilige Unterstellung von Dr. Anders, dass sich Herrn Frankes Nieren für den Medikamentenkonsum bedanken, spricht für den Tunnelblick des Mediziners. Auf die mehrfache Erklärung von Herrn Funke über seinen stressigen Beruf geht der Arzt mit keiner Silbe ein. Damit blendet er größere Zusammenhänge aus und reduziert den Patienten auf ein Ursache-Wirkungs-Prinzip, welches ihm bekannt ist.

3.2.2 Die Würde des Patienten ist unantastbar

Jede einem Menschen zugefügte Beleidigung, gleichgültig welcher Rasse er angehört, ist eine Herabwürdigung der ganzen Menschheit (Albert Camus)

Was die Patientenwürde ausmacht ist eine Frage des Blickwinkels. In einem Punkt sind sich allerdings Pflegefachkräfte, Mediziner*innen und Patient*innen einig, nämlich das die Einhaltung der Privatsphäre ein zentraler Bestandteil der Patientenwürde ausmacht. Während Pflegefachkräfte insbesondere die Fürsprache und das Zeitnehmen betonen [205], rücken Mediziner*innen die Vertraulichkeit ihrer Betrachtung in den Mittelpunkt [44]. Patient*innen ist für den Erhalt ihre Würde notwendig, dass sie eine Wahl haben und Selbstkontrolle ausüben können. Auch Humor und Sachlichkeit können dabei für Patient*innen bedeutsam sein [44].

Dennoch erleben immer wieder Patient*innen, wie ihre Würde im Gesundheitswesen verletzt wird. Interessanterweise scheinen sich hospitalisierte Patient*innen nach einiger Zeit daran zu gewöhnen, sodass ihnen die erfahrenen Bedingungen weniger würdelos erscheinen [131].

Nora Jacobson [97] findet eine ganze Reihe von Verhaltensweisen, welche die Würde des Patienten verletzen.

Hierzu zählen: Grobheit, Gleichgültigkeit, Herablassung, Abweisung, Nichtbeachtung, Abhängigkeit, Einmischung, Objektivierung des Patienten, Labeling, Verachtung, Diskriminierung, Abscheu, Deprivation, Angreifen. Bedingungen, die ein solches Verhalten unterstützen liegen z. T. im System, wie z. B.

- die Asymmetrie der Beziehungen,
- der Behandlungsablauf an sich, der mit vielen Spannungen einhergeht (z. B. denen zwischen Bedürfnissen und Ressourcen)
- sowie die Einbettung des Gesundheitswesens in ein System sozialer Ungleichheit [97].

In einer Untersuchung mit über 6700 Patienten konnte nachgewiesen werden [20], dass Patient*innen wesentlich zufriedener mit ihrer Versorgung sind, wenn sie mit Würde behandelt und in die Entscheidungen mit einbezogen werden, was sich positiv auf ihre Compliance auswirkt.

Mediziner*innen verletzten oft die Würde von Patient*innen aus Zeitgründen oder weil ihnen die Erfahrung fehlt. Obwohl Menschlichkeit, Respekt und Nettigkeit zentrale Werte in der Medizin sind, werden diese oft als besondere Annehmlichkeiten gesehen, die nur dann zum Einsatz kommen, wenn genug Zeit bleibt oder die Umstände dieses erlauben [29]. Um dem entgegen zu wirken, wurde ein Modell, mit dem die Würde in der medizinischen Behandlung erhalten bleibt, entwickelt. Die 4 Konzepte dieses Modells bestechen mit ihrer Klarheit und sind auf alle Gesundheitsfachberufe übertragbar [43]:

- A = attitude, Einstellung,
- B = behaviour, Verhalten,
- C = compassion, Mitgefühl,
- D = dialogue, Dialog.

Mit der ehrlichen Reflexion dieser 4 Komponenten lässt sich leicht überprüfen, ob wir Patient*innen würdevoll behandeln. Zunächst gilt es, sich die Einstellung zur*zum Patient*in bewusst zu machen, also zu überprüfen ob ggf. Vorurteile eine Rolle spielen. Erst dann lässt sich das Verhalten ändern.

Auf der Verhaltensebene bedeutet würdevoller Umgang z. B., dass die*der Patient*in um Erlaubnis gefragt wird, bevor Eingriffe stattfinden, dass eine Sprache gesprochen wird, die von*vom Patient*in verstanden wird und ihm generell respektvoll begegnet wird.

Durch Mitgefühl zeigen wir Patient*innen, dass er mehr ist als Krankheit und Leiden. Hierzu zählen auch das Eingehen auf Schmerz und Unwohlsein.

Der gemeinsame Dialog wirkt einer distanzierten Anordnung entgegen und verstärkt den würdevollen Umgang mit Patient*innen. Für die palliative Versorgung wurde gemeinsam mit verschiedenen Berufsgruppen im Gesundheitswesen eine spezielle Methode des würdevollen Umgangs entwickelt [43]. Hier werden besondere Werte, Überzeugungen und Wünsche von Patient*innen, die ihnen wichtig sind aufgeschrieben und nach dem Tod der Patient*innen an deren Zugehörige weitergegeben. So kann die Erinnerung an diesen einmaligen Menschen bewahrt werden.

Fallbeispiel „Ein Gespräch von Frau zu Frau"
Die Gynäkologin Dr. Rosenbaum (44) ist Stationsärztin und führt mit der neuen Patientin Frau Lachner (52) das Anamnesegespräch im Arztzimmer der Abteilung.

Dr. Rosenbaum: »Guten Tag Frau Lachner, mein Name ist Dr. Rosenbaum. Ich bin Frauenärztin und auf dieser Station für Sie zuständig.«, sie gibt Frau Lachner die Hand.

Frau Lachner: »Guten Tag.«

Dr. Rosenbaum: »Frau Lachner, ich möchte gern das Aufnahmegespräch mit Ihnen führen, dafür haben wir etwa eine halbe Stunde Zeit. Einverstanden?«

Frau Lachner: »Ja, unten in der Ambulanz hat mir schon ein Arzt Fragen gestellt. Aber der hatte nicht viel Zeit. Die Blutungen hören einfach nicht auf.«

Dr. Rosenbaum: »Den Unterlagen entnehme ich, dass Sie seit 3 Wochen Blutungen haben. Können Sie mir mal erzählen, wie die Periodenblutungen im letzten Jahr waren? Hat sich da was verändert am Rhythmus oder der Blutungsdauer?«

Frau Lachner: »Ähm, naja, also ich schätze mal, dass ich so seit ungefähr eineinhalb Jahren in den Wechseljahren bin. Da ist meine Periode immer unregelmäßiger gekommen. Früher konnte ich ja die Uhr danach stellen. Und die Blutungen waren mal mehr, mal weniger. Ich habe das gar nicht so gemerkt, weil ich mich vor 2 Jahren selbständig gemacht habe und den Kopf so voll mit anderen Dingen habe.«

Dr. Rosenbaum: »Womit haben Sie sich denn selbständig gemacht?«

Frau Lachner: »Ich habe einen Cateringservice. Liefere das Essen, verleihe das Geschirr und sorge auch für Personal, wenn es gewünscht ist. Außerdem beschäftige ich den besten Koch der Stadt. Und das spricht sich natürlich rum.«

Dr. Rosenbaum: »Sie reden so begeistert. Das scheint Ihnen ja richtig Spaß zu machen.«

Frau Lachner strahlt: »Das können Sie laut sagen. Endlich bestimme ich selbst, was ich mache. Mein letzter Chef war nämlich alles andere als kompetent, wenn es um Mitarbeiterführung ging. Und über Aufträge kann ich mich auch nicht beklagen. Ich habe ein großes Netzwerk und viele Kontakte, und das kommt mir jetzt zugute.«

Dr. Rosenbaum: »Wie schön! Vielleicht haben Sie ja auch für mich eine Visitenkarte, damit ich bei meiner nächsten Gartenparty mit leckerem Essen angeben kann.«

Frau Lachner lacht: »Gerne!«, dabei greift sie in ihre Handtasche und holte eine Karte raus, »Hier ist sie.«

Dr. Rosenbaum lacht: »So, nachdem Sie Ihre Akquise erfolgreich getätigt haben, kommen wir mal auf Ihre aktuellen Beschwerden zurück. Darf ich Sie fragen, ob Sie in einer Beziehung leben?«

Frau Lachner: »Ja, ich habe seit 8 Jahren einen Lebensgefährten. Doch in letzter Zeit läuft es nicht so rund bei uns.«

Dr. Rosenbaum: »Sehen Sie da einen Zusammenhang zwischen Ihren Blutungen und der Beziehung, die grad nicht so rund läuft?«

Frau Lachner: »Ich weiß nicht. Manchmal habe ich den Eindruck, je erfolgreicher mein Geschäft läuft, desto griesgrämiger wird er. Bin ja auch mehr unterwegs als früher. Aber es stimmt, mit dem Beziehungsärger haben auch die unregelmäßigen Blutungen angefangen. Habe da bisher keinen Zusammenhang gesehen. Vielleicht ist ja was dran.«

Das Anamnesegespräch dauert noch weitere 18 min, indem insbesondere körperliche Befunde erhoben werden. Dann kommt Dr. Rosenbaum zum Abschluss.

Dr. Rosenbaum: »Wir haben noch etwa fünf Minuten Zeit. Haben Sie momentan noch Fragen an mich? Oder möchten Sie noch etwas mit mir besprechen?«

Frau Lachner: »Ja, wie lange muss ich im Krankenhaus bleiben?«

Dr. Rosenbaum: »Alles in allem sollten Sie in spätestens sechs Tagen wieder zuhause sein.«

Frau Lachner: »Na, dann muss ich jetzt mal schnell einige Anrufe machen und ein paar Dinge organisieren.«

Dr. Rosenbaum: »Ja, das ist gut. Ich will Sie gleich noch einmal untersuchen. Wenn sich der Befund bestätigt, setzte ich Sie für morgen auf den OP-Plan. Wenn alles gut läuft, sind Sie vielleicht schon eher zu Hause. Sie müssen sich allerdings ernsthaft Gedanken darüber machen, wie Sie es für das nächste halbe Jahr vermeiden können, schwere Dinge zu heben und zu tragen. Kann ich mich da auf Sie verlassen?«

Frau Lachner: »Mhm, ja, das ist mal ne Aufgabe, die Sie mir da geben. Ich werde mir Gedanken machen.«

Dieses Gespräch dauerte insgesamt 24 min und wurde im beiderseitigen Einverständnis auf Band aufgenommen.

Analyse des Anamnesegesprächs

Der Einstieg ins Gespräch ist hier gut gelungen (Abb. 3.4 und 3.5). Dr. Rosenbaum stellt sich mit Namen und Beruf vor und erklärt ihr Anliegen. Sie spricht Frau Lachner mit ihrem Namen an und gibt ihr zur Begrüßung die Hand. Die Ansprache mit Namen schafft Vertrautheit und wirkt in großen Organisationen der Sorge entgegen verwechselt zu werden. Das Händeschütteln ist eine kulturelle Geste, die im Gesundheitswesen auch als freundlicher Körperkontakt verstanden werden kann. Als Patient*in ist man den unterschiedlichsten Formen von Berührung ausgesetzt, da kann ein Händeschütteln ein vertrauter und angstreduzierender Kontakt sein.

Dr. Rosenbaum erklärt gleich zu Beginn, wie viel Zeit ihnen für dieses Gespräch bleibt. Damit erhöht sich für Frau Lachner die Möglichkeit der Kontrolle über die Situation. Und schließlich ist Selbstkontrolle für die Patientin ein wichtiger Faktor, die eigene Würde zu bewahren.

Dr. Rosenbaum fragt nach, ob Frau Lachner mit dem Anamnesegespräch einverstanden ist. Selbst wenn diese

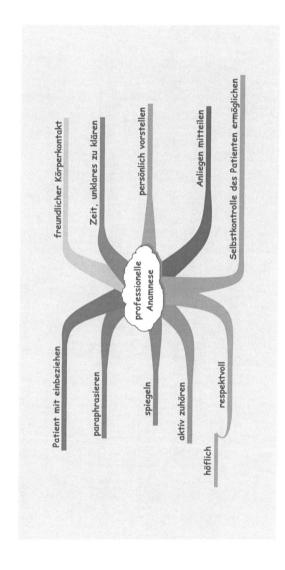

Abb. 3.4 Mindmap „Ein Gespräch von Frau zu Frau"

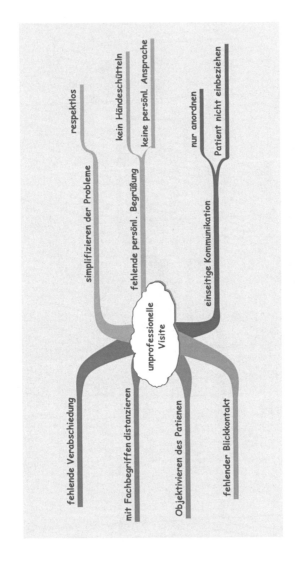

Abb. 3.5 Mindmap „dann legen Sie sich doch einen Hund zu"

Frage eher rhetorisch ist, so gibt sie der Patientin doch die Möglichkeit der Wahl. Und das ist wichtig für die Selbstkontrolle der Patientin.

Dr. Rosenbaum geht an vielen Stellen im Gespräch sofort auf die Patientin ein, wie z. B. auf die Blutung oder die Selbständigkeit. Damit signalisiert sie, dass sie Frau Lachner ernst nimmt und ihr zuhört. Auch im Anamnesegespräch muss das Zuhören als große Kunst verstanden werden.

Als Frau Lachner über ihren Beruf spricht, greift Dr. Rosenbaum sofort deren Begeisterung auf und kommentiert diese. Dieser Vorgang wird auch Spiegelung genannt, denn Frau Lachner bekommt »gespiegelt«, wie ihre Beschreibung bei Dr. Rosenbaum ankommt. Für Frau Lachner wird ein positives Geschehen festgehalten, was als Kraftquelle für den Umgang mit der Krankheit erlebt werden kann. Gerade in kranken Zeiten ist die Erinnerung an positive Dinge hilfreich. Das Fragen nach einer Visitenkarte unterstützt die gesunden Anteile deutlich.

Besonders respektvoll wirkt die Frage: »Darf ich Sie fragen, ob Sie in einer Beziehung leben?«. Auch diese Frage ist rhetorischer Natur, greift jedoch einen persönlichen Aspekt, der mit der Krankheit in Verbindung stehen könnte, sowohl direkt als auch diskret auf.

Nachdem Frau Lachner schildert, dass ihre Beziehung »in letzter Zeit nicht so rund läuft« greift Dr. Rosenbaum diese Worte direkt wieder auf. Dieses Vorgehen, der Wiederholung von Sätzen mit eigenen Worten nennt sich paraphrasieren und ist eine wichtige Technik in der Gesprächsführung.

Anstatt Frau Lachner mit möglichen Zusammenhängen zu konfrontieren (Blutungen und Beziehungsschwierigkeiten) fragt sie nach, ob diese selbst einen Zusammenhang sieht. So bleibt die Wahl über die Aussage und damit die Selbstkontrolle bei der Patientin.

Abschließend teilt Dr. Rosenbaum noch einmal mit, dass Ihnen noch 5 min Zeit bleiben und erfragt, was es noch zu besprechen gilt. Damit bekommt Frau Lachner Zeit und Raum für eigene Fragen. Mögliche Unklarheiten können geklärt und damit Unsicherheiten gemieden werden.

Das abschließende »Kann ich mich da auf Sie verlassen?« von Dr. Rosenbaum, bezüglich des Unterlassens vom Tragen schwerer Lasten, mag auf den ersten Blick belehrend oder bevormundend erscheinen. Hier kommt es insbesondere auf die Betonung an! In diesem Gespräch klang es eher besorgt, da Dr. Rosenbaum weiß, dass Frau Lachner selbständig ist und vermutlich viel allein machen wird.

3.2.3 Aktives Zuhören

Es klingt so leicht, dem Gesprächspartner zuzuhören, dennoch ist wirkliches Zuhören in unserer Gesellschaft zu einer großen Herausforderung geworden. Erwachsensein wird hier eher mit Reden als mit Zuhören verbunden. Dabei wissen wir, dass erfolgreiche Führungskräfte gute Zuhörer sind und den Schritt vom Ich zum Wir bereits vollzogen haben [194].

Außerdem ist zuhören anstrengender als selber zu reden. Beim Zuhören muss ich nicht nur meinen Fokus auf das Gesprochene richten, sondern auch andere Geräusche aktiv überhören (z. B. Radio oder Verkehrslärm), meine Gedanken bändigen, die versuchen abzuschweifen, meine Körpersignale in Schach halten (Hunger, Müdigkeit, verspannte Haltung…) und den Inhalt verstehen wollen. Um das Gehörte zu verstehen, werden in meinem Kopf innere Bilder produziert, die sich dem Gesagten kontinuierlich anpassen. Den Spiegelneuronen sei Dank! Dieser aktive Prozess des Zuhörens erfordert also meine Aufmerksamkeit und die Bereitschaft, mich einzulassen, während in meinem Hirn in großer Geschwindigkeit Verbindungen geknüpft und Bilder entwickelt werden. Das scheinbar harmlos Zuhören wird damit zu einem äußerst dynamischen und vor allem aktiven Prozess, der durchaus ermüden kann.

Ganz wenig Menschen können wirklich noch zuhören. Was viel häufiger passiert ist, dass Sie schon nach den ersten Sätzen Ihres Gegenübers »aussteigen« und »ihren eigenen Film abspulen«. Damit ist gemeint, dass einige Worte ihres Gesprächspartners bei Ihnen Trigger aus-lösen, die sie dazu bringen in die eigene Geschichte ein-zutauchen, statt weiter zuzuhören. Das passiert unbewusst und wird also gar nicht bemerkt. Mit anderen Worten, obwohl Sie in Ihrem eigenen Film sind, denken Sie weiter zuzuhören. Wenn Sie dann auf Ihr Gegenüber reagieren, haben Sie oft schon einige Zeit »nicht mehr aufgepasst«. Das erhöht die Zahl der Missverständnisse enorm.

Mit verschiedenen Techniken gelingt es leichter »am Ball ihres Gegenübers zu bleiben«. Dazu gehören:

- Paraphrasieren,
- offene Fragen stellen, mit denen das Thema vertieft werden kann,
- konkrete Fragen stellen, um Details zu klären,
- Spiegeln des Gesagten und
- Trennung von Wahrgenommenem und Inter-pretationen.

Die im Fallbeispiel mit Dr. Rosenbaum und Frau Lachner verwendeten Techniken des Paraphrasierens und Spiegelns sollen nun genauer beschrieben werden.

3.2.4 Paraphrasieren

Das Wort Paraphrasieren kommt aus dem Griechischen, von para = dazu, neben und frasein = reden oder sagen. Es bedeutet, dass etwas Gesagtes mit den eigenen Worten wiederholt wird. Diese wichtige Methode der modernen Gesprächsführung erfüllt mehrere Zwecke gleichzeitig:

- Aufbau von Vertrauen, weil sich ernsthaft mit dem Gesagten des Gesprächspartners befasst wird,
- gibt dem Gegenüber eine Rückmeldung darüber, wie seine Botschaft angekommen ist,
- klärt Sachverhalte und löst Missverständnisse auf,
- gibt dem Sprecher das Gefühl, dass ihm ernsthaft zugehört und er verstanden wird,
- emotionalisierte Gespräche können versachlicht und hitzige Diskussionen damit »herunter gekocht« werden
- der Sinn einer Aussage kann hervorgehoben oder nachfragt werden.

Obwohl die Technik des Paraphrasierens simpel klingt, verlangt sie dennoch Übung und eine gute Portion emotionaler Intelligenz. Denn hier geht es nicht ums »Nachplappern«, sondern um das »Herausarbeiten und Zusammenfassen der emotionalen und sachlichen Kernaussagen«.

Paraphrasen können beginnen mit:

- „Wenn ich Sie richtig verstanden habe sind Sie der Meinung, dass…"
- „Wenn Sie sagen……. bedeutet es dann, dass…"
- „Es ist Ihnen also wichtig, dass…"
- „Mit anderen Worten…"
- „Sie meinen damit also…."
- „Sie legen Wert auf…."

Paraphrasen können auch am Ende eines Gespräches stehen und das Gesagte zusammenfassen. Dieses Vorgehen eignet sich beispielsweise gut am Ende eines Anamnesegespräches. Hierzu ein Beispiel:

> „Wir haben jetzt viele Themen angesprochen. Um sicher zu sein, dass ich das Wichtigste verstanden habe, fasse ich noch einmal zusammen. Wir haben über die verschiedenen Gründe Ihres Bluthochdrucks gesprochen. Ihrer Ansicht nach wird dieser am stärksten beeinflusst durch drei Dinge:

- den Dauerstress, den Sie mit Ihrem Kollegen haben, mit dem Sie sich gemeinsam ein Büro teilen,
- der fehlende sportliche Ausgleich
- ungesundes Ernährungsverhalten.

Sie haben sich bereit erklärt mit Ihrem Chef über einen Bürotausch zu reden und werden gleichzeitig einen Kommunikationskurs bei der Volkshochschule belegen, bei dem Sie lernen können, sich ihrem Kollegen gegenüber besser abzugrenzen. Sie haben früher Volleyball gespielt und werden sich innerhalb von 4 Wochen nach einem Team umsehen, dem sie beitreten können. Bezüglich des Essverhaltens sind Sie bereit ihren Bierkonsum deutlich zu reduzieren und nur noch am Wochenende 2 Flaschen zu trinken (statt jeden Abend). Sie haben mich gebeten, Sie bei diesen anstehenden Herausforderungen zu begleiten, sodass wir uns in 5 Wochen wiedersehen und Sie mir von Ihren Erfolgen berichten. Habe ich noch etwas vergessen, was Ihnen wichtig ist?"

3.2.5 Spiegeln

Beim Spiegeln wird dem Sprechenden – ähnlich wie beim Paraphrasieren – ebenfalls eine Rückmeldung darüber gegeben, was beim Zuhörenden angekommen ist. Hier liegt der Schwerpunkt in der »Verbalisierung emotionaler Erlebnisinhalte« [188]. Ziel ist es dabei, in Worte zu fassen, was der Sprechende nicht ausdrücken kann.

Wenn Patient*innen von Mitarbeite*innen des Gesundheitswesens gespiegelt werden kann damit verschiedenes bei*beim Patient*in erreicht werden [75]:

- Förderung des Gefühls von verstanden und angenommen werden.
- Klarheit über die eigenen Gefühle.
- Klarheit über die eigene Einstellung, Wünsche und Ziele.
- Förderung der Selbstexploration der*des Patient*in.

Verstehendes Gespräch
Patientin: »Und als ich dann die Diagnose Krebs bekam, hat mich auch noch mein Mann verlassen. Ich konnte es erst gar nicht glauben. Da habe ich ihm 20 Jahre hinterher geräumt und als ich ihn das erste Mal wirklich brauchte, war er weg.«

Pflegefachkraft: »Das hat Sie ganz schön wütend gemacht, dass Ihr Mann Sie gerade in dem Moment verlassen hat, als Sie von ihrer Krebserkrankung erfahren haben.«

Der Vorteil einer solchen verstehenden Gesprächsführung ist, dass sie nicht nur ein Mittel zur Diagnostik darstellt, sondern auch gleichzeitig therapeutische Wirkung hat [75].

3.3 Visite

Das Wort Visite kommt aus dem Lateinischen von visitare und bedeutet besuchen. Im Krankenhaus ist damit zumeist der Besuch des*der Patient*in durch den*de Ärzt*in gemeint. Auch die Pflegefachkräfte haben ein Verfahren entwickelt, bei dem sie mit Patient*innen über deren Versorgung sprechen, welche sich Pflegevisite nennt [94].

Bei einer ärztlichen Visite stehen in der Regel die Krankheit und die medizinischen Anordnungen im Vordergrund, während bei einer Pflegevisite das Krankheitserleben zentral sind, sowie die gemeinsame Suche nach Pflege- und Versorgungsmöglichkeiten für die*den Patient*in.

Fallbeispiel „…dann legen Sie sich doch wieder einen Hund zu…"

Die Patientin Frau Spitzer (78) befindet sich seit 2 Tagen auf einer inneren Station. Sie kam mit Arrythmien und unklaren Atembeschwerden. Darüber hinaus leidet sie an Adipositas (96 kg bei 1,65 m) und einem Diabetes Typ II. Frau Spitzer teilt sich ihr Zimmer mit einer kachektischen Patientin mit einem Darmtumor. Der Stationsarzt Dr. Manger kommt mit der Pflegefachkraft Silke Jessen zur Visite.

Dr. Manger: »Tach, die Damen!«, dabei positioniert er sich am Fußende von Frau Spitzer und liest in der Kurve.

Frau Spitzer wartet geduldig und streicht dabei nervös die Bettdecke glatt.

Dr. Manger: »Ja, wie ich's mir schon dachte, Frau äh«, sieht in die Kurve, »…äh Spitzer. Die Befunde aus dem Röntgen sind da. Ihre Angio ist schlecht. Also damit kommen wir um einen Stent nicht drum herum.«

Frau Spitzer: »Aha.«

Dr. Manger: »Ja, also die Arterien sind wirklich sehr sklerotisch und ein Stent ist so'ne Art Maschendraht, mit dem man die Arterien von innen wieder aufrichten kann. Dann fließt das Blut wieder besser und Sie können auch besser atmen.«

Frau Spitzer: »Ach so.«

Dr. Manger betrachtet Frau Spitzer abschätzend: »Tja und dann lassen wir Ihnen mal die Diätberatung kommen, damit Sie zuhause gesünder kochen und abnehmen. Das ganze Gewicht geht ja auch auf's Herz und belastet das Ganze.«

Frau Spitzer blickt beschämt zur Bettdecke und murmelt: »Ja, gut.«

Silke Jessen an Dr. Manger gewandt: »Frau Spitzer hat mir erzählt, dass Sie erst dann soviel zugenommen hat, als ihr Hund gestorben ist, nicht wahr Frau Spitzer?«. Hierbei blickt sie Frau Spitzer an.

Frau Spitzer: »Ja, das stimmt.«

Dr. Manger: »Ja, dann legen Sie sich doch wieder einen Hund zu.«. Er wendet sich weg und geht zur Bettnachbarin.

Das Visitengespräch wurde im Einverständnis aller Beteiligten auf Band aufgezeichnet, welches sich in der Kitteltasche von Frau Jessen befand und dauerte 2 min und 17 s.

Analyse des Visitengesprächs

Die Begrüßung der Patienten durch den Arzt erfolgt nicht personenbezogen sondern verallgemeinernd (Abb. 3.6). Die Positionierung von Dr. Manger kann als Gewohnheit gewertet werden, ist jedoch zugleich ein Ausdruck von Macht. Insbesondere, da er sich Frau Spitzer nicht nähert und dieser auch nicht die Hand reicht.

Der Blickkontakt von Dr. Manger zu Frau Spitzer ist auf das notwendigste beschränkt. Er verbringt mehr Zeit die Kurve zu studieren, als sich der Patientin zuzuwenden. Damit legt er die Priorität auf ermittelte Befunde und behandelt Frau Spitzer wie ein Objekt und nicht wie eine Person.

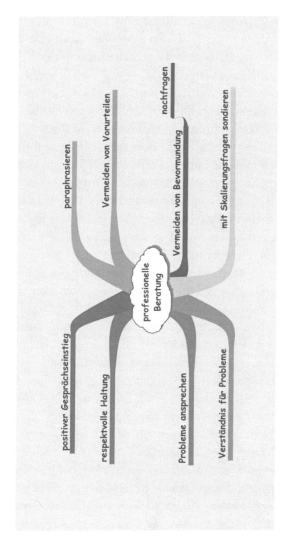

Abb. 3.6 Mindmap „naja, alleene essen macht eben keinen Spaß"

Die Patientin wird an keiner Stelle in die Überlegungen von Dr. Manger einbezogen. So verordnet dieser die Therapiewahl (Stent) und eine Diätberatung ohne Frau Spitzer um Erlaubnis oder ihrem Einverständnis zu bitten. Damit wird der Patientin weder eine Wahl noch eine Mitsprache ermöglicht, womit ihr jegliche Option der Selbstkontrolle genommen ist.

Die bevorzugte Wahl der medizinischen Fachsprache hält die Patientin auf Distanz und grenzt diese bei der ärztlichen Entscheidungsfindung aus. Dr. Manger verhält sich so, als hätte er das Recht über den Körper und damit das Leben von Frau Spitzer allein entscheiden zu dürfen. Dabei ist Frau Spitzer voll ansprechbar und als ehemalige Bereichsleiterin einer Verwaltungsbehörde auch intelligent genug, um sich selbst ein Bild über ihren Gesundheitszustand zu machen, vorausgesetzt, man erklärt es ihr angemessen. Was hier nicht der Fall ist.

Mit der Aussage »Dann legen Sie sich doch wieder einen Hund zu.« wird die komplexe Lebenssituation von Frau Spitzer auf ein scheinbar handbares Problem reduziert. Die Gesamtsituation der Patientin ist dem Arzt nicht bekannt, weil er sie nicht in der Anamnese erhoben hat. Große Teile davon befinden sich in der Pflegeanamnese, die Dr. Manger nicht gelesen hat. Hier ein kleiner Auszug daraus: *Frau Spitzer ist mit 55 Jahren verwitwet und ist mit 62 in die Rente gegangen, um ihre Mutter (Parkinson) zu pflegen. Als diese verstarb war Frau Spitzer 65 Jahre alt. Um über die beiden menschlichen Verluste hinwegzukommen (sie vermisste ihren Mann immer noch), legte sie sich einen Hund zu, mit dem sie täglich lange Spaziergänge machte. Als dieser vor zwei Jahren verstarb, hatte sie nicht mehr den Mut ihr Leben an ein Lebewesen zu binden. Bis dahin hatte sie etwa 70 kg gewogen und seitdem 26 kg zugenommen.*

Mit der Beschränkung seiner Aktenstudien auf medizinische Befunde grenzt Dr. Manger die Kenntnisse der Pflegefachkräfte über Frau Spitzer aus. Ein solches Verhalten lässt auf wenig Respekt dieser Berufsgruppe gegenüber schließen.

Das achtlose Wegdrehen von Dr. Manger, mit dem er sein Gespräch mit Frau Spitzer gruß- und abschiedslos beendet, ist bestenfalls als wenig einfühlsam und schlimmstenfalls als beleidigend zu verstehen.

Insgesamt ist die Begegnung von Dr. Manger mit seiner Patientin Frau Spitzer von wenig Respekt geprägt, der Tendenz die Patientin nicht ernst zu nehmen und sie wie ein Objekt zu behandeln.

Professionelle Kommunikation ist nicht eine Frage der Zeit, sondern eine Frage der Haltung.

3.3.1 Selbstkontrolle der Patienten

Fast jeder stationäre Aufenthalt eines Patienten im Gesundheitswesen ist mit dem Verlust von Selbstkontrolle verbunden. Das Erleben, Dinge des eigenen Körpers oder das eigene Leben betreffend nicht selbst steuern zu können ruft oftmals Gefühle von Hilflosigkeit oder Abhängigkeit wach. Solche Emotionen sind nicht nur wenig hilfreich im Gesundungs- oder Genesungsprozess sondern äußerst kontraproduktiv.

Die Pflegewissenschaftlerin Maria Mischo-Kelling beschreibt in ihrer Doktorarbeit eindrücklich, wie heilsam Routinen beim Gesundwerden für Patient*innen sein können und wie schädlich es ist, wenn Pflegefachkräfte die Patient*innen aus ihren gewohnten Handlungsabläufen herausreißen. Das passiert oft nicht bewusst. Hier muss mit alten Denkstilen aufgeräumt werden. Immer wieder kursiert der Satz im Gesundheitswesen „Pflege den Patienten, so wie du gern selbst gepflegt werden möchtest." Doch das ist einfach falsch, so Mischo-Kelling, denn für den Patienten kann eine ganz andere Morgenroutine heilsam sein, als für mich [144].

Jeder im Gesundheitswesen Tätige weiß, dass man nichts mehr tun kann, wenn ein*e Patient*in sich selbst aufgegeben hat. Heute weiß man zunehmend die Selbstheilungskräfte wieder zu schätzen.

Die Trendforscherin Jeanette Huber [95] spricht von einer »Silbernen Revolution« und meint damit eine alternde Gesellschaft, welche die Welt der Computer erobert, sich in Fitnessstudios aktiv hält und Verantwortung für die eigene Gesundheit übernimmt. Zu den »Megatrends und Märkten« zählen neben der Silbernen Revolution auch die Individualisierung und die Gesundheit [219]. Die Deutschen achten immer mehr auf die eigene Gesundheit. So ist der Bierkonsum zurückgegangen und Zigaretten sind kein Collness-Faktor mehr. Der Healthness-Trend zeigt sich auch im zunehmenden Gebrauch von digitalen Trackersystemen beim Sport und zur Überprüfung der eigenen Gesundheitsdaten. Mit über 180 Mrd. Euro jährlich ist Gesundheit zum Konsumgut und Lifestyle Produkt geworden, dessen Grenzen noch nicht ausgeschöpft sind [220]. Das wachsende Engagement für die eigene Gesundheit macht deutlich, welche Aufmerksamkeit der Selbstbestimmung von Patienten zukommen muss.

Unabhängig von diesem gesellschaftlichen Trend ist das Gefühl der Selbstkontrolle über therapeutische Maßnahmen und Versorgungsmöglichkeiten eine entscheidende Grundlage für den Genesungsprozess.

3.3.2 Non-Compliance der Patienten

Mit Compliance ist die Einwilligung des Patienten in den Behandlungsablauf gemeint. Non-Compliance bedeutet also, dass der Patient mit der Therapie oder der Versorgung nicht einverstanden ist. Dieses Nichteinverstanden sein wird allerdings oft nicht verbal geäußert, sondern zeigt sich in der Verweigerung der Maßnahmen.

Eine besonders hohe Non-Compliance zeigt sich im Umgang mit Arzneimitteln. So spricht man vom »Parkplatzeffekt«, wenn die Medikamente direkt nach Erhalt entsorgt werden, von »drug holiday«, wenn Patienten sich zwischendurch eine Arzneimittelpause gönnen oder vom »Zahnputzeffekt«, wenn die Medikamente kurz vor einem Arztbesuch wieder regelmäßig genommen werden. Etwa die Hälfte aller verordneten Medikamente wird fehlerhaft, zu wenig oder gar nicht eingenommen [8].

Bei chronischen Krankheiten liegt die Compliance-Rate bei lediglich 50 % [57]. Interessanterweise gibt es selbst bei aufgeklärten Patientengruppen, wie Ärzt*innen oder Pflegefachkräften eine Non-Compliance von 20 % [47]. Bei Nierentransplantationen gehen 10 % der Transplantate durch Non-Compliance verloren [212].

Die Folgen der Non-Compliance sind nicht nur medizinisch relevant, sondern haben enorme gesundheitsökonomische Auswirkungen. Sie führen zu häufigeren Krankenhauseinweisungen, vermehrtem Pflegebedarf, Mehrfachdiagnostik und zusätzlichen Arztbesuchen [33]. So konnte eine Studie nachweisen, dass Non-compliant-Patienten ein vierfach häufiges Risiko einer koronaren Erkrankung haben als Patienten die compliant sind [156]. Die gesellschaftlichen Kosten durch häufigere Klinikeinweisungen sind beachtlich und liegen bei 8–10,5 Mrd. Euro pro Jahr für Deutschland [203].

Die häufigsten Gründe für eine fehlende Compliance sehen Forscher zum einen in der Persönlichkeit der*des Patient*in und zum anderen im Verhalten der*des Mediziner*in. Bei Patient*innen spielen die persönlichen Werte, das Krankheits- und Therapieverständnis ebenso eine Rolle, wie die geistige Aufnahmefähigkeit und die Beziehung zur*zum Arzt*in. Das ärztliche Verhalten fördert dann eine Non-Compliance, wenn es z. B. von wenig Respekt, unverständlichen Formulierungen und wenig Einfühlsamkeit geprägt ist [33]. Kein Wunder, dass sich Patient*innen sofort im Anschluss an das Gespräch an 40–80 % der Information, die die*der Arzt*in übermittelt hat, nicht mehr erinnert. Je größer der Informationsschwall, desto geringer die Erinnerungsfähigkeit des Patienten. Darüber hinaus werden etwa die Hälfte der Informationen falsch erinnert [108].

Was im Gesundheitswesen Tätige tun können, um die Einwilligung ihrer Patienten in die therapeutischen Maßnahmen zu erhöhen [33]:

- Respekt vor der*dem Patient*in,
- Ausloten der Patient*innenbedürfnisse,
- Einbeziehen des*der Patient*in in den Entscheidungs- und Behandlungsprozess,
- Patient*innen gut und verständlich informieren und ihm Wahlmöglichkeiten aufzeigen
- schriftliche Patient*innenleitlinien, in denen die Maßnahme einfach aber eindrücklich erklärt wird,
- Therapiepläne, die wie ein Vertrag behandelt werden, den die*der Patient*in unterzeichnet (im Sinne von: »Hiermit erkläre ich mich einverstanden, dass…«),
- Verordnen von Kombinationspräparaten, statt mehrerer Einzelpräparate,
- Erinnerungsmaßnahmen durch anschließende Telefonanrufe,
- Versorgungsformen wie Case Management oder Diseasemanagement.

3.4   Beratung

Patient*innenbedürfnisse haben sich deutlich verändert.
Patient*innen sind zunehmend konsumorientiert und
wollen für ihr Geld eine angemessene Beratung und Versorgung. Sie wollen als Persönlichkeit wahrgenommen
und nicht wie unmündige Kranke behandelt werden. Für
Patienten wird es immer wichtiger, dass sie gut beraten
werden; die Entscheidung über die weitere Versorgung
möchten sie selbst treffen.

Im Dezember 2003 wurde im SGB XI § 37.3 festgelegt,
dass Versicherte, die Leistungen der Pflegeversicherung
erhalten, einen Anspruch auf Pflegeberatung haben. Das
Pflegeweiterentwicklungsgesetz (PfWG) von 2009 fordert
von den Krankenkassen Beratungsleistungen. Im § 7 des
PfWG werden die Aufgaben der Pflegeberater explizit
aufgeführt. Um dieser Aufforderung nachzukommen
hat der Verband der privaten Krankenversicherungen
PKV Anfang 2009 das Unternehmen COMPASS Private
Pflegeberatung GmbH gegründet. In den verschiedenen
Bundesländern (außer Sachsen) gibt es Pflegestützpunkte,
an denen sich Bürger kostenfrei beraten lassen können.

Auch im Krankenhaus nimmt der Beratungsanspruch
von Patient*innen zu. Bei einigen Themen wird dieses
von Experten übernommen, wie dem Wundmanager, dem
Stomatherapeuten, dem Diabetesberater oder dem Case-
Manager. Informierte und gut beratene Patient*innen
verfügen über mehr Entscheidungsspielraum und damit
mehr Selbstbestimmung, was für den Genesungsprozess
maßgeblich ist.

Die Pflegewissenschaftlerin Doris Schaeffer und der
Pädagoge Bernd Dewe beschreiben Beratungen als Kurz-
interventionen und benennen hierzu folgende Prinzipien
[173]:

- problemlösungsorientiert
- Freiwilligkeit
- Niederschwelligkeit
- Unabhängigkeit und Neutralität
- nutzerorientiert
- Interaktion geprägt durch: Respekt vor dem Ratsuchenden und Autonomie des Ratsuchenden
- immer fallbezogen

3.4.1 Beratungskonzepte

Für ein geplantes Beratungsgespräch lassen sich Beratungskonzepte entwickeln, die speziell auf das jeweilige Thema zugeschnitten sind, wie z. B. ein Entlassungsgespräch. Viel häufiger jedoch nutzen Patient*innen oder Angehörige alltägliche Versorgungssituationen zu einem Gespräch mit Gesundheitsfachpersonen, in denen sie ihre Fragen oder auch Sorgen zum Ausdruck bringen. Um auch dann eine professionelle Beratung anbieten zu können, sind einige grundsätzliche Dinge zu berücksichtigen.

Ein einfaches Modell der Beratung umfasst 4 Fragen [195]:

- Was ist passiert?
- Was bedeutet das für Sie?
- Was ist Ihr Ziel?
- Wie wollen Sie Ihr Ziel erreichen?

PRAXISTIPP
Eine Fülle an Beratungsideen und Anleitung zur Umsetzung mit vielen alltagspraktischen Beispielen bietet Regina Becker in ihrem Buch „Beratung als pflegerische Aufgabe" [21].

Fallbeispiel »Naja, alleine essen macht eben keinen Spaß, da vergreift man sich schon mal«

Die Diätassistentin Dagmar Weise (39) berät die Angehörige Petra Pohl (57) und ihren Mann Manfred Pohl (65), der seit neun Jahren an Diabetes Typ II leidet. Herr und Frau Pohl sind beide adipös (BMI 31). Herr Pohl wurde mit Verdacht auf Apoplexie eingeliefert, welcher sich als transischämische Attacke erwies. Da die Blutzuckerwerte während seines stationären Aufenthalts stark schwankten, wurde Frau Pohl zur Diabetesberatung eingeladen. Das Gespräch findet in einem Schulungsraum der Klinik einen Tag vor der Entlassung von Herrn Pohl statt.

Dagmar Weise: »Schön, dass es noch mit dem Termin geklappt hat und Sie beide zum Ernährungsgespräch kommen können.«

Herr Pohl: »Für mich macht das ja eigentlich wenig Sinn, weil meine Frau ja kochen tut.«

Frau Weise: »Aha. Herr Pohl, kommt es denn auch mal vor, dass Sie sich eine Mahlzeit selbst zusammen stellen, oder essen Sie nur, was Ihnen Ihre Frau zubereitet?«

Herr Pohl: »Meine Frau ist ja noch berufstätig. Da frühstücken wir zusammen und abends kocht sie. Mittags mach ich mir dann selbst mein Bütterken.« (Mit Bütterken ist in Westfalen ein Butterbrot gemeint.)

Frau Weise lächelt Herrn Pohl an: »Na bitte, selbst ist der Mann, was Herr Pohl?«

Herr Pohl lacht: »Das können'se laut sagen.«

Frau Weise an beide gewandt: »Sagen Sie, wie erklären Sie beide sich eigentlich, dass es bei Ihnen Herr Pohl zu solch starken Blutzuckerschwankungen gekommen ist?«

Frau Pohl: »Ich weiß es auch nicht. Letztes Jahr hatte ich einen Kochkurs für Diabetes und seitdem habe ich vieles umgestellt. Ich nehme nicht mehr so viel Zucker und die westfälische Küche, die wir ja beide so lieben, ist auch viel weniger geworden. Früher gab es nachmittags schon oft ein Stück Kuchen. Das gibt es jetzt nur noch am Wochenende. Abends vorm Fernseher esse ich schon mal Pralinen, aber mein Mann nicht. Der ist da eisern, nicht wahr Manfred?«

Herr Pohl sieht zum Boden: »mhm«.

Frau Weise: »Herr Pohl, wie erklären Sie sich denn ihre schwankenden Werte?«

Herr Pohl: »Weiß nich.« Sein Blick bleibt auf den Boden geheftet.

Frau Weise: »Eine Ernährungsumstellung ist ja auch nicht so einfach.«

Herr Pohl sieht auf: »Dat können'se laut sagen.«

Frau Weise: »Was ist denn für Sie dabei die größte Herausforderung, Herr Pohl?«

Herr Pohl: »Naja, alleine essen macht eben keinen Spaß und da vergreift man sich schon mal.«

Frau Weise: »Da vergreift man sich schon mal.«. Dabei sieht sie Herrn Pohl an.

Herr Pohl sieht seine Frau entschuldigend an: »Naja, so ganz gesund ist das dann eben nicht immer.«

Frau Pohl stöhnt: »Jetzt verstehe ich. Dann gibst Du die Schokolade doch nicht den Kindern im Hof, sondern isst sie selbst, was?«

Herr Pohl ärgerlich: »So habe ich mir das nicht vorgestellt mit der Rente. Den ganzen Tag alleine zuhause hocken. Die Schokolade ist da das kleinste Problem.«

Frau Weise: »Ich kann mir gut vorstellen, wie einem die Decke auf den Kopf fällt, wenn man so lange berufstätig war, wie Sie. Verstehe ich das richtig, dass für Sie die Zeit tagsüber, wenn Ihre Frau außer Haus ist, es Ihnen besonders schwer fällt auf Ihre Ernährung zu achten?«

Herr Pohl: »Ja.«

Frau Weise: »Frau Pohl, jetzt war Ihr Mann ja schon so mutig zu sagen, wann ihm die Diät schwer fällt. Wie sieht das denn bei Ihnen aus? Wann fällt es Ihnen denn schwer auf eine gesunde Ernährung zu achten?«

Frau Pohl: »Na, wenn man den ganzen Tag hart arbeitet, dann will man sich abends wenigstens was Gutes gönnen. Wir beiden mögen gern die westfälische Küche. Und da gehört ja Fleisch und auch mal ein Stück Kuchen dazu.«

Frau Weise: »Was machen Sie denn beruflich, Frau Pohl?«

Frau Pohl: »Ich bin Steuerfachgehilfin und habe einen anstrengenden Chef. Der meckert an allem rum und kann auch richtig cholerisch werden. Dann kann man ihm nix recht machen.«

Frau Weise: »Wenn Sie mal schätzen sollten, wie häufig es in der Woche vorkommt, dass Ihr Chef meckert und anstrengend ist, was würden Sie da sagen?«

Frau Pohl: »Na drei Mal die Woche, mindestens!«

Frau Weise: »Bedeutet das für Sie, dass Sie sich etwa drei Mal in der Woche so sehr über Ihren Chef ärgern, dass die gesunde Ernährung dann nicht so wichtig ist?«

Frau Pohl: »Ja, genau.«

Frau Weise: »Ich glaube, ich verstehe Sie beide allmählich. Es gibt für Sie beide ganz unterschiedliche Gründe, warum eine Ernährungsumstellung so schwer für Sie ist. Herr Pohl, wie wichtig ist es Ihnen denn überhaupt, dass sich die Blutwerte im Mittelfeld einspielen. Ich meine, vielleicht ist so eine Blutzuckerentgleisung ja gar nicht so schlimm für Sie.«

Herr Pohl: »Und ob. Der Arzt hat gesagt, ich riskiere mein Leben.«

Frau Weise: »Mhm, und was sagen Sie dazu?«

Herr Pohl: »Na, das hat mir nen ganz schönen Schrecken eingejagt, als ich plötzlich umgekippt bin und dann im Krankenhaus wieder die Augen aufgemacht habe. Sowas will ich eigentlich nicht noch mal erleben.«

Frau Weise: »Wenn Sie auf einer Skala von 1–7 angeben sollten, wie sehr Sie gern Ihre Ernährung umstellen wollen und 1 bedeutet eher nicht und 7 bedeutet unbedingt, was würden Sie da sagen?«

Herr Pohl: »Sechs.«

Frau Weise: »Oh, da sind Sie ja sehr motiviert. Ich versuche noch mal zusammen zu fassen, was ich bisher von Ihnen beiden verstanden habe. Und bitte korrigieren Sie mich, wenn Sie das anders gemeint haben, okay?«

Herr und Frau Pohl nicken.

Frau Weise: »Herr Pohl, Sie sind sehr daran interessiert an Ihrer Ernährung etwas zu verändern. Eine besondere Herausforderung ist für Sie, dass Sie den ganzen Tag allein zuhause sind und keine richtige Beschäftigung haben. In dieser, für Sie unangenehmen Situation, fühlen Sie sich verführt etwas Süßes zu essen. Wenn abends Ihre Frau da ist, fällt es Ihnen dagegen leicht auf Süßes zu verzichten, stimmt das?«

Herr Pohl: »Ja, dat stimmt.«

Frau Weise: »Wenn sich also an Ihrer Ernährung etwas verändern soll, ist es wichtig darüber nachzudenken, wie Sie sich tagsüber beschäftigen können oder mit wem Sie sich vielleicht verabreden können?«

Herr Pohl: »Ja, so isses.«

Frau Weise: »Frau Pohl, auch bei Ihnen habe ich ein deutliches Interesse herausgehört, an Ihrer Ernährung etwas zu ändern. Ihre größte Herausforderung scheint Ihr Chef zu sein, der häufig meckert. An solchen Tagen haben Sie dann das Bedürfnis sich mit eher weniger gesundem Essen zu trösten. Vor allem abends vorm Fernseher sind dann Pralinen sehr verlockend, stimmt das?«

Frau Pohl: »Mhm, ja.«

Frau Weise:»Wenn sich also an Ihrer Ernährung etwas ändern soll, scheint es mir wichtig sich darüber Gedanken zu machen, wie Sie sich vor dem Gemecker Ihres Chefs schützen können, oder was Sie ihm entgegen setzen können.«

Frau Pohl:»Mhm, ja. So sehe ich das auch.«

Analyse des Beratungsgesprächs

Das Beratungsgespräch dauerte insgesamt 44 min und wurde mit der Erlaubnis von Herrn und Frau Pohl auf Band aufgezeichnet. Der beschriebene Gesprächsauszug zeigt den Beginn des gemeinsamen Treffens auf (Minute: 3–12). Zwischen der Autorin und der Diätassistentin findet ein Nachgespräch statt, dessen Erkenntnisse hier einfließen.

Adipöse Menschen sind Diskriminierungen und Stigmatisierungen in ganz unterschiedlichen Lebensbereichen ausgesetzt. Zu diesem Ergebnis kommt eine Studie, die vom Bundesministerium für Bildung und Forschung (2008) in Auftrag gegeben wurde. Demnach äußert jeder vierte Bundesbürger offen seine negativen Vorurteile gegenüber adipösen Menschen.

Gerade in einer Ernährungsberatung fühlen sich Menschen mit Adipositas zumindest unwohl, oft jedoch auch angegriffen. Dessen ist sich die Diätassistentin Dagmar Weiser bewusst und vermeidet deshalb jegliche Kritik zum Essverhalten von Herrn und Frau Pohl.

Darüber hinaus weiß Frau Weise, dass eine Ernährungsumstellung oft eine große Herausforderung ist und die Ursachen für eine Fehlernährung oft tiefer liegen. Deshalb hat sie eine Zusatzausbildung in Gesprächsführung erworben, um Ursachen verstehen und beheben zu können. Denn »nur auf der Verhaltens- oder Verstandesebene erreicht man die Leute nicht. Die Gefühle spielen beim Essen oft eine große Rolle und müssen deshalb auch angeschaut werden.«, sagt Dagmar Weise.

Worauf es bei der Ernährungsberatung ankommt

Yesyes

- Respektvolle Haltung, die den Menschen »hinter seinem Ernährungsproblem« wahrnimmt
- Neben der Ermittlung von externen Faktoren, welche die Ernährung beeinflussen (z. B. meckernder Chef) immer auch nach internen Faktoren forschen (z. B. Gefühl von Alleinsein)
- Die individuell unterschiedliche emotionale Bedeutung von Essen erfassen
- Bisherige Ernährungsvorlieben und »Lieblingsorte« des Essens erfassen (z. B. vorm Fernseher, im Bett oder in der Küche) und welche Bedeutung das für den zu Beratenden hat
- Ernährungsziele ermitteln
- Grad der Motivation für eine Ernährungsumstellung ermitteln
- Erfragen, was der zu Beratende benötigt, um seine Ernährung umzustellen (Was hilft? Was hindert?).
- Auffordern, Erfolge zu feiern! (z. B. Kino bei Gewichtsreduktion)

Nonos

- Kritisierende Haltung, in der der zu Beratende als letztlich willensschwach gesehen wird
- Das Vorgehen einer Ernährungsumstellung vorgeben, statt zu erfragen
- Das »Ernährungsproblem« auf das Essen beschränken, statt mit ganzheitlicher Draufsicht
- Im Gespräch Verbote dominieren, statt die Lust und Freude an guter Nahrung zu betonen

3.4.2 Gespräche mit Angehörigen von Intensivpatient*innen

Die Intensivpflege bringt es mit sich, dass der Fokus auf der akuten Erkrankung des*der Patient*in liegt. Leider führt dieser eng gestellte Blickwinkel häufig dazu,

Kommunikation weniger wert zu schätzen, als körperzentriertes oder maschinenorientiertes Handeln. Das gilt insbesondere für den Umgang mit den Angehörigen von Intensivpatienten. Weder die Pflegekräfte noch die Ärzt*innen können sich diesbezüglich mit Ruhm bekleckern. So weist eine Studie mit 100 Ärzt*innen von insgesamt 175 Intensivpatienten und deren 230 Angehörigen nach, dass die Angehörigen weit mehr Konflikte wahrnahmen (42 %) als die Ärzt*innen (27 %). Interessanterweise bestand kaum eine Einigungsrate darüber, was beide Gruppen als Konflikt erlebten [176]. Wenn die Angehörigen mit dem Verhalten des*der Arzt*in am Bett ihres Familienmitglieds zufrieden waren, nahmen sie insgesamt weniger Konflikte wahr.

Das Informieren der Angehörigen von Intensivpatient*innen läuft alles andere als rund. In einer Untersuchung mit 124 Angehörigen berichteten 25 % von mindestens einer widersprüchlichen Aussage durch das Personal der Intensivstation. 38 % berichteten sogar von mehreren widersprüchlichen Aussagen. Die hierdurch zusätzlich erlebte Verunsicherung der Angehörigen wirkt sich natürlich auf die Zufriedenheit mit der Versorgung aus [96].

Seit den 1990er Jahren gibt es Studien über Symptome von Angehörigen, die ein Familienmitglied auf einer Intensivstation haben. Die Vielfalt der Untersuchungen kommt immer wieder auf drei hauptsächliche Symptome: Angst, Stress und Depression [133].

Je nach Studie zeigten 35–73 % der Angehörigen Angst. Diese verstärkte sich insbesondere, wenn die Angehörigen über ein geringes Bildungsniveau verfügten und wenn keine regelmäßigen Gespräche mit den Ärzt*innen und Pflegefachkräften stattfanden.

Die Stress-Scores der Angehörigen fielen unterschiedlich aus. Während z. B. in Frankreich 33 % der Angehörigen über posttraumatischen Stress klagten, waren dies in China sogar 71 %. In einer Studie mit 40

Angehörigen, deren Familienmitglieder auf einer Trauma-intensivstation lagen, zeigte sich sogar ähnlich hoher Stress, wie bei psychiatrischen Patienten bei ihrer Aufnahme in die Psychiatrie [11]. Das größte Stresspotenzial zeigte sich, wenn Angehörige dachten, dass die erhaltenen Informationen über den Zustand ihres Familienmitglieds unvollständig waren und wenn die Angehörigen Entscheidungen über das Lebensende treffen mussten, insbesondere wenn keine Patientenverfügung vorlag [133].

In fünf verschiedenen Studien mit bis zu 836 Angehörigen zeigten 15–35 % Depressionen. Ein erhöhtes Depressionsrisiko bestand, wenn die Angehörigen dachten, dass das Personal ihnen Informationen vorenthielt und wenn ihr Familienmitglied den Aufenthalt auf der Intensivstation nicht überlebte [133].

Während die Symptome Angst und Depression sich nach vier Wochen halbierten, stieg das posttraumatische Stresssyndrom ein halbes Jahr nach der Intensivbehandlung ihres Familienmitglieds auf 35 % an [6].

Obwohl Pflegefachkräfte sich oft für gute Beobachter halten, ist ihnen das Ausmaß der Symptome bei den Angehörigen entgangen. Ihre Wahrnehmung von Stress, Angst und Depression bei den Angehörigen steht in keinem Verhältnis zu dem, wie die Angehörigen das selbst erleben [133].

3.4.2.1 VALUE-Strategie zur Verbesserung der Kommunikation mit Angehörigen

Um die Kommunikation mit Angehörigen zu erleichtern, wurde insbesondere für Mitarbeiter*innen von Intensivstationen die VALUE-Strategie entwickelt. Die VALUE-Strategie ist einfach zu verstehen und basiert auf 5 Grundprinzipien [213]:

- Value: Wertschätzen Sie, was der Angehörige sagt.
- Acknowledge: Erkennen Sie die Gefühle des Angehörigen.
- Listen: Hören Sie aktiv und empathisch zu – vermeiden Sie zu viel zu reden.
- Understand: Versuchen Sie den Patienten als Mensch zu verstehen – stellen Sie Fragen zu seiner Person.
- Elicit: Entlocken Sie dem Angehörigen Fragen zum besseren Verständnis.

Was so einfach klingt ist in der Praxis anspruchsvoll, denn das gesamte typische Kommunikationsverhalten muss verändert werden. Üblicherweise überfallen die Mitarbeiter*innen von Intensivstationen die Angehörigen mit schnellen Informationen, die diese oft gar nicht aufnehmen können. Und die VALUE-Strategie verlangt genau das Gegenteil. Möglichst wenig selbst reden und stattdessen dem Angehörigen zuhören.

Wie sehr sich diese Strategie auszahlt, beweist eine Studie aus Frankreich [118]. Hier wurde auf 22 Intensivstationen mit Angehörigen über das bevorstehende Lebensende ihres Familienmitglieds gesprochen, um auszuloten, inwieweit lebenserhaltende Maßnahmen durchgeführt werden sollen. In dieser randomisierten Studie wurde bei der Hälfte der Angehörigen (Interventionsgruppe) die VALUE-Strategie angewendet und bei der anderen Hälfte (Kontrollgruppe) so gesprochen, wie immer. Drei Monate nach dem Versterben des Familienangehörigen wurden 108 Angehörige telefonisch zu den Symptomen Angst, Depression und posttraumatischen Stress befragt. Die Ergebnisse sind beeindruckend (Tab. 3.2): Die Angehörigen der Interventionsgruppe (mit VALUE-Strategie) hatten durchweg weniger Angst, Stress und Depressionen als die Kontrollgruppe.

Tab. 3.2 Ergebnisse der Studie von Laurette et al. [118]

	Interventionsgruppe (mit VALUE-Strategie) (%)	Kontroll-gruppe (%)
PTSD (post-traumatischer Stress)	45	69
Angst	45	67
Depression	29	56

3.4.3 Mitteilen schlechter Nachrichten

Nach Ansicht der Mediziner Peter Langkafel und Christian Lüdke [117] verläuft das Überbringen schlechter Nachrichten in der Regel unprofessionell, oft sogar katastrophal. Denn diese Aufgabe, so die Autoren, zählt unter den Mitarbeiter*innen im Gesundheitswesen zu den ungeliebten und gefürchteten. Die gute Nachricht dabei ist: »es lässt sich lernen«.

Noch im Jahr 1961 waren nur 10 % der Mediziner der Ansicht, dass es wichtig sei, den*die Patient*in vollständig über seine Diagnose aufzuklären. Im Jahr 1971 waren es allerdings schon 97 %, dass eine solche Mitteilung korrekt ist [30]. Manche Mediziner*innen geben an, ihre Patient*innen vor der harten Wahrheit schützen zu wollen. Doch Patient*innen dagegen wollen definitiv über ihre Diagnose und die damit verbundenen therapeutischen Maßnahmen umfassend in Kenntnis gesetzt werden [141].

Das Überbringen schlechter Nachrichten ist nicht nur für die Ärzt*innen belastend, sondern trifft die Pflegenden ebenso. Das Verstehen und Verarbeiten dieser Nachricht ist für Patient*innen ein Prozess und oft nicht mit einem einzigen Gespräch getan. Nicht selten kommen die eigentlichen Fragen für den Patienten erst nach dem Aufklärungsgespräch durch den*die Arzt*in. Hier zahlt sich interprofessionelle Zusammenarbeit aus.

Die Aufgabe der Übermittlung schlechter Nachrichten ist nicht nur unangenehm für Mediziner*innen, sondern auch extrem stressbehaftet. In einer Studie mit Anfängern und erfahrenen Ärzt*innen, die Patient*innen eine schlechte Nachricht zu überbringen hatten, wurden sämtliche physiologischen Parameter ermittelt, um den Stresslevel zu ermitteln. Das Ergebnis ist eindeutig: die wenig erfahrenen Mediziner*innen zeigten ausgesprochen hohe Stresswerte. Außerdem konnte aufgezeigt werden, dass schlechte Kommunikation zu hohen Burnout- und Erschöpfungswerten führt [31].

Eine japanische Studie belegt, dass Angst bei Krebspatienten häufig mit der fehlenden Kommunikation zwischen Mediziner*innen und Patient*innen zusammenhängt, weil die Mediziner*innen ihre Patienten nicht umfassend informieren [104]. Eine britische Studie befragte Krebspatient*innen über ihre Behandlungswünsche. Eindeutig präferieren die Patient*innen eine Beteiligung an der Entscheidungsfindung über den Therapieplan. Dazu gehört natürlich, genau über die Diagnose und Prognose informiert zu sein [32].

3.4.3.1 Erlernen der Übermittlung schlechter Nachrichten

Mittlerweile sind eine ganze Reihe von Methoden entwickelt worden, wie Mediziner*innen lernen können schlechte Nachrichten an ihre Patient*innen zu übermitteln. So wird in den USA (Bethesda, Maryland) Medizinstudent*innen ein Video angeboten, in denen die Grundregeln der Übermittlung schlechter Nachrichten veranschaulicht wird (SPIKES-Modell). Sie erhalten eine Lehrveranstaltung zum Thema und eine Übungseinheit. Als sinnvoll erwies sich die Übung, einer Angehörigen (Schauspielerin) mitteilen zu müssen, dass ihr Mann lebensgefährlich verletzt wurde [29].

In der Türkei wurde ein Programm entwickelt, das Brainstorming, Präsentationen, Diskussionen und Kleingruppenübungen einbezog. Dieser Kurs wurde mit einem Fragebogen evaluiert und fand großen Zuspruch bei den Studierenden [52].

In Frankreich (Nantes) wird Medizinstudent*innen ein 3-schrittiges Verfahren angeboten:

1. Eine Gruppendiskussion mit dem Schwerpunkt auf das SPIKES-Modell,
2. eine Videoaufnahme über eine Übungseinheit zur Umsetzung des Erlernten und
3. Feedback von erfahrenen Mediziner*innen [28].

An der Ludwig-Maximillian-Universität in München wurde ein spezielles Curriculum entwickelt mit dem Namen »breaking bad news«. Hier sollen insbesondere die kommunikativen Fähigkeiten der Studierenden entwickelt werden. Zentraler Bestandteil dieser Lehre sind Rollenspiele, die auf Video aufgenommen werden und die systematische Analyse dieser Videobänder. Dieses Programm wird sowohl von Studierenden als auch von den Tutoren sehr wertgeschätzt [87].

3.5 Modelle zum Überbringen schlechter Nachrichten

Sowohl für Ärzt*innen als auch für Pflegende wurden spezielle Modelle des Überbringens von schlechten Nachrichten entwickelt. Bei Medizinern kommt der Klassiker SPIKES regelmäßig zum Einsatz. Für Pflegende ist ein umfangreicheres Modell notwendig, da hier weniger der Übermittlungsakt als vielmehr der Verarbeitungsprozess der Patienten im Vordergrund steht. (Hierzu eignet sich sowohl ein 10-Schritte-Verfahren nach [137]) als auch das PEWTER Modell [106].

3.5.1 Das SPIKES-Modell

Das SPIKES-Modell wurde in den USA von Walter Baile [14] speziell für die Übermittlung schlechter Nachrichten in der Medizin entwickelt und findet international große Anerkennung. Dieses Modell sieht sechs Schritte vor, nämlich:

- Situation,
- Patientenwissen,
- Informationsbedarf,
- Kenntnisvermittlung,
- Emotionen ansprechen,
- Strategie und Zusammenfassung.

Situation steht für die Vorbereitung des Gesprächs.

Patientenwissen meint die Ermittlung des bisherigen Kenntnisstandes und der Erwartungen des*der Patient*in.

Informationsbedarf steht für das Herausfinden, welche Informationen der*die Patient*in benötigt.

Kenntnisvermittlung meint die Erklärung von Diagnose, möglichen Therapien und Prognose in allgemein verständlicher Sprache.

Emotionen sollten unbedingt angesprochen werden und auf Gefühlsausbrüche mit Empathie eingegangen.

Strategie meint hier, das bisherige noch einmal zusammenzufassen und gemeinsam das weitere Vorgehen zu besprechen.

3.5.2 Das 10-Schritte-Modell

1. Machen Sie sich bereit
2. Ermitteln Sie, was der*die Patient*in bereits weiß
3. Ermitteln Sie, was der*die Patient*in wissen möchte
4. Geben Sie ein Zeichen (verbal oder nonverbal), dass es sich hierbei um ein ernstes Gespräch handelt
5. Sprechen Sie behutsam über die schlechte Nachricht
6. Erkennen Sie den Stress des*der Patient*in und unterstützen ihn dabei, seinen Gefühlen Ausdruck zu verleihen
7. Erkennen und Kategorisieren Sie die Sorgen des*der Patient*in
8. Unterstützen Sie den*die Patient*in dabei seine aktuellen Fragen zu formulieren
9. Ermitteln Sie das Helfer-Netzwerk des*der Patient*in
10. Ermitteln Sie die notwendige Hilfe und was danach passieren wird

Die britische Expertin für Cancer Care Deirdre McGuigan hat sich mit ihrem 10-Schritte-Modell an bereits verwendeten Methoden orientiert [1, 34, 68, 105] und für die Pflege ein praktikables Vorgehen geschaffen.

3.5.3 PEWTER Modell

Auch das 6-schrittige Modell PEWTER ist für die Pflege praktikabel und gibt dem herausfordernden Gespräch einen guten Rahmen. Das Akronym steht für Prepare, Evaluate, Warning, Telling, Emotional Response und Regrouping preparation.

Mit Prepare wird sich auf das Gespräch vorbereitet und überlegt, welche Informationen vermittelt werden müssen und wie diese überbracht werden können.

Evaluate meint die Einschätzung, was der*die Patient*in und seine*ihre Zugehörigen schon wissen und wie die psychische und emotionale Situation aussieht.

Mit Warning ist gemeint, dass ein kurzes verbales oder nonverbales Signal gegeben wird, um die Ernsthaftigkeit des Gespräches zu unterstreichen.

Telling bezeichnet dann die Übermittlung der Nachricht, die ruhig, aber direkt erfolgen sollte. Gibt es zu viele schlechte Nachrichten gleichzeitig, sollte die Übermittlung auf drei Nachrichten beschränkt werden und der Rest später mitgeteilt.

Emotional Response bedeutet, dass die emotionale Reaktion des*der Patient*in einzuschätzen ist, um ggf. Nachgespräche anzubieten.

Regrouping preparation meint, dass im Nachgang häufig eine neue Ebene der Zusammenarbeit zwischen Patient*in und Pflegefachkraft entsteht und wird in der Pflege als wichtigste Vertrauensphase beschrieben.

Das PEWTER Modell ist zunächst an Schulen ausprobiert worden, bevor es in der Pflege zum Einsatz kam und hier als praxisnahes Vorgehen seine Berechtigung findet [35].

Fazit
Für eine gelingende Kommunikation mit den Patienten und ihren Zugehörigen ist eine gute Arbeitsbeziehung die entscheidende Basis. Für das Gesundheitswesen wurden spezielle Programme und Konzepte entwickelt, die ihr Augenmerk auf die Entwicklung gesunder Beziehungen legen:

- empCARE ist ein empathiebasiertes Entlastungstraining für Pflegende [193]
- Person-Centred Care stellt den Klienten in den Mittelpunkt und verändert die berufliche Praxis von innen

heraus, indem die Teams systematisch und evidenzbasiert bei Veränderungen unterstützt werden [136]
- Relationship-Based Care (RBC) ist ein Programm
  zur Organisationsentwicklung von Gesundheitseinrichtungen, welche Beziehungen jeder Art in den
  Mittelpunkt rückt und Veränderungen erfolgreich
  begleitet [112]

Im Gesundheitswesen zählt die Kommunikation
zu den Schlüsselfunktionen. Für die professionelle
Kommunikation bieten sich eine ganze Reihe von
Instrumenten, Techniken und Methoden an:

- Reframing, um einen Perspektivwechsel bei belastenden
  Gedanken zu initiieren
- Hoffnung als hilfreiche Haltung im Gespräch mit ver-
  zweifelten Patient*innen
- ABCD- Methode, um Patient*innen würdevoll zu
  begegnen
- Aktives Zuhören
- Paraphrasieren, um Gesagtes zusammen zu fassen
- Spiegeln, um Emotionen zu verstehen, zu benennen
  und Klarheit zu gewinnen

Für Patienten können Operationen, Eingriffe oder
Behandlungen mit Ängsten verbunden sein, die wir als
Mitarbeiter*innen im Gesundheitswesen stets im Blick
haben müssen.

- Wichtig ist, dass Patient*innenängste nicht
  bagatellisiert werden („das wird schon wieder"),
  sondern gezielte Maßnahmen ergriffen werden, um den
  Ängsten angemessen zu begegnen.
- Diese Maßnahmen müssen individuell auf den*die
  Patient*in zugeschnitten sein und beziehen Nonverbales

(Lächeln, zugewandte Haltung, Körperkontakt) ebenso mit ein wie Verbales (ruhige Stimme, Angst thematisieren oder ggf. ablenken).

Beratungsgespräche werden immer wichtiger im Gesundheitswesen. Beratungen sind kontinuierlich fallbezogen, nutzer- und problemlösungsorientiert, wobei der Fokus immer auf der Autonomie des*der Ratsuchenden liegt. Eine gute Beratung kann bereits als Kurzintervention verstanden werden.

• Für den beruflichen Alltag empfiehlt es sich entsprechende Beratungskonzepte vorzubereiten, auf die dann jederzeit zurück gegriffen werden kann. Hilfreiche Vorschläge bietet hierzu Regina Becker [21]

Die Selbstkontrolle des*der Patient*in ist entscheidend für den Genesungsprozess:

• Viele Patient*innen erleben durch ihre Krankheit oder Behinderung einen Kontrollverlust, dem unbedingt entgegengewirkt werden muss. Um die Hilflosigkeit und Abhängigkeit des*der Patient*in nicht zu verstärken sollte er respektvoll behandelt, nach seinen Bedürfnissen gefragt und in alle Entscheidungsprozesse einbezogen werden.

Die Non-Compliance von Patient*innen wirkt sich einerseits negativ auf die Gesundheit von Patient*innen aus und belastet andererseits das Gesundheitswesen finanziell. Die Adhärenz kann beispielsweise gefördert werden durch:

• Stärkerer Einbezug der*des Patient*in bereits in der Anamnese (Four Habit)

- Case Management als Versorgungsformen
- Wahloptionen im Behandlungsprozess ermöglichen

Zugehörige von Patien*innenn können enormen Belastungen ausgesetzt sein, die zu Ängsten, Depressionen oder gar Posttraumatischen Belastungen führen. Professionelle Gespräche können diese Belastungen mit den entsprechenden Symptomen reduzieren:

- Gespräche mit Zugehörigen können verbessert werden, indem die VALUE Methode zum Einsatz kommt.
- Gleichwohl die VALUE Methode für die Intensivstationen entwickelt wurden kann sie auch in allen anderen Bereichen des Gesundheitswesen sinnvoll sein, um den Sorgen von Zugehörigen angemessen zu begegnen.

Für Anamnesegespräche, Erstgespräche oder Assessments empfehlen sich bestimmte Grundhaltungen, die im Gespräch abgerufen werden können und die Perspektive des*der Patient*in einbeziehen:

- Das Four Habit Model legt sein Augenmerk sowohl auf den Beginn als auch auf das Ende des Gespräches und nimmt den*die Patient*in ernst, indem empathisch auf ihn zugegangen wird und seine Perspektive zur Krankheit und Behandlung aktiv erfragt wird.

Das Überbringen schlechter Nachrichten wird sowohl für Ärzt*innen als auch für Pflegefachkräfte als belastend erlebt. Kommunikationsmodelle bieten hier einen hilfreichen Rahmen:

- SPIKES Modell
- 10-Schritte Modell
- PEWTER Modell

Wenn Pflegefachkräfte im Gesundheitswesen verstärkt ernst genommen werden wollen, empfiehlt es sich auch über die Anrede „Schwester" für weibliche Pflegefachkräfte kritisch nachzudenken.

4

Gespräche mit Kolleg*innen und Mitarbeiter*innen anderer Gesundheitsberufe

Die kollegiale Kommunikation bildet die Grundlage für eine professionelle Arbeit im Gesundheitswesen. Die Versorgung von Patienten gelingt immer nur im Zusammenspiel mit Kollegen und den Mitarbeitern anderer Berufsgruppen. Unprofessionelle Interaktionen sind kostenintensiv, da sie das Arbeitsklima vergiften und Mitarbeiter krank machen können. Die Verbesserung der Kommunikation im Gesundheitswesen ist der Faktor mit den größten Effekten, da Missverständnisse, Lästern oder Mobbing Unsummen verschlingen.

> Richtig verheiratet ist der Mann erst dann, wenn er jedes Wort versteht, das seine Frau nicht gesagt hat. (Alfred Hitchcock)

© Der/die Autor(en), exklusiv lizenziert an Springer-Verlag GmbH, DE, ein Teil von Springer Nature 2023
R. Tewes, *Wie bitte? – Kommunikation in Gesundheitsberufen,* Top im Gesundheitsjob, https://doi.org/10.1007/978-3-662-66738-5_4

4.1   Das kollegiale Gespräch

Die Kommunikationswissenschaftlerin Annegret Hannawa geht seit Jahren der Frage nach, wie sich durch bessere Kommunikation im Gesundheitswesen Behandlungsfehler vermeiden lassen. Für Ihre Forschungen hat sie internationale Ehrungen und Auszeichnungen bekommen. Im Interview mit Nikolaus Nützel vom Deutschlandfunk gibt sie einige erschreckende Fakten preis [221].

> „Studien zeigen generell, dass zwischen 25 bis 80 % aller vermeidbaren unerwünschten Ereignisse auf schlechte Kommunikation zurückzuführen sind. …. Um das ein bisschen greifbar zu machen, das bedeutet, dass mindestens alle zwei bis sechs Sekunden ein Patient aufgrund von unsicherer Kommunikation vermeidbaren Schaden erfährt, und das kann man sogar mit Geld beziffern, mit Kosten. Das kommt dann auf 57 bis 181 Mio. Euro vermeidbare Kosten pro Tag" so Hannawa [221].

Fallbeispiel: „Lästern ist doch normal, oder?"
Die beiden Pflegefachkräfte Irina Pape und Sandra Pilz unterhalten sich über die neue Kollegin (Maria Pfeiffer) im Dienstzimmer.

Pape: »Jetzt ist sie schon zwei Wochen da und findet sich hier immer noch nicht zurecht.«

Pilz: »Von der schnellsten Truppe ist sie nicht! Frage mich, wie lange das noch dauert, bis sie merkt, wo hier der Hase langläuft. Da fragt sie doch gestern höflich unser'n Pflegehelfer, ob der ihr beim Lagern hilft, anstatt ihm das einfach abzuverlangen. So verschafft die sich hier keinen Respekt, mit ihrem ewigen >bitte< und >danke<. Richtig Biss hat die nicht.«

Pape lacht hämisch: »Tja, und hier brauch man ordentlich Biss, um sich durchzubeißen. Wenn die sich bewähren will, soll se erst Mal nen andern Ton anschlagen. Ne Chirurgie ist eben kein Zuckerschlecken. Mal sehen, ob sie's packt.«

Pilz: »Ja, wir werden se mal im Auge behalten. Schließlich haben wir uns hier auch durchbeißen müssen.«

Da geht die Tür auf und die neue Kollegin Maria Pfeiffer sieht herein.

Pfeiffer: »Wäre eine von euch beiden bitte so nett und hilft mir Herrn Sauer zu lagern?«

Pilz und Pape sehen sich fragend an. Beide lächeln wissend.

Pilz: »Ja, ich komme. Muss nur noch kurz was eintragen. Geh schon mal vor.«. Beim Verlassen des Dienstzimmers sieht Frau Pilz Frau Pankert an und rollt dabei mit den Augen.

Pape lacht und imitiert die neue Kollegin: »Na dann sei halt mal bitte so nett.«

Analyse des Gesprächs über eine Kollegin
Bei diesem Gespräch lästern die beiden Pflegefachkräfte Pape und Pilz über ihre neue Kollegin Abb. 4.1). Was als harmloses Geplänkel anmutet, ist jedoch feindseliges Verhalten und darf nicht toleriert werden.

Der neuen Kollegin wird unterstellt, dass sie zu langsam arbeitet. Außerdem wird ihr höfliches Verhalten angeprangert, da dieses nicht zum »rauen Umgangston« einer chirurgischen Abteilung passe. Statt in den Mittelpunkt zu rücken, wobei die neue Kollegin Unterstützung benötigt, um ihre Einarbeitung zu erleichtern, wird sie beobachtet, ob sie sich den ungeschriebenen Regeln des Teams anpasst. Dieses passiv-aggressive Verhalten zeugt nicht von Professionalität.

Obwohl Frau Pilz und Frau Pape sich bei ihrem Einstieg in dieses Team haben durchbeißen müssen, was nicht

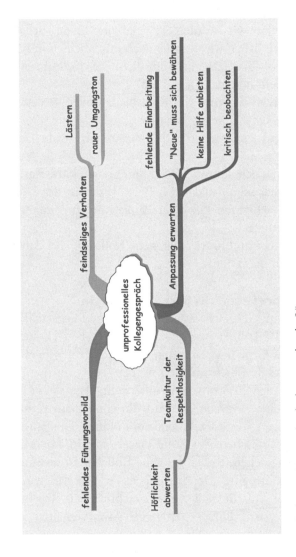

Abb. 4.1 Mindmap „Lästern ist doch normal, oder?"

nach einem leichten Anfang klingt, verlangen sie dieses von ihrer neuen Kollegin ebenfalls, statt ihr zu helfen. Damit geben die beiden Pflegefachkräfte zu verstehen, dass sich »Neue« erst mal bewähren müssen. Es wird also eine unsichtbare Messlatte angelegt, die es zu bewältigen gilt, bevor echte Zusammenarbeit angeboten wird.

Von der neuen Kollegin wird erwartet, dass diese nachrangig geordnete Mitarbeiter nicht höflich bittet, sondern diese dominiert. Dies ist ein Verhaltenskodex, den dieses Team als Teil ihrer Teamkultur entwickelt hat und unreflektiert von neuen Mitarbeitern erwartet.

Das Augenrollen von Frau Pilz und der Nachahmen des Tonfalls der neuen Kollegin durch Frau Pape verbindet diese und schließt zugleich die neue Kollegin aus. Statt Kooperation wird hier lediglich Feindseligkeit angeboten.

4.2 Lästern: eine ernstzunehmende Krankheit!

> „Wenn alle wüssten, was die einen über die anderen sagen, gäbe es keine vier Freunde auf Erden" (Blaise Pascal, frz. Philosoph)

Lästern ist eine direkte oder indirekte verbale Aggression, bei der über eine dritte, oft nicht anwesende, Person schlecht geredet wird zumeist mit dem Ziel, sich selbst in ein besseres Licht zu rücken (Top im Job: Einfach ein gutes Team). In der Pflege wird Lästern häufig verniedlicht und als Druckentlastung oder Mittel zur Stressreduktion im hektischen Alltag begründet. Doch so harmlos ist Lästern nicht, da es die betroffenen Kolleg*innen belastet. Selbst wenn sie nicht direkt mitbekommen, was über sie geredet wird, so spüren sie doch, dass etwas nicht stimmt [188]. Ängstliche und auch machthungrige Menschen neigen eher zum Lästern, während Menschen mit mehr Selbstvertrauen weniger dazu neigen [187]. Ein positives Selbstwertgefühl kann die Folgen des Lästerns mildern [113]. Lästern am Arbeitsplatz fördert das Misstrauen der Mitarbeiter [7, 158] und einige Kolleg*innen sehen sich gar gezwungen mit zu lästern, um selbst nicht in die Opferrolle zu kommen [218]. Lästern am Arbeitsplatz beeinflusst die Identifikation mit der Organisation negativ und bedroht die eigene berufliche Selbstsicherheit [217].

Frauen wird ja gern unterstellt, dass diese mehr lästern als Männer. Doch die Lästerforschung kommt zu einem anderen Ergebnis: Männer und Frauen reden gleich häufig über andere, doch bei Männern dominiert das Lästern (also schlecht über andere reden) mehr als bei Frauen im Geschlechtervergleich (die mehr gut über andere reden) [58].

Im Gesundheitswesen ist die Teamarbeit für die Patient*innensicherheit entscheidend. Für eine gute Teamarbeit braucht es Vertrauen. Wenn Misstrauen dominiert, wirkt sich das negativ auf die Versorgungsqualität aus. Katerina Georganta und ihr Forschungsteam konnten nachweisen, dass Lästern im Krankenhaus die emotionale Erschöpfung und Burnout der Mitarbeiter*innen fördert. Lästern reduziert das Engagement der Mitarbeiter*innen und wirkt sich negativ auf die Patient*innensicherheit und die Versorgungsqualität aus [76].

Auch Organisationen können das Lästerverhalten fördern, wenn Mitarbeiter*innen z. B. mit wenig offiziellen Informationen versorgt werden oder Angst auslösende oder ambivalente Situationen vorherrschen [33]. Amy Edmondson [59, 60] hat viele Jahre zu den Ursachen von Behandlungsfehlern im Gesundheitswesen geforscht und kommt zu dem Schluss, dass Teams weniger Fehler machen und offener darüber reden können, wenn sie sich im Team sicher fühlen. Edmondson fordert, dass unsere

Kliniken angstfrei werden und Führungskräfte lernen, für psychologische Sicherheit zu sorgen.

Führungskräfte sind zum Thema Lästern ganz besonders gefordert. Sie sind Vorbild für die Kommunikation und legen die Regeln des Miteinanders im Team fest. Wenn sie z. B. bei Lästerverhalten nicht intervenieren, erlebt das Team dieses automatisch als Erlaubnis. Oder um es mit Michael Cohen auszudrücken [46]: »What you accept is what you teach!« Dabei ist Lästern kein Kavaliersdelikt, sondern eine ernstzunehmende Krankheit, die sich, wie ein Virus, immer weiter ausbreitet, wenn es nicht unterbunden wird.

4.3 Angriffe auf Mitarbeiter*innen im Gesundheitswesen

Das Gesundheitswesen erlebt feindseliges Verhalten sowohl durch Angriffe von außen als auch innerhalb der Einrichtungen durch das Personal selbst. So werden in Kriegszeiten immer wieder Einrichtungen des Gesundheitswesens zum Ziel von Bombenangriffen wie beispielsweise in der Ukraine (2020), dem Irak (2019), in Syrien (2018) oder Myanmar (2014). Wesentlicher Auslöser sind die nachlassende Moral und zunehmende Aggression während eines Krieges [84]. In diesem Zusammenhang zeigt das Gesundheitspersonal immer wieder großen Mut, um die Kranken und Verwundeten zu versorgen. So versteckten sie sich in Myanmar tagsüber in den Wäldern und waren nur nachts für die Patient*innen aktiv, wenn die Soldaten schliefen [70]. Im Süd- Sudan verheimlichte das Klinikpersonal ihre Identität, indem sie keine Dienstkleidung trugen, medizinische Utensilien versteckten und im Krankenhaus zwischen den Patient*innen schliefen [48]. In Syrien wurden die Insignien der Kliniken entfernt und das Personal zog mit ihren Patient*innen in die Keller von unauffälligen Gebäuden und sogar in Höhlen [66, 72].

Auch zu Friedenszeiten erfahren Mitarbeiter*innen des Gesundheitswesens Gewalt durch Patient*innen oder deren Zugehörige. Die Angriffe reichen von verbaler oder körperlicher Gewalt bis hin zu sexuellen Übergriffen. Besonders schlimm betroffen ist das Personal in Psychiatrien, Notfallambulanzen, geriatrischen Einrichtungen und Wartebereichen von Polikliniken. Auslöser sind häufig fehlende Informationen, unzureichendes Personal oder Equipment und Abbrüche der Kommunikation [140].

4.4 Feindseliges Verhalten im Gesundheitswesen

Das Mitarbeiter*innen Angriffen von Patient*innen oder deren Zugehörigen ausgesetzt sind ist schlimm genug. Schwer zu verstehen ist allerdings, warum das Personal sich untereinander anfeindet. Beschrieben ist dieses feindliche Verhalten gegenüber der eigenen Berufsgruppe insbesondere in der Pflege [17, 166]. Doch auch bei Ärzt*innen ist feindseliges Verhalten gegenüber Kolleg*innen und anderen Berufsgruppen nachgewiesen [177, 204]. Die medizinische Gewalt an Patient*innen ist eng verbunden mit der ärztlichen Arroganz und der damit verbundenen Vorstellung, Ärzt*innen könnten alle Probleme beheben [177]. Immer dann wenn die Aggression sich verbal oder nonverbal, intentional oder unbewusst an den eigenen Kolleg*innen entlädt, sprechen wir von horizontaler Feinseligkeit oder auch lateraler Gewalt.

Schlecht über andere zu reden, im Sinne des Lästerns, ist schon ein ausgesprochen unprofessionelles Verhalten. Doch offene oder verdeckte Feindseligkeit geht noch eine Eskalationsstufe weiter. Offen feindselig sind: Beschimpfen, Einschüchtern, Demütigen, hinterhältiges Verhalten, Augenbrauen hochziehen etc. Als verdeckt feindselig gilt Sarkasmus, Ignorieren, hinter dem Rücken des anderen das Gesicht verziehen, Sabotage, Lügen verbreiten, Ausgrenzen etc. [17].

An einer US amerikanischen Studie zur horizontalen Gewalt in der Medizin nahmen 91 Ärzt*innen teil und füllten einen Fragebogen aus. Darin beurteilten sie, wie häufig sie erlebt haben, dass Ärzt*innen ihre ärztlichen Kollegen angreifen. Besonders oft wurde erlebt,

- dass man selbst als inkompetent und damit unfähig für eine Tätigkeit erachtet wurde
- von anderen Kolleg*innen isoliert oder ausgeschlossen wurde
- Aufgaben übertragen bekam, die innerhalb der vorgegebenen Zeit nicht zu erfüllen waren
- Abgewiesen oder gezielt ignoriert wurde, wenn man Kolleg*innen um ihre Meinung bat

Darüber hinaus wurde noch benannt, dass Ärzt*innen von Kolleg*innen gedemütigt, beschimpft, unter Druck gesetzt, bedroht, ständig kritisiert wurden oder ihnen nahegelegt wurde, den Beruf zu verlassen [204].

Pflegefachkräfte erleben sämtliche Formen von Feindseligkeit durch Patient*innen, durch Zugehörige, durch Ärzt*innen und Kolleg*innen. Dabei belasten die Angriffe durch Kolleg*innen am meisten [67]. Eine britische Studie belegt, dass ein Drittel von insgesamt 4500 Pflegefachkräften vorhat, ihren Job wegen verbaler Übergriffe aufzugeben [79]. Die erlebte Feindseligkeit ist einer der wichtigsten Gründe, den Beruf zu verlassen [210].

Die Folgen horizontaler Feindseligkeit in der Pflege sind verheerend. So leiden die Opfer unter den verschiedensten körperlichen, psychischen, emotionalen und sozialen Symptomen [150]. Die Palette beginnt mit einem niedrigen Selbstwertgefühl und geht über Herzrhythmusstörungen bis hin zu Drogenmissbrauch und Burnout [67].

Die wirtschaftlichen Auswirkungen dieser Schikanen sind enorm und lassen sich nur schwer beziffern. Die Professorin Annegret Hannawa beschreibt Hochrechnungen, in denen durch eine gute Kommunikation täglich Kosten im Wert von durchschnittlich 119 Mio. Euro pro Tag vermieden werden könnten [221] (Hannawa im Interview mit Nützel 2017). Neben erhöhter Fluktuation, vermehrten Krankheitszeiten sind auch der Medikamentenkonsum und die Arbeitsunfähigkeit durch Burnout kostenintensiv [67].

Die Patient*innen sind besonders betroffen von Feindseligkeiten des Klinikpersonals untereinander. Die Versorgungsqualität leidet, Behandlungsfehler und vermeidbare nachteilige Folgen nehmen ebenso zu, wie das Risiko von Fehlverhalten und die Unzufriedenheit von Patient*innen [222]. Die Joint Commission hat in ihrem Warnbericht für sicherheitsgefährdendes Verhalten im Gesundheitswesen einige Ursachen aufgezeigt, warum es immer wieder zu einschüchterndem und störendem Verhalten kommt. Dazu zählen [223]:

• Eine Historie von Toleranz gegenüber störendem und einschüchterndem Verhalten.
• Wenn Organisationen unprofessionellem Kommunikationsverhalten nicht systematisch nachgehen, wird das als Erlaubnis erlebt.
• Eine hohe Arbeitslast und fordernde emotionale Situationen sind ein Nährboden für unprofessionelles zwischenmenschliches Verhalten, insbesondere in Kombination mit Müdigkeit.

- Organisationen unterstützen dieses negative Verhalten der Mitarbeiter*innen zusätzlich durch hohe Anforderungen, Kostendruck, starre Hierarchien.
- Gegenüber machtvollen Ärzt*innen, die wesentliche Einnahmen für die Organisation generieren, besteht oft die Sorge, dass sie in ihren Leistungen nachlassen oder die Klinik verlassen, wenn diese mit ihrem unprofessionellen Sozialverhalten konfrontiert werden.

Für die Pflege zeichnet sich das Bild noch etwas anders [17]:

- Pflegefachkräfte werden doppelt so häufig Opfer von Straftaten, wie Mitarbeiter*innen anderer Gesundheitsberufe [194]. In der Notfallaufnahme erlebten 88 % der Pflegefachkräfte verbale und 74 % körperliche Gewalt [132].
- Die Unsichtbarkeit der Pflegetätigkeit bedingt, dass gute Pflege oft nicht sichtbar wird. Wieviel Fachwissen notwendig ist und wieviel Arbeit es bedeutet, dass Pflegefachkräfte mit ihren prophylaktischen Tätigkeiten die Entstehung von Krankheiten verhindern, bleibt ungesehen. Dieses ist auch einer der Gründe, warum die Pflege gesellschaftlich wenig Wertschätzung erfährt.
- Die Pflege erlebt sich im Vergleich zur dominierenden Ärzteschaft oft machtlos und fühlen sich von diesen unterdrückt. Der Ärger hierüber entlädt sich allerdings zumeist nicht an den Ärzt*innen, sondern der eigenen Berufsgruppe.
- Obwohl die Arbeitsabläufe komplexer geworden sind, werden Pflegefachkräfte bei ihren Tätigkeiten häufig unterbrochen, im Durchschnitt etwa 8-mal pro Tätigkeit. Diese ständigen Unterbrechungen erhöht die Gefahr von Versäumnissen [196].
- Die Kürzungen im Pflegepersonal haben Auswirkungen auf die Pflegequalität. So konnten Linda Aiken und ihr

Forschungsteam [3] in ihrer Untersuchung nachweisen, dass mehr Patient*innen sterben, wenn Pflegefachkräfte mehr Patient*innen als bisher versorgen müssen.

Im Vergleich zu anderen Berufsgruppen ist die Gefahr, Opfer von Mobbing zu werden im deutschen Gesundheitswesen ausgesprochen hoch. Interessanterweise mobben Vorgesetzte (also bossen) wesentlich häufiger als Kolleg*innen [116].

4.5 Was Organisationen gegen Feindseligkeit im Gesundheitswesen tun können

Tue, was du fürchtest, und die Furcht wird dir fremd. (Dale Carnegie)

Wenn es an Kommunikationskompetenz fehlt und Mitarbeiter*innen unfähig sind ihre Kolleg*innen offen zu konfrontieren, wenn diese feindseliges Verhalten zeigen, handelt es sich um eine angstbasierte Kultur [17]. In angstbasierten Kulturen kommt es zu mehr Behandlungsfehlern, über die gleichzeitig weniger berichtet wird. Die Auswirkung unprofessioneller Kommunikation auf die Patient*innensicherheit, die Versorgungsqualität und die Mitarbeiterzufriedenheit sind die zentralen Gründe, warum im Gesundheitswesen alles getan werden muss, um für eine bessere Kommunikation und bessere Zusammenarbeit zu sorgen.

Seit über 70 Jahren setzt sich die Non-Profit-Organisation The Joint Commission (TJC) für Patient*innensicherheit und die Verbesserung der Versorgungsqualität im Gesundheitswesen ein und hat hierzu eine Reihe von Standards entwickelt. Zur Prävention von

Gewalt am Arbeitsplatz hat die Joint Commission ein ganzes Kompendium entwickelt mit vielen hilfreichen Beispielen und Anleitungen.

Dabei wird vor allem die Organisation selbst in die Pflicht genommen und erwartet,

- dass Krankenhäuser dem feindlichen Verhalten von Mitarbeiter*innen systematisch nachgehen,
- aus sämtlichen Abteilungen hierzu Daten ermitteln und jährlich darüber berichten.
- alle Mitarbeiter*innen der Einrichtung schulen und gesunde und gelingende Kommunikation zum Thema und zum Organisationsziel zu machen [223].

Strukturelles Empowerment meint, dass die Wertschätzung und Förderung aller Berufsgruppen für ein gelingendes Miteinander systematisch in den Strukturen der Organisation verankert wird. Den Magnetkliniken ist dieses besonders gut gelungen, indem sie konsequent für ein gutes Arbeitsklima sorgen. Die selbstbestimmte Entscheidungsfindung der Pflegefachkräfte spielt dabei eine wichtige Rolle. Diese wird sowohl durch die Führungskräfte als auch durch die Organisation gefördert, sodass Pflegefachkräfte in allen entscheidenden Gremien Stimmrechte haben. Das wirkt sich positiv auf die berufliche Zufriedenheit aus und senkt die Fluktuationsraten [180, 197]). Empowerment ein wichtiger Prädiktor für die Gesundheit der Mitarbeiter*innen und die Innovationsfähigkeit der Organisation [4].

Darüber hinaus gibt es eine ganze Reihe sinnvoller Interventionen, mit denen der Feindseligkeit zu Leibe gerückt werden kann. Dazu zählen teambildende Maßnahmen mit dem Fokus auf Gruppenzusammenhalt [16]. Fort- und Weiterbildungen zum Thema laterale Gewalt [38, 65] und die Entwicklung eines Verhaltenskodexes für alle Mitarbeiter*innen der Organisation mit einer Null-Toleranz Politik für laterale Gewalt [53].

Und es benötigt sicheren Mentor*innenschutz für Auszubildende, Studierende und neue Mitarbeiter*innen, da diese am häufigsten Opfer von Feindseligkeit werden [144].

Was Mitarbeiter*innen gegen Feindseligkeit tun können
Für betroffene Mitarbeiter*innen wird folgendes verbales Verhalten empfohlen [15]:

- sagen Sie dem*der Angreifer*in, dass er*sei stoppen soll und bringen Sie ihre Gefühle zum Ausdruck
- bleiben Sie ruhig und versuchen den Ärger des*der Angreifer*in zu verstehen
- spiegeln sie der Person ihr Verhalten
- machen Sie ggf. ein Gedächtnisprotokoll, um die Angelegenheit später mit Entscheidungsträgern zu besprechen
- sprechen Sie über diesen Vorfall mit Kolleg*innen oder mit dem*der Vorgesetzten des Täters, der Personalentwicklungsabteilung und ggf. Delegierten von Berufsverbänden

Als non-verbale Techniken empfehlen Bambi und seine Kolleg*innen (2017):

- halten Sie Blickkontakt zum*zur Täter*in
- halten Sie physischen Abstand während sie mit ihm sprechen
- schaffen Sie eine sichere Umgebung, damit die Person sich beruhigen kann
- wechseln Sie das Thema und finden heraus, welche eigentlichen Erwartungen nicht befriedigt wurden

Und schließlich ist es gut diesen Vorfall schriftlich festzuhalten, um die korrekten Daten (Datum, Uhrzeit, Ort, Gesagtes, Beteiligte) ggf. später abrufen zu können, z. B.

gegenüber dem Betriebsrat oder Vorgesetzten. Sie können auch dem Täter eine Email schreiben und ihn schriftlich bitten, sein feindseliges Verhalten zu unterlassen.

Entscheidend ist, nicht nichts zu tun. Wann immer nicht auf einen feindlichen Angriff reagiert wird, fühlt sich der*die Täter*in im Verhalten bestätigt. Es muss also immer eine möglichst sofortige Reaktion erfolgen. Dabei geht es um ein Feedback an die Person, die sich im Ton vergriffen hat. Dieses Feedback ist notwendig für den Angreifer, damit er sein Verhalten ändern kann.

Feedback geben und nehmen

Eine gute Methode direkt auf den*die Angreifer*in zu reagieren ist die Methode. Dabei stehen die ersten drei W's für den Feedbackgeber und „de" für den Feedbacknehmer.

Die W's stehen für:

Wahrnehmung	Zunächst wird wertfrei berichtet, was passiert ist. Beispiel: „Die Besprechung wurde zwei Tage zuvor angekündigt"
Wirkung	Hier darf es subjektiver werden, wenn geschildert wird, welche Wirkung das auf mich hatte. Die Situation wird bewertet und mit einer Ich-Botschaft beschrieben. Beispiel: „Dadurch hatte ich nicht ausreichend Zeit, mich vorzubereiten"
Wunsch	Hier mache ich einen konkreten Lösungsvorschlag. Es sollte sich um einen klaren Appell handeln, indem ich meine Erwartung zum Ausdruck bringe Beispiel: „Ich brauche eine Woche Vorlauf für die Vorbereitung und bitte Dich, dass bei zukünftigen Meetings zu berücksichtigen"

De steht für:

Danken   Auch wenn das Feedback unangenehm ist,
                gilt es hier, sich zu bedanken.
Entscheiden   Danach entscheide ich, was ich von dem
                Feedback annehme und sofort umsetze,
                was ich ggf. später umsetze und was ggf.
                gar nicht.

Die Methode ist bezaubernd einfach und kann über-
all eingesetzt werden, wenn ich kritisiert oder angegriffen
werde oder auch, wenn es mich gar nicht betrifft, ich aber
Ohrenzeuge eines unliebsamen Geschehens geworden bin.

Beispiel:
„Bei der Schichteinteilung bist du gebeten worden, mich
als Neue im Team anzuleiten. Darauf hast du mit den
Worten reagiert >wenn es unbedingt sein muss< und mit
den Augen gerollt." (Wahrnehmung)
  „Dein Verhalten hat mich getroffen und die
angekündigte Willkommenskultur zunichte gemacht.
Ich bin herkommen, um dein Team langfristig zu unter-
stützen. Jetzt fühle ich mich als Ballast und überflüssig.
Das demotiviert mich." (Wirkung)
  „Mir ist Respekt in der Zusammenarbeit sehr wichtig.
Ich bitte dich darum, mich freundlich zu behandeln."
(Wunsch)
  Grundsätzlich sollte ein Feedback erwünscht,
konstruktiv, positiv formuliert, zeitnah und konkret sein.
  Auch das **DESC Modell** hat sich im Gesundheitswesen
als Feedbackmethode bewährt. Dieses Akronym steht für
describe, express, specify und consequence.
  Hier wird zunächst die Situation geschildert (describe),
dann mitgeteilt welche Auswirkung dieses Verhalten auf
mich, meine Kolleg*innen oder die Organisation hat

(express). Nun wird genau benannt, was das Gegenüber ändern soll (specify), um schließlich die Konsequenzen aufzuzeigen (consequence). Bei den Konsequenzen empfiehlt es sich, die positiven Folgen zu beschreiben, die eintreten, wenn das Verhalten geändert wird. Es können auch die negativen Folgen aufgezeigt werden, die es hat, wenn sich das Verhalten nicht ändert.

Für den*die Feedbacknehmer*in ist es entscheidend, das Gesagte zu akzeptieren und ggf. Rückfragen zu stellen. Wenn das Feedback ganz unverhofft kommt und mich die Kritik trifft, kann es zu Reaktionen kommen, die das SARA Modell erklärt.

Shock (Schock):	Der Feedbacknehmer kann geschockt sein, über die kritisierenden Worte
Anger (Wut):	Nach dem Schock kommt die Wut und hierbei reagieren viele mit Angriff oder Verteidigung
Resistance (Widerstand):	Das Feedback war unangenehm und muss erst mal verarbeitet werden. Es regt sich oft Widerstand gegen eine Verhaltensänderung
Acceptance (Akzeptanz)	Ist die Kritik verarbeitet, kann sie nun akzeptiert werden und das Verhalten entsprechend der geäußerten Erwartung angepasst

4.5.1 Mut tut gut!

Es ist gut, sich bewusst zu machen, dass feindseliges Verhalten schlimme Folgen haben kann und deshalb frühzeitig interveniert werden sollte (Abb. 4.2). Betroffene benötigen einigen Mut, um sich der Situation zu stellen. Es lohnt sich sehr, diesen Mut zu mobilisieren, da die Chancen sonst groß sind, dass es wieder passiert. Und diejenigen, die feindseliges Verhalten offen thematisieren,

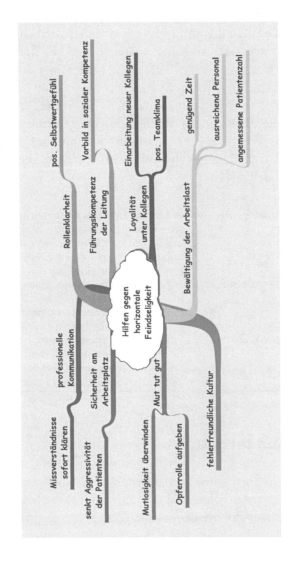

Abb. 4.2 Mindmap »Hilfen gegen horizontale Feinseligkeit«

wachsen in ihrer Konfliktfähigkeit. Damit werden Anfeindungen schwerer, denn in aller Regel suchen sich »Dampfablasser« bereitwillige Opfer.

Auf feindseliges Verhalten von Kolleg*innen sollte möglichst umgehend reagiert werden. Je länger abgewartet, geduldet oder ertragen wird, desto größer das Risiko, sich selbst zum Opfer zu machen. Empfehlenswert ist eine Reaktion, die sowohl die Fakten benennt (»Du ziehst die Augenbrauen hoch.«) als auch das damit verbundene Gefühl zum Ausdruck bringt (»Da fühle ich mich kritisiert.«). Auch direktes rückfragen ist möglich:

- *»Was willst Du mir damit sagen, wenn Du – so wie jetzt – die Augenbrauen hochziehst?«.*

Hier einige Beispiele für eine direkte Reaktion auf feindseliges Verhalten:

1. *»Du kritisierst mich heute schon zum dritten Mal. Erkläre mir doch mal warum es Dir so wichtig ist, mein Verhalten zu bekritteln?«*
2. *»Mit deinen Beschimpfungen greifst du mich persönlich an. Kannst du mir sagen, warum du das tust?«*
3. *»Ich erlebe deinen Tonfall mir gegenüber als abwertend und unangemessen. Das ärgert mich. Von einer Kollegin erwarte ich einen professionellen Umgang.«*
4. *»Ich finde dein Verhalten mir gegenüber unfair und beleidigend. Wenn es einen Grund dafür gibt, gebe ich dir jetzt die Gelegenheit, darüber zu reden. Ansonsten verbitte ich mir zukünftig deine Beleidigungen.«*

Die Aufgabe eines professionellen Umgangs miteinander liegt bei allen Teammitgliedern. Wenn eine Person ungerecht behandelt wird, ist es die Aufgabe aller, das zu thematisieren. Wegsehen öffnet Tür und Tor für weitere

Feindseligkeiten. Wenn ein klärendes Gespräch nicht erfolgreich ist, gilt es sich an die nächste Führungsebene zu wenden. Auch Nichtbetroffene benötigen Mut, das Erlebte zur Sprache zu bringen.

Mut fällt nicht vom Himmel! Die gute Nachricht ist: Mut lässt sich üben!

Mutlosigkeit ist kein genetisch angeborenes Schicksal. Der Erfolg liegt insbesondere in den kleinen Schritten. Bevor Sie also Mutproben wie z. B. »Bungee Jumping« in Angriff nehmen, können Sie damit beginnen, etwas für Sie Ungewöhnliches zu machen. Das kann für jeden etwas ganz unterschiedliches bedeuten.

Wenn Sie sich z. B. vornehmen, einen Ort aufzusuchen, der eine Herausforderung für Sie darstellt, könnte das eine Moschee, ein Punkkonzert oder ein Sexshop sein. Der nächste Schritt kann dann sein, sich öffentlich zu Wort zu melden, z. B. nach einem Vortrag eine Frage zu stellen oder sich Gehör zu verschaffen, mit einer eigenen Idee. Schneidern Sie sich Ihr persönliches Mut-mach-Programm!

Angst hat immer die Tendenz, sich auszubreiten. Das bedeutet, dass Angst nicht einfach verschwindet, wenn wir nichts dagegen tun. Mit kleinen Mutmach-Schritten gehen wir systematisch Ängste an und wachsen in unserer Persönlichkeit.

Das beste Mittel gegen feindseliges Verhalten ist natürlich professionelle Kommunikation. Eine gute Gesprächsführung sowie der Umgang mit Konflikten lassen sich mittlerweile an jeder Volkshochschule erlernen. Diese Kurse können eine gute Arbeitsgrundlage für den Beruf bilden und zahlen sich somit aus.

4.6 Einarbeitung neuer Kolleg*innen: eine wichtige Aufgabe!

Neue Mitarbeiter*innen benötigen systematische und freundliche Unterstützung bei ihrem Einstieg. Nur weil die eigenen Einstiegserfahrungen nicht besonders gelungen waren, bedeutet das nicht, dass den neuen Kolleg*innen das Gleiche widerfahren muss. Sich durchbeißen ist kein Gütesiegel, sondern ein einsamer Akt passiv-aggressiver Gewalt. Es ist verständlich, wenn das hohe Arbeitspensum zu Ungeduld führt und neue Mitarbeiter*innen eher als Belastung, denn als Stütze erlebt werden. Dennoch zahlt sich eine gute Einarbeitung für alle Beteiligten aus. Neue Kolleg*innen haben eine Art „Welpenschutz" aus respektvoller Rücksichtnahme verdient und müssen sich den nicht erst erarbeiten".

Immer wieder höre ich von erfahrenen Pflegefachkräften den Satz „ich bin damals auch ins kalte Wasser geschmissen worden". Und es stimmt, viele Kollegen und Kolleginnen haben gerade zu Beginn ihres Berufslebens besonders herausfordernde und belastende Erfahrungen gemacht. Ich nenne es das „Trauma des kalten Wassers". Und trotzdem legitimiert diese persönliche Erfahrung es nicht neue Kolleg*innen ebenfalls ins kalte Wasser zu werfen. In der Pflegeforschung ist dieses Phänomen bekannt und wird dort betitelt mit: „nurses eat their young" [78].

Es gilt also das persönliche „Trauma" zu überwinden und für die neuen Kolleg*innen ein professionelles Onboarding zu installieren, bei dem der neue Mitarbeiter*innen systematisch über das gesamte erste Jahr im neuen Team begleitet wird.

Dazu gehört:

1. Freundlicher Einstieg mit Vorstellen der Kolleg*innen, der Abteilung und dem Haus.
2. Rückfragen, wie die*der neue Kolleg*in bisher eine bestimmte Aufgabe erledigt hat, statt zu erwarten, dass die im Team übliche Methode die einzig Richtige ist.
3. Die*der neue Kolleg*in aktiv in das Team mit einbinden und ihr die Möglichkeit geben ein Zugehörigkeitsgefühl zu entwickeln.
4. Anfangsfehler mit Verständnis und Humor nehmen, statt diese der Persönlichkeit des*der neuen Mitarbeiter*in zuzuschreiben.
5. Nicht abwarten und zusehen, bis die*der „Neue" bestimmte typische Fehler macht, sondern vorausschauend auf potenzielle Herausforderungen aufmerksam machen
6. Unterlassen von Mutproben, um sich Teamzugehörigkeit zu erarbeiten

Unser besonderes Augenmerk muss dabei auf die Einarbeitung von Berufsanfänger*innen liegen. Duchscher [56] konnte in ihrer Studie nachweisen, dass alle Berufsanfänger*innen innerhalb des ersten Jahres nach ihrem Abschluss eine Schockphase (etwa nach 3–4 Monaten) und eine Krise (etwa nach 6 Monaten) durchlaufen, während sie in der Praxis tätig sind. In diesen Zeiten sind die Abbruchquoten verständlicherweise besonders hoch. Deshalb benötigen Berufsanfänger*innen eine*n qualifizierte*n Mentor*in, die sie mindestens 12 Monate begleitet. Werden die neuen Pflegefachkräfte professionell in ihrem Tätigkeitsfeld gecoacht, dann können die Schock- und Krisenphasen positiv verarbeitet werden und die Chancen steigen, dass sie sich auch langfristig für den Beruf begeistern.

4.7 Gespräche mit Mitarbeiter*innen anderer Gesundheitsberufe

Das größte Spannungspotenzial zwischen zwei Gesundheitsfachberufen liegt zwischen Pflegefachkräften und Mediziner*innen. Hierzu hat es schon eine Reihe von Untersuchungen gegeben, welche Ursachen klären und Lösungen aufzuzeigen versuchen [80, 123].

Fallbeispiel „Das darf doch nicht wahr sein!"
Der Stationsarzt Hugo Albert (29) kommt zur Visite auf seine Station. Es ist 7.15 Uhr und Dr. Albert will um 8.00 Uhr im OP sein. Die Station ist in 2 Bereiche gegliedert und jeder Bereich wird von einer zuständigen Pflegefachkraft betreut. Er steht allein am Stationstresen als die Pflegefachkraft Ruth Pape (42) über den Flur eilt, sich eine Waschschüssel aus dem Abstellraum holt und wieder in ein Zimmer eilen will.

Dr. Albert ruft ihr hinterher: »Schwester Ruth, schicken Sie mir mal die Anke? Ich will Visite machen!«

Ruth Pape: »Tut mir leid, ich kann jetzt nicht. Anke müsste in der 4 sein. Sehen Sie doch mal nach.«

Dr. Albert geht murrend zum Zimmer 4 und öffnet die Tür. Die Pflegefachkraft Alina Pietsch (36) hatte soeben einen adipösen Patienten auf die Seite gelagert und will ihm den Rücken waschen.

Dr. Albert: »Da sind Sie ja! Ich will jetzt Visite machen, sonst komme ich zu spät in den OP.«

Alina Pietsch: »Ja, bei mir dauert es noch ein paar Minuten. Fangen Sie doch schon mal an.«

Dr. Albert verlässt genervt das Zimmer und beginnt mit der Visite. Nach kurzer Zeit stößt Frau Pietsch dazu. Als er sich gerade dem nächsten Patienten zuwenden will, wirft Frau Pietsch einen Blick in die Kurve und sagt:

Frau Pietsch: »Ja, bei Herrn Siering ist der Blutdruck ja schön runter gegangen.«

Dr. Albert sieht ebenfalls in die Kurve: »Ja, dann können wir mit der Adalat runter gehen. Mittags eine dürfte reichen.« Er holt sich die nächste Kurve aus dem Visitenwagen und geht zum nächsten Patienten, Herrn Frisch und fragt: »So Herr Frisch, was machen die Bauchschmerzen?«

Herr Frisch (72): »Die Vorbereitung auf die OP ist mir ganz schön auf den Kreislauf gegangen. Weiß momentan gar nicht, was schlimmer ist.«

Dr. Albert sieht Frau Pietsch fragend an.

Frau Pietsch: »Herr Frisch bekommt seit 2 Tagen Clean Prep. Allerdings war sein Stuhl heute früh immer noch nicht klar und flüssig.«

Dr. Albert: »Was soll das heißen? Kriegen Sie denn nicht mal die einfachsten Dinge hin, Alina? Herr Frisch steht für heute auf dem OP-Plan. Wenn Sie Ihre Arbeit nicht machen, hat das Konsequenzen!«

Frau Pietsch: »Ich kann es mir auch nicht erklären. Von mir hat er jedenfalls die gesamte Flüssigkeit bekommen.«

Dr. Albert: »Das darf doch nicht wahr sein! Wegen Leuten wie Ihnen können wir hier nicht kosteneffizient arbeiten. Sie haben wohl noch nicht verstanden, dass uns die DRG's im Nacken sitzen, oder?«

Dieses Gespräch wurde einem Erinnerungsprotokoll entnommen, was Alina Pietsch gemeinsam mit ihrer Kollegin Ruth Pape etwa 3 Tage nach dieser Visite anfertigte. Auch Dr. Albert wird um ein Gesprächsprotokoll gebeten, was dieser aus Zeitgründen ablehnt.

Etwa 2 h nach dieser Visite berichtet der Bettnachbar von Herrn Frisch Frau Pietsch vertraulich, dass Herr Frisch zwischendurch Brote esse, die ihm seine Frau mitbringe.

Analyse des interprofessionellen Konflikts

Der Arzt Dr. Albert möchte, wie jeden Morgen, pünktlich Visite machen, um rechtzeitig im OP zu sein. Er fordert die Pflegefachkraft Ruth Pape auf, ihm ihre Kollegin zu schicken. Die ist verärgert, weil sie viel zu tun hat und noch zusätzliche Laufarbeit für Dr. Albert erledigen soll. Frau Pape bittet Dr. Albert selbst im Zimmer 4 nachzusehen. Das freut Dr. Albert offensichtlich nicht. Als dann die Pflegefachkraft Alina Pietsch ihm mitteilt, dass er schon mal allein beginnen soll, ist er verärgert (Abb. 4.3).

Die Art, wie Frau Pietsch dann während der Visite auf die sich normalisierenden Blutdruckwerte hinweist, nennt sich »doctor-nurse-game«. Ein Spiel, was sich auch heute noch zwischen Pflegenden und Medizinern abspielt. Obwohl Frau Pietsch selbst weiß, dass das Medikament Adalat bei den aktuellen Blutdruckwerten reduziert werden sollte, sagt sie dieses nicht, sondern weist lediglich auf die gesunkenen Werte hin. Damit gibt sie die Vorlage für Dr. Albert, der nun seinerseits die Medikation reduziert, was ja seine Aufgabe ist. Beim »doctor-nurse-game« sagen Pflegende nicht direkt, was sie denken, sondern machen Andeutungen, die den Arzt dazu bringen, Aufgaben anzuordnen [182]. So mischt sich die Pflegefachkraft nur indirekt in die Behandlung und akzeptiert, dass der*die Mediziner*in die alleinige Befugnis hat, die Medikation zu ändern.

Bei diesem Spiel zwischen Pflegenden und Mediziner*innen werden Autoritätsverhältnisse zementiert und eine echte partnerschaftliche Zusammenarbeit unterbunden. Es kommt nicht selten vor, dass berufserfahrene Pflegefachkräfte bei medizinischen Anfängern einen großen Teil der Visite mit diesem Spiel bestreiten und dem*der jungen Arzt*in letztlich das Gefühl geben, er*sie habe seine*ihre Aufgabe gemacht. Dabei hat eigentlich die Pflegefachkraft die Entscheidung getroffen. In den USA war dieses

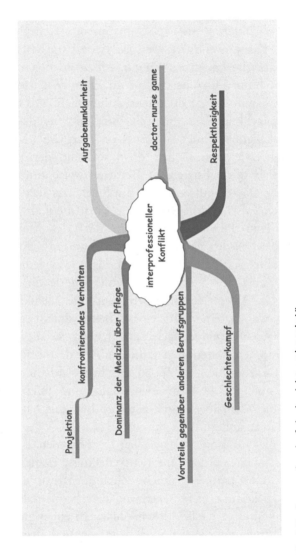

Abb. 4.3 Mindmap „das darf doch nicht wahr sein!"

Spiel in den 1960ern sehr verbreitet, während sich das in den 1990ern durch die zunehmende Akademisierung der Pflege relativierte [183]. In Deutschland scheint dieser Umgang von Pflegenden mit Mediziner*innen noch sehr tradiert zu sein.

Der Angriff von Dr. Albert auf Frau Pietsch ist aus verschiedenen Gründen unprofessionell.

- Frau Pietsch wird beschuldigt, ihre Arbeit nicht korrekt erledigt zu haben, ohne dass Dr. Albert rückfragt, wie sich das alle Beteiligten erklären (also Frau Pietsch und der Patient). Die Anschuldigung erfolgt also ohne Klärung der Fakten.
- Eine Mitarbeiterin vor den Patienten zu kritisieren, verstärkt die Herabsetzung und Respektlosigkeit und hat damit eine doppelte Wirkung. Das ist entwürdigend für Frau Pietsch und muss den Patienten letztlich verunsichern, da hier die Fachkompetenz der Pflegefachkraft angezweifelt wird.
- Dr. Albert konstruiert Zusammenhänge, die jeglicher Grundlage entbehren. So soll Frau Pietsch nicht nur ihre Arbeit nicht korrekt erledigen, sondern auch gleichzeitig kein Verständnis über DRG's und Kosteneffizienz haben. Hier sprechen wir vom sog. Horn-Effekt. Dabei wird von einem negativen Ereignis unreflektiert auf weitere andere negative Ereignisse geschlossen.
- Vor dem Hintergrund, dass Frau Pietsch älter ist und über 10 Jahre mehr Berufserfahrung verfügt als Dr. Albert wird das Benehmen von ihm zur reinen Farce. Hier kann ein Machtkampf der Geschlechter oder der Professionen das eigentliche Motiv sein.

Insgesamt muss die Reaktion von Dr. Albert als unreif und vorschnell verstanden werden, die verletzend und entwürdigend ist und zugleich das Vertrauen des Patienten untergräbt.

4.8   Spannungen zwischen Pflegefachkräften und Mediziner*innen

Dieses Spannungsverhältnis zwischen Pflegefachkräften und Mediziner*innen hat eine lange Tradition und beeinträchtigt nicht nur die Arbeitszufriedenheit sondern auch die Patientensicherheit [169]. Fehlende Zusammenarbeit der beiden Berufsgruppen lässt Behandlungsfehler in die Höhe schnellen. So ist beispielsweise im OP die mangelhafte Kommunikation der häufigste Grund für erhöhte Erkrankungs- und Sterberaten von Patienten in der Chirurgie [149]. Auf den Intensivstationen gefährden Konflikte der verschiedenen Berufsgruppen direkt die Sicherheit und das Überleben von Patienten, wie ein 30-köpfiges Forschungsteam feststellte. Sie untersuchten 323 Intensivstationen in 24 Ländern und fanden heraus, dass die Konflikte zwischen Pflegenden und Ärzt*innen am häufigsten sind. Die Hauptursachen für Konflikte sind persönliche Feindseligkeiten, fehlendes Vertrauen und Kommunikationsabbrüche [12].

Das hat ernsthafte Folgen. Die Auswertung einer Haftpflichtversicherung für Mitarbeiter*innen im Gesundheitswesen in den USA ergab, dass allein 21 % der Behandlungsfehler nachweislich auf mangelnde Kommunikation der Berufsgruppen zurück zu führen ist [185]. Die Dunkelziffer dürfte dabei um einiges höher liegen.

Eine Untersuchung zeigte auf, dass 90 % der Pflegefachkräfte im Verlauf eines Jahres zwischen 6–12 unangemessene Szenen zwischen Ärzt*innen und Pflegenden erleben [130]. Dass die Kommunikation zwischen den beiden Berufsgruppen nicht klappt, zeigt auch eine kanadische Studie am Beispiel der morgendlichen Schichtübergabe. An 26 Tagen führten Devlin und ihr Team [51] Beobachtungen durch und begleiteten Mediziner*innen im ersten Jahr ihrer Karriere im Nachtdienst. Es wurden insgesamt 141 klinisch bedeutsame Ereignisse ermittelt, deren Information für die nächste Schicht wichtig war. Von diesen Ereignissen gab der*die Arzt*in 40,4 % nicht an den Frühdienst weiter und 85,8 % wurden nicht dokumentiert [51].

In einer Studie über Verhaltensweisen von Pflegenden und Mediziner*innen, mit denen das eigene Selbstwertgefühl aufrecht erhalten wird, kommt Kannig zu interessanten Ergebnissen. Denn beide Berufsgruppen bevorzugen eindeutig konfrontatives Konfliktverhalten und schreiben der jeweils anderen Berufsgruppe die Verantwortung für Konflikte zu [103]. Dieser Mechanismus wird Projektion genannt und reduziert die Selbstreflexion des eigenen Handelns, zugunsten einer Überbewertung von Fehlern bei anderen.

Beide Berufe sind enormen Belastungen ausgesetzt, die im alltäglichen Miteinander zu Spannungen führen können. Die Ursachen für die erlebten Belastungen sind jedoch unterschiedlich. Diese sollen im Folgenden weiter ausgeführt werden.

4.8.1 Geschichte der Belastungen für Pflegefachkräfte

Im Mittelalter waren es die weisen Frauen, die als Heilerinnen tätig waren. Im Rahmen der Hexenverfolgung folterte die Kirche den Frauen ihr Wissen ab und Ärzte protokollierten als Sachverständige diesen Prozess. Damals waren Ärzte nicht besonders erfolgreich und hatten kein besonders gutes Image in der Bevölkerung. Mit der Einrichtung der Universitäten wurde dieses erfolterte Wissen (insbesondere gynäkologische Kenntnisse) dort weitergegeben. Mit dem Ausschluss der Frauen aus den Universitäten festigten die Männer ihre Vormachtstellung in der Medizin und akzeptierten Frauen lediglich in Assistenzberufen [25].

Hier hat also ein Machtwechsel zwischen Männern und Frauen um das Vorrecht auf die Ausübung der Medizin stattgefunden. Damals machten die Heilerinnen die Erfahrung, für ihr Wissen getötet zu werden. Interessanterweise verhalten sich Pflegefachkräfte heute ähnlich vorsichtig, und stehen nur eher zögerlich zu ihren Kenntnissen. Daan van Kampenhout [101] erklärt dies damit, dass jede Berufsgruppe eine Art kollektive Seele hat, in der sämtliche Erfahrungen der Berufsangehörigen eingespeist werden. Traumatisierende Erfahrungen können dabei jahrhundertelang wirken und die einzelnen Mitglieder des Berufes beeinflussen. Aus der Methode der Familienskulptur oder des Familienstellens wissen wir, dass traumatische Ereignisse unbewusst über viele Generationen weitergeben werden können und ihre Wirkung bei Familienmitgliedern entfalten, welche die Zusammenhänge nicht einmal erahnen. Auch bei Organisationsaufstellungen können Mitarbeiter*innen von Firmen Verhaltensweisen zeigen, die sich nur durch einen Rückblick in die Geschichte der Organisation erklären lassen [93].

Der DAK Gesundheitsreport 2020 zeigt auf, dass Mitarbeiter*innen aus dem Gesundheitswesen überdurchschnittlich häufig krank sind und liegen somit an zweiter Stelle, direkt nach den Kurierdiensten. Pflegende sind besonders belastet und weisen insbesondere Muskel-Skelett-Erkrankungen und psychische Erkrankungen auf. Bereits 2005 stellte der Krankenpflegereport der DAK deutlich erhöhte Belastungen für die stationäre Pflege fest [80] und 2006 für die ambulante Pflege [81].

Das selbstbestimmte Entscheiden und Handeln (Autonomie) ist der wichtigste Faktor für Berufszufriedenheit der Pflegefachkräfte [88]. Während im Jahr 1999 noch 30 % der Pflegenden angaben, Mitbestimmungsmöglichkeiten zu sehen und von den Vorgesetzten gehört zu werden, war dieses im Jahr 2005 nur noch bei 16 % der Pflegenden der Fall. Damit sehen sie ihre Partizipationsmöglichkeiten deutlich beschränkt. Und eine begrenzte Autonomie erhöht die Berufsunzufriedenheit, das Stresspotenzial und die Burnout-Gefahr [26]. Je weniger Selbstbestimmungsmöglichkeiten Pflegende für sich haben, desto größer die Fluktuation und desto mehr wird die pflegerische Fachkompetenz und damit die Pflegequalität untergraben [3, 125].

An zweiter Stelle beeinflussen die interpersonalen Beziehungen die berufliche Zufriedenheit der Pflegenden [37]. Eine gute Teamatmosphäre und die wertschätzende Zusammenarbeit mit anderen Gesundheitsberufen, insbesondere Mediziner*innen, ist für Pflegende ein hohes Gut [41].

Die Zunahme der Arbeitslast in der Pflege hat enorme Auswirkungen auf das körperliche und seelische Wohlbefinden der Pflegefachkräfte. So fand Linda Aiken [2] in einer großen Studie mit über 10.000 Pflegefachkräften Folgendes heraus:

- Mit jedem zusätzlichen Patienten, welche Pflegefachkräfte über ihr eigentliches Pensum hinaus betreuen müssen, steigt die Burnout-Quote um 23 % und senkt die Berufszufriedenheit um 15 %.
- Ebenso steigt das Sterberisiko für die Patienten um 7 % für jeden zusätzlich zu versorgenden Patienten.

Diese Untersuchung wurde 2014 in 9 Ländern Europas wiederholt und es nahmen 300 Kliniken und über

420.000 Patienten über 50 Jahre daran teil [3]. Die Ergebnisse von 2002 konnten bestätigt werden. Darüber hinaus gab es noch ein weiteres interessantes Ergebnis:

- Jeder Zuwachs von 10 % der Pflegekräfte mit Bachelorabschluss reduziert die Wahrscheinlichkeit der Sterberate ihrer Patienten binnen 30 Tagen um 7 %.

Damit belegt die Untersuchung zweifelsfrei, dass ein Pflegestudium einen positiven Einfluss auf die Pflegequalität hat.

Neben der hohen Arbeitslast, dem Schichtdienst, den emotionalen Herausforderungen wie die Sterbebegleitung oder die Anfeindung von Patienten erleben Pflegefachkräfte einen Autonomieverlust, der sich negativ auf die Berufszufriedenheit auswirkt. Die eingeschränkte berufliche Selbständigkeit wird insbesondere mit dem Verhalten der Mediziner*innen gegenüber den Pflegefachkräften erlebt.

4.8.2 Belastungen der Mediziner

Thomas Bergner ist Mediziner mit eigener Praxis und gleichzeitig Coach für Führungskräfte. In seinem Buch »Burnout bei Ärzten« kommt er zu dem Schluss, dass dieses Phänomen mindestens 20 % der Ärzte betrifft, was erschreckend viel ist [23]. Die Sucht und der Suizid stellt für Ärzt*innen das größte Gefährdungspotenzial dar. 10–15 % der Medizine*innenr sind substanzmittelabhängig. Die Leberzirrhose kommt bei Ärzt*innen 3-mal häufiger vor, als bei vergleichbaren Gruppen [165]. Von den männlichen Assistenzärzten greifen 35 % und von den weiblichen immerhin 19 % regelmäßig zu Cannabis [60].

Wenn Mediziner*innen vorzeitig versterben, ist die häufigste Ursache hierfür ein Suizid [73]. Da die meisten Ärzt*innen sich nicht öffentlich ihr Leben nehmen, ist die Dunkelziffer groß. Für Mediziner liegt die Suizidrate 2- bis 3-mal höher als bei der Gesamtbevölkerung und für Medizinerinnen sogar bei 5- bis 6-mal höher [175]. Ursachen für Belastungen auf, die bei Medizinern zu Burnout führen können (Abb. 4.4):

1. Ärztliche Ausbildung als Einstieg zu Burnout: Die militärischen Grundsätze der Ausbildung verhindern ein einfühlsames, patientenzentriertes Verhalten.
2. Misstrauen und Omnipotenzanspruch: Sich auf niemanden verlassen und alles selbst machen.
3. Unzureichende Entschädigung: Gesellschaftlicher Status und die monetäre Entlohnung für Ärzt*innen ist gesunken.

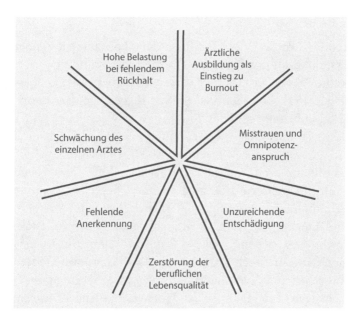

Abb. 4.4 Sieben hauptsächliche Burnout-Faktoren

4. Zerstörung der beruflichen Lebensqualität: Der Eingriff von Versicherungen, Qualitätskontrollen und Standesorganisation wird als Autonomieverlust erlebt.
5. Fehlende Anerkennung: Durch die Zunahme an chronischen Erkrankungen sinken Kurationserfolge und Patientenlob bleibt aus, weil Gesunde nicht für ein Feedback wiederkommen.
6. Hohe Belastung bei fehlendem Rückhalt: Verantwortungsvolle Tätigkeit mit vielen Überstunden und wenig Unterstützung durch Kolleg*innen oder Familie.
7. Angegriffene Persönlichkeit: Der persönliche Allmachtsanspruch führt zur Arbeitssucht und Ausbeutung der eigenen Person.

4.8.3 Ursachen für die Spannungen zwischen Pflege und Medizin

Teddie Potter (2014) hat die Forschungen über Dominanzkulturen und Partnerschaftskulturen von Riane Eisler (1987) auf das Gesundheitswesen übertragen [63]. Die Dominanzkultur ist geprägt von autoritärer Führung, der Unterordnung des Weiblichen unter das Männliche, ein hoher Anteil an Missbrauch und Gewalt sowie der Verbreitung von Geschichten, welche Dominanz und Gewalt rechtfertigen und idealisieren [62]. Partnerschaftskulturen kennzeichnen sich durch demokratische Führung, Gleichstellung von Männern und Frauen, gegenseitigem Respekt und geringer Gewalt, sowie Geschichten, welche Empathie und fürsorgende Beziehungen hoch gewichten. Das Gesundheitswesen muss derzeit als Dominanzkultur verstanden werden.

Irmgard Hofmann ist der Frage nachgegangen, warum es im interprofessionellen Dialog zwischen Ärzten und Pflegenden Schwierigkeiten gibt. Sie hat eine Reihe von Ursachen gefunden [91]:

1. Unterschiede im beruflichen Selbstverständnis: Während der ärztliche Auftrag gesellschaftspolitisch klar umrissen und in der Berufsordnung verankert ist, kämpft die Pflege mit ihrem Doppelmandat, also dem Spagat zwischen ärztlicher Assistenz und eigenständiger Pflege. Imageträchtigere Assistenztätigkeiten entwerten dabei die Pflegearbeit.

2. Aufgrund der unterschiedlichen Ausbildungsgänge in Deutschland (Studium vs. Berufsausbildung) sprechen beide Gruppen unterschiedliche Sprachen, was sich auch auf das Selbstvertrauen auswirkt.

3. Die Verantwortung und Entscheidung über Diagnostik und Therapie liegt bei den Mediziner*innen, während für den assistierenden Bereich eine Weisungsbefugnis für die Pflegenden gilt. Das Pflege auch eigenständige Tätigkeiten nachweist, gerät bei den Mediziner*innen oft aus dem Blickfeld.

4. In der Kuration sind die Assistenztätigkeiten der Pflege größer, während bei chronischen Krankheiten die eigenständige Pflege überwiegt. Zugleich sind der Kuration mehr finanzielle und gesellschaftspolitische Aufmerksamkeit zugedacht als der Pflege, was diese wiederum entwertet.

4.8.4 Was Ärzte und Pflegefachkräfte gegen die interprofessionellen Schwierigkeiten tun können

Interprofessionelle Kommunikation zahlt sich aus, dass konnte in einigen Studien nachgewiesen werden. Besonderen Benefit haben Patient*innen mit komplexen Erkrankungen [98] und chronischen Krankheiten [202]. Bei den Mitarbeiter*innen einer Intensivstation reduzierte die interprofessionelle Zusammenarbeit (IPC) die Krankheitsrate und Fluktuation [142]. Darüber hinaus senkt die Gesprächsführungskompetenz die empfundene Stressbelastung sowie die Neigung zu Depression und Ängsten und steigert die berufliche Zufriedenheit [128].

4.8.4.1 Das Missing Link schließen

Beiden Berufsgruppen fehlt etwas sehr wichtiges, damit die Zusammenarbeit funktioniert [189]. Den Pflegenden fehlt die Rollenklarheit und damit verbunden ist die Fähigkeit ein klares Feedback zu geben [42, 99]. Wenn Pflegende verbal angegriffen werden verteidigen sie sich oft nicht. Damit geben sie diesem*dieser „Grenzüberschreiter*in" ein falsches Signal. Denn wenn unangemessenes Verhalten nicht sofort an den Angreifer zurück gemeldet und die entsprechende Grenze aufgezeigt wird, bedeutet das für den Angreifer: „gut so, weiter so." [189]. Hier braucht es also Trainings für klares Feedback und Grenzen setzen.

Den Ärzten fehlt Empathie. Diese Fähigkeit verlernen sie bereits im Studium, was viele Studien belegen [10, 40, 92]. Dadurch können sie sich nicht so gut in ihr Gegenüber versetzen und verstehen manchmal wichtige Zwischentöne in Gesprächen nicht. Mit diesem weniger einfühlsamen Verhalten versuchen sich Ärzt*innen gegen die hohen emotionalen Belastungen des beruflichen Alltags zu schützen [151]. Die gute Nachricht ist, dass Mediziner*innen Empathie wieder lernen können. Das konnte in 15 von 18 Studien nachgewiesen werden [18].

Beide Berufsgruppen benötigen mehr Fähigkeit zur Selbstreflexion ihrer jeweiligen Tätigkeit, um das kommunikative Miteinander professioneller zu gestalten. Der gegenseitige Respekt und die Bereitschaft der kritischen Selbstbetrachtung bildet die Basis für eine vertrauensvolle Zusammenarbeit. Das lässt sich in gemeinsamen Teamtrainings lernen.

Da im Gesundheitswesen die Dominanzkultur herrscht, geht Potter (2014) der Frage nach, wie diese sich in eine Partnerschaftskultur transformieren lässt [63]. Zunächst gilt es alle Muster von Dominanz aufzuspüren, sowohl der Pädagogik als auch den rigiden beruflichen Hierarchien. In den Ausbildungen gilt es alte Bilder loszulassen, in denen Schüler/Studierende leere Fässer sind, die es mit Frontalunterricht zu füllen gilt. Stattdessen müssen wir die Schüler/Studierende als gleichwertige Partner sehen, die sich selbst aktiv das notwendige Wissen aneignen und die Lehrer*innen sie dabei individuell begleiten. Im Gesundheitswesen gilt es alle Berufsgruppen für Muster von Dominanz zu sensibilisieren und diese Dominanz mit den Kosten in Verbindung zu setzen, die diese verursachen. Die fehlende partnerschaftliche Zusammenarbeit der Berufsgruppen führt zu Missverständnissen, Fehlern, Unfällen und damit zu hohen Kosten.

Erst wenn die unterschiedlichen Berufsgruppen im Gesundheitswesen gemeinsam ausgebildet werden und zusammen in gemeinsamen Modulen erfahren, wie sie voneinander lernen, über einander lernen und miteinander lernen, können sich tragfähige Partnerschaftskulturen entwickeln.

Damit Pflegefachkräfte sich mit ihren eigenen Kompetenzen im Gesundheitswesen nicht auch noch selbst entwerten hat Potter (2013) die Basiskenntnisse der Pflege in vier Domänen zusammengefasst, die Pflege so besonders macht [161]:

- Präsent sein;
- Aktiv pflegen;
- Heilsame Geschichten transportieren;
- Evidenzbasiert wissenschaftlich pflegen.

Mit diesen vier Domänen stellt Pflege ein großes Potenzial heilsamer Ressourcen zusammen, welche den Patient*innen bei ihrer Gesundung, der Auseinandersetzung mit der Erkrankung oder auch dem friedvollen Sterben große Dienste erweisen.

In der interprofessionellen Kommunikation spielen folgende Aspekte eine zentrale Rolle: Zusammenarbeit, Koordination, Delegation, Netzwerken und sich zum Fürsprecher der Patient*innen machen [9].

Dazu gehört auch die ehrliche Auseinandersetzung mit den Gefühlen. Die Sorgen und Nöte der Patient*innen berühren auch unsere eigenen Ängste. Abwehrmechanismen können kurzfristig sinnvoll sein, schaden jedoch auf Dauer, da sie Teile von uns abspalten und die Authentizität schmälern. So kommt im Gesundheitswesen häufig der Abwehrmechanismus der Isolierung zum Einsatz [186]. Hierbei werden Gefühle abgespalten, um handlungsfähig zu bleiben. Wenn z. B. bei einer Reanimation alle aufkommenden Gefühle zugelassen werden würden, wären die Helfer nur begrenzt handlungsfähig. Diese isolierten Gefühle müssen allerdings später wieder integriert werden, indem gemeinsam ehrlich über die erlebte Situation erzählt wird und aufkommende Emotionen zugelassen werden.

4.8.4.2 Mit O.U.T gegen Burnout

Da die Pflege und die Medizin zu den Spitzenreitern bei den Burnout-Berufen zählen, besteht Handlungsbedarf in der Burnout-Prophylaxe (Top im Job: Nicht ärgern, ändern; [36]). Das O.U.T.-Programm gegen Burnout nimmt drei Ebenen in den Blick, die es zu verändern gilt [23]:

- das Innerpsychische (Körper, Seele und Geist),
- das Zwischenmenschliche (Beziehungen),
- die Außenfaktoren (Strukturen, Rahmenbedingungen).

O.U.T steht hierbei für verschiedene Interventionsbereiche. O bedeutet »own«, also was aus eigener Kraft verändert werden kann. U meint »useful utilities«, also brauchbare Hilfsmittel und T steht für »therapy«. Im Zwischenmenschlichen spielt die Schulung der Kommunikation eine zentrale Rolle.

Für Mediziner*innen ist es wichtig, ihre gesellschaftliche Frustration (Statusverluste, monetäre Verluste, Autonomieverluste) nicht an Pflegefachkräften auszulassen. Es ist ein gedanklicher Kurzschluss zu glauben, dass die Abwertung anderer Berufsgruppen die eigene aufwertet.

Die Erwartungshaltung an Ärzt*innen ist enorm. Sie sollen sich unermüdlich in den Dienst kranker Menschen stellen, zulasten eines ausgleichenden Privatlebens. Das dankbare Lächeln ihrer Schutzbefohlenen soll als Entlohnung die persönlichen Verzichte wett machen. Burnout-gefährdete Ärzt*innen laufen Gefahr, den gesellschaftlichen Druck zu verinnerlichen und sich selbst zu viel abzuverlangen.

Für Pflegefachkräfte ist es wichtig, dass sie die Opferrolle aufgeben und proaktiv werden. Statt zu jammern und alles aus der Perspektive von Problemen oder Schwierigkeiten zu sehen ist hier eine Änderung des Blickwinkels erforderlich, um in Möglichkeiten, Potenzialen, Ressourcen und Einflussoptionen zu denken.

Pflegefachkräfte ärgern sich oft über vieles (Autonomieverlust, gesellschaftliche Entwertung, fehlende kollegiale Unterstützung, etc.), was viel Energie bindet. Diese Energie könnte konstruktiver genutzt werden, indem sie sich mit anderen verbinden (»networking«), Verantwortung für die Selbstpflege übernehmen und die ihnen zustehende Macht selbst ergreifen, statt zu warten, dass es jemand macht. (Top im Job: Nicht ärgern, ändern).

Judith Fitzgerald Miller [143] beschreibt innovative Formen pflegerischer Betreuung, welche Patient*innen helfen sollen Copingstrategien für den Umgang mit ihrer

Erkrankung zu entwickeln. Die gleichen Interventionen können Pflegefachkräfte für sich selbst anwenden, um das Gefühl eigener Machtlosigkeit zu überwinden. Dazu zählen:

- Imagination als Bewältigungsmethode,
- Verhaltensveränderung,
- Steigerung des Selbstwertgefühls,
- Wecken von Hoffnung.

Für alle Berufsgruppen im Gesundheitswesen ist es wichtig, dass sie gemeinsame Ausbildungen, gemeinsame Fortbildungen und gemeinsame Teamtrainings machen. Die Robert Bosch Stiftung hat sich in Deutschland für die interprofessionelle Zusammenarbeit im Gesundheitswesen stark gemacht und für die Erforschung dieses Themas 2,9 Mio. Euro investiert. So konnten an einigen Kliniken sehr erfolgreich interprofessionelle Ausbildungsstationen entwickelt werden. Hier arbeiten Pflegeschüler und Medizinstudierende gemeinsam und übernehmen selbst die Verantwortung, während qualifiziertes Personal für Rückfragen zur Verfügung steht [152].

Gefördert wurde beispielsweise das Uniklinikum Regensburg, welches ein interprofessionelles Modell des Managen, Forschen, Lehren und Arbeitens entwickelte. Hier geht man davon aus, das empathische High-End-Medizin nur interprofessionell funktioniert [129].

Der Vorteil des gemeinsamen Lernens liegt darin, dass nicht nur miteinander gelernt wird, sondern auch über einander und voneinander. Zum Beispiel macht es überhaupt keinen Sinn separate Führungstrainings anzubieten. Wenn alle Berufsgruppen die gleichen Trainings gleich miteinander machen, können die Teilnehmenden direkt vor Ort ihre Probleme miteinander ansprechen und klären. Das spart Ressourcen und hält gesund.

Schließlich zahlt sich interprofessionelle Zusammenarbeit (IPC) aus. So berichtet das Deutsche Ärzteblatt vom
Krankenhaus Märkisch-Oderland, indem durch IPC die
Verweildauer der Patient*innen gekürzt werden konnte
und auch die perioperative Komplikationsrate rückläufig
ist [181].

Zusammenfassend lässt sich sagen, dass die Pflegekräfte die Fähigkeit des Feedbacks lernen müssen und die
Ärzt*innen müssen lernen Empathie zu entwickeln, damit
beide Berufsgruppen zukünftig professionell zusammen
arbeiten können.

> **Praxistipp**
>
> In ihrem Buch »Transforming nurses anger and pain. Steps
> toward healing« zeigt Sandra Thomas auf, was Pflege-
> fachkräfte wütend macht, welchen Schmerz sie beruflich
> erleben und was sie dagegen tun können [138, 194]. Eine
> immer noch empfehlenswerte Lektüre!

4.8.4.3 Kommunikation in Notfallsituationen

Oft unterscheiden sich Pflegefachkräfte und Ärzte in ihrer
Persönlichkeit und damit auch im Kommunikationsverhalten. Zurückgehend auf das im Kap. 2 beschriebene
Persönlichkeitsmodell mit den 4 Typen: Dauer, Wechsel,
Nähe, Distanz lässt sich sagen, dass Ärzt*innen sich eher
im Distanzbereich eingruppieren und Pflegefachkräfte
eher im Nähebereich. Während also Ärzt*innen eher (und
manchmal nur) an Zahlen, Daten, Fakten interessiert sind,
spielt für Pflegefachkräfte die soziale Situation oder das
Krankheitserleben des Patienten eine bedeutsame Rolle.

Damit sich Ärzt*innen in Notfallsituationen auf den
Fall konzentrieren können ist es wichtig, sie nicht mit
emotionalen Aspekten abzulenken. Das SBAR Modell

wurde für die Kommunikation in Notfallsituationen ent-
wickelt. Dieses standardisierte Verfahren wurde ursprüng-
lich bei der Navy eingesetzt, um über eine systematische
Sprachregelung Katastrophen zu verhindern. Das
Akronym steht für Situation, Background, Assessment,
Recommendation.

Situation
Hier wird die aktuelle Situation geschildert.

> z. B.: „Ich rufe Sie an wegen der Patientin Frau Klein,
> die aktuell einen Blutdruck von 85 zu 50 mmHg und
> einen Puls von 184 hat."

Background
Es erfolgt eine knappe Darstellung des notwendigen
Hintergrundes.

> z. B: „Frau Klein ist 58 Jahre und hat heute ihren 3. Post-
> operativen Tag nach einer Hysterektomie. Eine Hypo-
> tonie oder Tachycardie ist bei ihr bisher nicht bekannt
> und sie nimmt auch keine Medikamente diesbezüglich.
> Sie ist ansprechbar aber müde und blass."

Assessment
Nun schätzt die Pflegefachkraft die Situation und mögliche Ursache der Symptomatik ein.

> z. B. „Ich denke Frau Klein hat eine innere Blutung"

Recommendation
Hier wird nun eine Empfehlung ausgesprochen, was zu
tun ist.

> z. B. „Ich schlage vor den gynäkologischen OP auf einen
> Notfall vorzubereiten und bitte Sie, sich die Patientin
> dringend anzusehen."

Das SBAR-Modell findet seit einigen Jahren Anwendung in deutschen Kliniken. Einige Teams aus der Notfallaufnahme oder den Intensivstationen richten anhand dieses Modells ihre strukturierte Übergabe des*der Patient*in aus [55].

4.9 Gewaltfreie Kommunikation

> Das Gespräch ist die einzige Brücke zwischen den Menschen. (Albert Camus)

Die Energieverluste für Mitarbeiter*innen des Gesundheitswesens durch eine aggressive Kommunikation sind enorm, unabhängig davon, ob es sich um offene oder verdeckte Formen gewalttätiger Kommunikation handelt. Feindseliges Verhalten innerhalb einer Profession und respektloses Verhalten zwischen den Professionen kosten nicht nur die Mitarbeiter*innen Kraft, sondern senken auch die Arbeitszufriedenheit und steigern die Ausfälle durch Krankheit sowie die Fluktuation [189].

Im Gesundheitswesen ist unprofessionelle Kommunikation der größte vermeidbare Kostenfaktor [87]. Marshall Rosenberg [167] hat die Methode der gewaltfreien Kommunikation (GFK) entwickelt, welche sich in Schulen, Behörden und Unternehmen der Wirtschaft bewährt hat. Das Konzept ist sowohl für den beruflichen und politischen Bereich gedacht als auch sehr gut privat nutzbar. Rosenberg begann in den 1960er Jahren die Rassentrennung an Schulen und Universitäten aufzulösen und engagierte sich für friedliche Lösungen aller Menschen. Heute findet die Methode GFK auf allen Erdteilen ihren Einsatz.

Das Konzept der gewaltfreien Kommunikation ist leicht zu erlernen. Allerdings erfordert die Umsetzung in den Alltag einiges an Übung.

4.9.1 Das Konzept der gewaltfreien Kommunikation (GFK) nach Rosenberg

Die gewaltfreie Kommunikation beruht auf 4 Schritten [167]:

- Beobachtung,
- Gefühl,
- Bedürfnis,
- Bitte.

Bei der Beobachtung geht es darum, die erlebte Situation wertfrei zu schildern. Jede Form von Bewertung kann beim Gegenüber als Kritik verstanden werden und Abwehr oder Angriff auslösen, was eine gelingende Kommunikation verhindert.

Das Gefühl, welches mit der erlebten Situation in Verbindung steht wird ehrlich zum Ausdruck gebracht.

Das Bedürfnis, welches sich hinter dem Gefühl liegt, wird ausgesprochen.

Abschließend wird eine klare Bitte geäußert, die sich auf eine konkrete Handlung bezieht. Rosenberg unterscheidet Bitten von Wünschen. Während sich Bitten auf die jetzige aktuelle Situation beziehen, sind Wünsche für die Zukunft gedacht.

Die entscheidende Grundlage für das Gelingen einer gewaltfreien Kommunikation liegt in der Empathie, also dem Einfühlen in das Gegenüber. Statt jemanden vorzuverurteilen gilt es genau hinzuhören und hineinzuspüren, worum es dem Gesprächspartner eigentlich geht.

Fallbeispiel „Wie bitte?"
Die Pflegefachkraft Anna Pfahl aus Hannover zieht nach München und ist dort seit 3 Monaten in der inneren Abteilung tätig. Während sie selbst mit ihrem Hoch-

deutsch von allen gut verstanden wird, hat sie Schwierigkeiten mit den bayrischen Fachausdrücken. So wird das
Steckbecken hier beispielsweise als »d' Tschüssi« (die
Schüssel) bezeichnet oder ein älterer unzufriedener Patient
mit »oider Grandler«. Da alle ihre Teamkollegen aus
Bayern kommen, muss Frau Pfahl immer wieder einzelne
Begriffe erfragen. Ihre Kollegin Evi Niederhuber kommt
aus Passau und ist für Frau Pfahl am schwersten zu verstehen.

Auf dem Flur spricht Frau Niederhuber Frau Pfahl an:

Evi Niederhuber: »Der oide Grandler wois ned wos a
wui. Tschüssi eini, Tschüssi aussi. Kost n gonzen Tag auf d'
Glocken renna. Des macht mi gonz narrisch.« (Auf hochdeutsch: Der unzufriedene Alte weiß nicht, was er will.
Das Steckbecken rein, das Steckbecken raus. Der klingelt
den ganzen Tag und dann muss ich rennen. Das macht
mich ganz verrückt.)

Anna Pfahl: »Wie bitte?«

Evi Niederhuber: »Wie bitte! Wie bitte!«, wobei sie
sichtlich verärgert versucht die Stimme von Frau Pfahl zu
imitieren.

Anna Pfahl: »Ich habe Sie nicht verstanden Evi, und
dann frage ich nach mit »wie bitte!« Was soll ich denn
sonst sagen?«

Evi Niederhuber ruft ärgerlich und laut über den
ganzen Flur: »Des hoist woss moinst!«. (Auf hochdeutsch:
das heißt: was meinst Du?)

Anna Pfahl ist irritiert über den Gefühlsausbruch und
weiß nicht, was sie falsch gemacht hat. Sie versucht genau
hinzuhören, was Evi eigentlich will: »Sie ärgert es, wenn
ich hochdeutsch spreche?«

Evi Niederhuber: »Des nervt, doss Sie allweil tun,
wie a fein Dame. Kennens net g'scheit redn? Miassn's so
g'schwoin daher redn?«. (Auf hochdeutsch: Das nervt,
dass Sie sich wie eine feine Dame aufführen. Können Sie

nicht gescheit reden. Müssen Sie sich so geschwollen ausdrücken?)

Anna Pfahl: »Wenn ich hochdeutsch rede Evi, dann
klingt das für Ihre Ohren geschwollen? Und Sie möchten,
dass ich bayrisch rede, damit ich Ihnen nicht wie eine
feine Dame daherkomme?«

Evi Niederhuber: »Jetzat kapiern's des!«

Anna Pfahl: »Oh Evi, ich habe doch nur hochdeutsch
gelernt! Das ist die Sprache, die mir meine Mutter bei-
gebracht hat. Mir war nicht klar, dass meine Muttersprache für Sie, mhm, ja, äh hochnäsig klingt.«

Evi Niederhuber: »Jo, preissich iss hochnäsig.« (Auf
hochdeutsch: ja, preußisch ist hochnäsig.)

Anna Pfahl: »Evi, mir ist es wichtig, dass wir beide gut
zusammen arbeiten. Und wenn Ihnen meine normale
Sprache weh tut, dann möchte ich gern versuchen bayrisch
zu lernen. Ich habe eine Bitte, Evi, würden Sie mir bitte
dabei helfen? Ich meine, wenn ich einige bayrische Aus-
drücke verwende, und die nicht richtig ausspreche,
würden Sie dann meine Bayrisch-Lehrerin sein?«

Evi Niederhuber ist verdutzt: »Jo, ähm, mhm, des dät
sie scho moch'n.«. (Auf hochdeutsch: Ja, das lässt sich
schon einrichten.)

Anna Pfahl: »Evi, danke dass Sie mir das gesagt haben.
Ich werde mir Mühe geben, aber Sie müssen Geduld mit
mir haben, okay?«

Evi Niederhuber: »Okay.«

Dieses Gespräch würde in einem Gedächtnisprotokoll
von Frau Pfahl etwa eine Woche nach dem Gespräch aufgezeichnet und mit der Autorin gemeinsam reflektiert.

Analyse des Gesprächs

Frau Pfahl hatte schon vor 2 Jahren an einem Training zur
gewaltfreien Kommunikation teilgenommen und diese
Methode öfter zum Einsatz gebracht. Im Gespräch mit

ihrer Kollegin Frau Niederhuber konnte sie daher alle 4 Schritte der GFK anbringen und den aggressiven Angriff so umleiten, dass ein Verstehen der Situation möglich ist.

Nachdem Frau Pfahl die Situation beobachtet hat versucht sie die Gefühle ihrer Kollegin zu ergründen, indem sie nachfragt »Sie ärgert es, wenn ich hochdeutsch spreche?«.

Frau Pfahl ist überrascht zu erfahren, dass ihre Muttersprache für Evi hochnäsig klingt. Sie weiß jedoch, dass viele Bayern etwas gegen Preußen haben und das scheint sich hier nun an der Sprache fest zu machen. Es ist also eher ein Kulturkonflikt als ein persönlicher zwischen den Kolleginnen. Frau Pfahl wird bewusst, dass sie mit ihrem hochdeutsch Frau Niederhuber beschämt, da diese nur bayrisch sprechen kann. Sie versucht dem Bedürfnis ihrer Kollegin sich bayrisch auszudrücken entgegenzukommen, indem sie dieser anbietet, diese Sprache zu lernen. Dazu bittet sie Frau Niederhuber sowohl um Geduld, als auch um Unterstützung.

Mit diesem Angebot schlägt Frau Pfahl einen Rollenwechsel vor: von der hochnäsigen Kollegin zur Schülerin. Damit macht sie deutlich, dass sie die Ängste von Frau Niederhuber ernst nimmt und sie als ihre Lehrerin akzeptiert. Zugleich wird ein Rollenwechsel vorgeschlagen, um Frau Niederhuber die Angst zu nehmen. So muss sich nicht Frau Niederhuber belehren lassen, wie korrekt deutsch gesprochen wird, sondern sie wird zur Lehrerin und bringt nun Frau Pfahl bayrisch bei.

4.10 Interprofessionelle Konflikte

Im Gesundheitswesen finden derzeit große Veränderungsprozesse statt. Es gibt kaum einen Markt, in dem »innerhalb kurzer Zeit so viele neue Gesetze und Verordnungen erlassen, wieder zurückgenommen, korrigiert und neu definiert wurden« [163]. Diese rapiden Wechsel in der Gesundheitspolitik und die ökonomischen Zwänge im Gesundheitswesen haben zur Folge, dass in immer kürzerer Zeit immer mehr Patient*innen mit multimorbiden Geschehen betreut und versorgt werden müssen. Nicht nur der Patient*innendurchlauf ist größer, sondern auch die Anzahl der zu versorgenden Patient*innen pro Fachkraft.

Linda Aiken [3] wies auf die Folgen einer solchen Zunahme der Arbeitslast für die Mitarbeiter*innen und Patienten*innen hin. Es führt zu mehr Missverständnissen und Fehlern und erhöht letztlich die Sterberate bei den Patiente*innen. Mit dem steigenden Arbeitsdruck steigen auch die Konflikte unter Kolleg*innen und mit anderen Berufsgruppen.

Fallbeispiel eines interprofessionellen Konflikts

Gewitter ohne Reinigung

Die Pflegefachkraft Anne Päz (42) hat bereits einen anstrengenden Vormittag auf der chirurgischen Station hinter sich bevor sie mit dem Stationsarzt Dr. Albert (29) zur Visite geht. Ein Patient hatte einen Herzstillstand und musste reanimiert werden. Die Reanimation gestaltete sich als schwierig, weil er eine Thoraxdrainage hatte, die bei der Herzmassage nicht verrutschen durfte und wegen Verwachsungen im Schilddrüsenbereich die Kanüle zur Beatmung nur mit Mühe gelegt werden konnte. Letztlich gelang es jedoch dem Anästhesisten und der Patient wurde auf die Intensivstation verlegt. Eine Patientin hatte Angst, bei der bevorstehenden OP zu versterben und musste getröstet und beruhigt werden. Drei weitere Patient*innen mussten auf die heutige OP vorbereitet werden, wobei einer sich schon aufgegeben zu haben schien. Er sah keinen Sinn mehr in einem weiteren Eingriff und ließ alles nur noch über sich ergehen. Nach dem Tod seiner Frau vor einem halben Jahr, war ihm so vieles egal geworden. Anne Päz hatte ihren Patient*innen aktiv zugehört und einige Gespräche klangen noch nach, als sie sich mit Dr. Albert zur Visite aufmachte.

Herr Schell (71) war gestern operiert worden. Das unklare Abdomen hat sich als Krebs im weit fortgeschrittenen Stadium herausgestellt. Alle Lymphknoten waren bereits befallen und in Leber und Lunge hatten sich Metastasen gebildet. Morgens hatte Herr Schell noch Frau Päz erzählt, dass er nächstes Jahr mit seiner Frau zum 50. Hochzeitstag eine Reise nach Marokko machen möchte. Das war immer der Traum der beiden, und jetzt möchten sie ihn wahr werden lassen.

Herr Schell sieht Dr. Albert erwartungsvoll an und sagt: »Morgen, Herr Doktor.«

Dr. Albert: »Morgen Herr Schell. Jetzt haben sie ja die Operation überstanden. Es war ein großer Eingriff und wir haben getan, was wir konnten.«

Herr Schell: »Ja, das ist gut. Dann kann ich ja wieder hoffen, oder?«

Dr. Albert: »Sicher können Sie hoffen. Man soll die Hoffnung schließlich nicht aufgeben. Wie fühlen Sie sich denn heute.«

Herr Schell: »Naja, noch'n bisschen schlapp. Aber mit der guten Nachricht geht es mir gleich besser.«

Dr. Albert: »Na, dann ist ja gut.«

Frau Päz zu Dr. Albert gewandt: »Wollten Sie Herrn Schell nicht noch was sagen?«

Dr. Albert schaut zunächst irritiert und dann verschlossen: »Nein, dazu muss ich erst noch die Blutwerte aus dem Labor abwarten. Solange ist alles gesagt.«

Als sie beide aus dem Zimmer sind spricht Frau Päz Dr. Albert ungehalten an.

Frau Päz: »Herr Dr. Albert, immer mehr Studien belegen, wie wichtig es ist, dass Krebspatienten ihre genaue Diagnose und Prognose kennen. Das gilt auch für Herrn Schell. Er hat noch so viel vor und muss seine Pläne machen können. Ich finde es wichtig, dass er die Wahrheit hören, meinen Sie nicht auch?«

Dr. Albert: »Es ist eine Anmaßung mir zu sagen, wie ich meinen Job zu machen habe. Außerdem hört jeder, was er hören will. Herr Schell wollte Hoffnung und die hat er bekommen. Was wollen Sie also?«

Frau Päz: »Ich möchte Sie nicht unter Druck setzen, Herr Dr. Albert. Ich mache Ihnen einen Vorschlag. Wenn Sie momentan nicht die Zeit für ein Aufklärungsgespräch finden, könnten Sie das ja auch an mich oder meine Kolleg*innen delegieren. Mir ist einfach nur wichtig, dass Herr Schell sein Lebensende planen kann. Er weiss einfach nicht, dass seine geplante Reise nach Marokko unrealistisch ist. Wenn Sie einverstanden sind, kann ich also diese Aufgabe gern übernehmen. Schreiben Sie die Anordnung einfach in die Dokumentation."

Dr. Albert: „Jetzt muss ich erst mal in den OP. Ich überlege mir das noch mal."

Nachdem Frau Päz der Autorin dieses Gespräch mündlich schilderte führte die Autorin mit beiden Beteiligten ein Nachgespräch unter vier Augen.

Analyse des interprofessionellen Konflikts aus drei Perspektiven

Perspektive der Pflegefachkraft Anne Päz

Frau Päz hat über 20 Jahre Berufserfahrung und hat sich regelmäßig fortgebildet. Sie hat eine Mentor*innenausbildung und Seminare in Gesprächsführung und Konfliktmanagement absolviert. Ihr besonderes Interesse gilt dem Wundmanagement. Zu diesem Thema hat sie bereits einen Vortrag auf einem Pflegekongress gehalten. Den jungen Dr. Albert erlebt sie als unsicher und hält ihn auf kommunikativer Ebene für nicht lernfähig. Mehrmals hat sie ihm schon mitteilen müssen, dass der Ton die Musik macht und für ein Gespräch mit einem Patienten mehr Empathie notwendig ist. Sie sieht, dass Dr. Albert Schwierigkeiten hat, mit Patienten zu reden, doch sieht sie keinerlei Bereitschaft von ihm, dieses Verhalten zu ändern.

Wenn Patienten nicht richtig über ihre Erkrankung aufgeklärt sind, bringt das die Pflegekräfte immer wieder in Loyalitätskonflikte. Die Aufgabe der Aufklärung fällt den Mediziner*innen zu und ist keine pflegerische Tätigkeit. Da Pflegekräfte den größten Teil der Zeit mit den Patienten verbringen und die Patienten sich gern bei ihnen rückversichern, ob sie die Mediziner*in richtig verstanden haben, bringt das die Pflegekräfte in ambivalente Situationen. Einerseits verlangen die Mediziner*innen Loyalität, andererseits haben die Patient*innen ein Recht auf die Wahrheit. Um aus diesem Konflikt herauszukommen, bleibt den Pflegefachkräften nichts anderes übrig, als die Mediziner*innen darauf zu drängen ihrer Aufgabe zur Aufklärung nachzukommen.

Frau Päz sieht, dass sie Dr. Albert unter Druck setzt, hat aber zugleich den Eindruck keine andere Wahl zu haben. Die arrogante Art von Dr. Albert, sich über wichtige Dinge hinwegzusetzen ärgert sie und verstärkt in ihr das Bedürfnis, diesem »jungen Kerl mit klaren Worten unter die Arme greifen zu müssen«. Es ist also kein Gespräch auf Augenhöhe, sondern eine Kritik an die Fairness des Arztes.

Perspektive des Stationsarztes Dr. Albert
Dr. Albert ist seit 3 Monaten Stationsarzt der chirurgischen Abteilung. Er versteht sich primär als Naturwissenschaftler. Seine Berufswahl war inspiriert durch seine Liebe zur Biologie und später zur Anatomie

und Physiologie. Kommunikation war im Studium kein Schwerpunkt und sie liegt ihm auch nicht. Seine ganze Energie hat er bisher darauf verwendet, sich in die verschiedenen Bereiche der Medizin einzuarbeiten. Auf die Chirurgie hat er sich immer gefreut. Der ständige Ärger mit den Pflegefachkräften seiner Station, insbesondere mit Frau Päz nervt ihn sehr.

Seine Strategie, im Umgang mit den Teammitgliedern war bisher, ihnen möglichst aus dem Weg zu gehen und die Gespräche auf das Notwendigste zu reduzieren. Oft hat er dort das Gefühl, etwas Falsches gesagt zu haben, deshalb hält er die Kommunikation knapp. Auch fühlt er sich dem Stationsteam gegenüber oft unterlegen, da sie alle viel mehr Erfahrung in der Chirurgie haben, doch er letztlich verantwortlich ist. Er weiß, dass eine gute Zusammenarbeit wichtig ist, doch die hohe kommunikative Kompetenz in diesem Team macht ihn oft hilflos. Ihm ist zwar klar, dass es wichtig ist die Patient*innen aufzuklären, doch im Beisein von Frau Päz findet er nicht die richtigen Worte. Deshalb übergeht er diese Aufgabe einfach. Er fühlt sich unter Druck gesetzt und dann kann er nur barsch reagieren. »Meine Leidenschaft ist die Medizin und kein emotionales Gequatsche.«.

Perspektive der Autorin

Der Konflikt zwischen Frau Päz und Dr. Albert ist viel komplexer, als es auf den ersten Blick erscheint. In meinem Gespräch mit beiden kamen noch eine ganze Reihe anderer schwelender Aspekte auf, die in diesen Fall hineinspielen. Ich werde zunächst auf Frau Päz und dann auf Herrn Albert eingehen.

Frau Päz gehört einem innovativen Pflegeteam an, welches sich vor ca. 5 Jahren entschlossen hat, auf professionelle Kommunikation zu setzen, insbesondere um sich nicht mehr von »Ärzten unterbuttern zu lassen.«. Alle

Teammitglieder sind in personenzentrierter Gesprächsführung nach Rogers geschult und einige haben zusätzlich Trainings in gewaltfreier Kommunikation nach Rosenberg absolviert. Die Stationsleitung hat einige Trainings in Coaching für Führungskräfte belegt. Das Team beschloss sich vom »doctor-nurse-game« (Abschn. 4.2) zu verabschieden und zu ihren eigenen Kompetenzen zu stehen. Das hatte zur Folge, dass Fehler bei Mediziner*innen sachlich und direkt angesprochen werden, statt diese vorsichtig und beschwichtigend anzumerken. Die Ärzt*innen werden damit nicht bloß gestellt, doch auf Augenhöhe angesprochen. Das sorgte anfangs für Wirbel in der Ärzteschaft, findet jedoch heute Zuspruch, da sich nun beide Berufsgruppen um offene Kritik bemühen und zugleich die gegenseitige Wertschätzung gestiegen ist. Dieses Stationsteam gilt im Haus als Vorzeigeteam, wenn es um Konflikt- oder Verhandlungsmanagement geht.

Etablierte und selbstbewusste Medizine*innenr arbeiten gern auf dieser Station, da sie die Verlässlichkeit und klaren Worte schätzen. Es gibt kaum Lästereien, da dieses der transparenten Kommunikation widerspricht, was die Mediziner*innen angenehm finden. Auch unter Pflegefachkräften ist dieses Team beliebt, doch wegen der ausgesprochen niedrigen Fluktuation gibt es kaum Chancen, dort Teammitglied zu werden.

Der Chefarzt der Chirurgie nimmt die kommunikativen Defizite bei Dr. Albert wahr und setzt ihn in diesem Team ein, damit er »gescheit reden lernt.« Dr. Albert erlebt dieses Angebot als eine »Strafmaßnahme«, die Widerstand in ihm hervorruft. Sich von Pflegefachkräften was beibringen zu lassen, findet er unangemessen.

Erschwerend hinzu kommt seine Körpergröße von 1,68 m, denn alle Teammitglieder sind deutlich größer als er. Auf anderen Stationen wird er auch »der kleine Albert«

genannt. Die gutgemeinte Maßnahme des Chefarztes fällt nicht auf fruchtbaren Boden, da Dr. Albert Selbstwertprobleme hat, die er mit Fachwissen zu kompensieren versucht. Statt sich auf den Vorschlag einzulassen, zieht er sich immer mehr zurück. Das führt dann zu Konflikten, wie dieses Mal mit Frau Päz. Je mehr die Teammitglieder ihn auf seine Schwächen hinweisen, desto mehr geht er in die arrogante und autoritäre Rolle. Irgendwie ist ihm das bewusst, doch er kommt nicht raus aus dem Teufelskreis.

Die Autorin empfahl ihm ein Gruppencoaching, sowie Gesprächsführungstraining für Mediziner*innen, was er dankbar annahm. Nach etwa fünfwöchigem Training war Dr. Albert so weit, offen und ehrlich mit den Teammitgliedern zu sprechen. Er gestand seine kommunikative Lücke und berichtete von seinen Schulungsmaßnahmen. Er bat um Geduld und teilte mit, dass er nun bereit sei, ihre Unterstützung anzunehmen, die er zuvor als Angriff erlebt hatte. Das Pflegeteam konnte sein ehrliches Angebot annehmen und als er nach einem dreiviertel Jahr die Station wechseln sollte, fiel allen der Abschied nicht leicht.

4.10.1 Was Organisationen für eine bessere Zusammenarbeit machen können

Die Patient*innenversorgung funktioniert nur durch die Kooperation aller im Gesundheitswesen Tätigen. Behandlungsfehler können durch Zusammenarbeit maßgeblich reduziert werden, was letztlich Menschenleben rettet. Um das zu ermöglichen, arbeiten unzählig viele Teams zusammen: das OP-Team, das Labor-Team, das Stationsteam, das Team der Notfallambulanz, der Verwaltung, das Führungsteam etc. Allen diesen Teams gemeinsam ist die relativ feste Zugehörigkeit der Teammitglieder. Oft gelingt eine positive Teamidentität auch erst in der Abgrenzung zu anderen und festigt dadurch nicht nur den Zusammenhalt, sondern untermauert auch die Grenze des Teams.

Und genau das ist für das Gesundheitswesen fatal. Es ist zwar verständlich, dass es nur ein kleiner Schritt ist von „wir sind ein tolles Team" (Teamgeist) bis zu „wir sind besser als andere" (Konkurrenzgeist). Doch genau dieses Konkurrenzdenken fördert Ausgrenzung statt Zusammenhalt. Deshalb sagt Amy Edmondson, die zu den Ursachen von Behandlungsfehlern im Gesundheitswesen forscht, dass nicht die Bildung von festen Teams die Patient*innenversorgung verbessert, sondern eine innere Haltung und entsprechendes Verhalten, selbst Teil eines flexiblen Teams zu sein [59].

Edmondson nennt dieses Mindset von eigenverantwortlicher, dynamischer Teamaktivität **teaming** und beschreibt damit ein Verb, also etwas, was im Tun entsteht. Die Corona-Pandemie hat einmal mehr deutlich gemacht, wie wichtig es ist, sich täglich auf neue Teamkonstellationen einlassen zu können und damit teaming zu betreiben. So kann es jederzeit passieren, dass Mitarbeiter kurzfristig in anderen Abteilungen einspringen müssen oder plötzlich spontan Teil eines Notfallteams sind, wenn gerade ein Patient in eine akute Krise gerät und sie zufälligerweise vor Ort sind.

Auch beim teaming werden einige typische Fähigkeiten der Teamarbeit abgerufen, wie der Aufbau von Vertrauen und das Klären von Zuständigkeiten und wie miteinander zusammen gearbeitet wird. Doch beim teaming fehlt üblicherweise die Zeit für die Entwicklung von familiärer Vertrautheit oder einer gemeinsamen Geschichte (Edmondson 2012:14). Um teaming zu ermöglichen, braucht es ein kollektives Lernen, indem Fragen gestellt, Informationen geteilt, Hilfe und Feedback gesucht wird und gemeinsam über Fehler geredet und neue Interventionen ausprobiert werden. Um ein solches Lernklima zu schaffen müssen Führungskräfte für psychologische Sicherheit am Arbeitsplatz sorgen, damit angstfrei gearbeitet werden kann [60].

4.10.2 Umgang mit Killerphrasen

> Manche Dinge sind so ernst, dass man nur über sie scherzen kann. (Werner Heisenberg)

Killerphrasen sind Sätze mit denen die Aussagen des Gegenübers abgewehrt, herabgesetzt oder abgelehnt werden. Sie werden auch Totschlagargument oder TINA-Prinzip genannt (TINA = there is no alternative). Sie zielen häufig auf die Person und nicht auf die Sache ab und sind in der Gesprächsführung wenig konstruktiv, denn sie blockieren neue Ideen. Ein Klassiker der Killerphrase im Gesundheitswesen ist der Ausspruch: »Das haben wir schon immer so gemacht!«. Der kommt natürlich aus der Ecke der Dauertypen. Obwohl der Satz keinerlei Erklärung bietet, warum etwas schon immer so gemacht wurde, drückt er dennoch aus: »Wir wollen das auch weiter so machen!«.

Mit einer Killerphrase soll das Gegenüber ausgebremst werden. Häufig werden dazu einfach Behauptungen in den Raum gestellt. In der Regel sind Killerphrasen unsachlich, abwertend, pauschal, blockierend, emotional oder verletzend.

Hierzu einige Beispiele des Kommunikationsberaters Marcus Knill [109]:

- Bewerten: »Das geht sowieso nicht.«.
- Behauptungen aufstellen: »Für so etwas haben wir keine Zeit.«.
- Vorwürfe machen: »Um das beurteilen zu können, fehlt Ihnen das Fachwissen.«.

- Nicht ernst nehmen, ironisieren oder verspotten: »Wenn das ginge, hätte es längst schon einer gemacht.«.
- Warnen und Drohen: »Auch Sie werden sich der Tatsache nicht verschließen können, dass....«.
- Überreden: »Das ist grundsätzlich richtig, aber bei uns nicht anwendbar.«.
- Herunterspielen: (Wie doch jeder weiß...«.
- Von sich reden: »Nachdem ich mich intensiv mit dem Thema beschäftigt habe, bleibt mir nichts anderes als vorzuschlagen, dass...«)

Es ist gut sich auf Killerphrasen vorzubereiten, insbesondere auf »die Klassiker Ihrer Organisation«. Da eine Killerphrase immer ein Angriff ist, kann ein Gegenangriff angemessen sein, wenn Sie selbst schlagfertig genug sind. Allerdings muss einem klar sein, dass man sich damit auf das gleiche Niveau begibt. Gleichzeitig läuft man Gefahr, sich Feinde statt Freunde zu schaffen. Und um Veränderungen zu initiieren, benötigt man eben Freunde, die mit einem an einem Strang ziehen. Deshalb ist bei der Reaktion auf eine Killerphrase immer auch der Ton entscheidend.

Auf den Klassiker »das haben wir schon immer so gemacht«, gibt es ganz unterschiedliche Antwortmöglichkeiten, die natürlich auch zu der Person passen muss, die antwortet, z. B.:

- »Na, dann wird es aber Zeit, dass sich das mal ändert!«, Gegenangriff.
- »Und wer sagt Ihnen, dass es bisher richtig war?«, Gegenfrage.
- »Bisher hat das ja auch ausgereicht, doch die derzeitigen Veränderungen im Gesundheitswesen stellen andere Ansprüche an uns. Deshalb müssen wir unser bisheriges

Verhalten neu überdenken und ggf. verbessern.«, Überzeugen.

- »Das ist ja ein starkes Argument und überzeugt mich sofort!«, Ironisieren, Versuch von Humor – Achtung: hierbei muss der Ton genau getroffen werden und sollte unbedingt humorvoll bleiben, ansonsten verkehrt sich die Ironie schnell in eine Beleidigung.

Eine gute Möglichkeit der Killerphrase zu kontern ist mit einer Frage zu reagieren, statt in die Rechtfertigung zu gehen:

- Wie sollten wir Ihrer Meinung nach vorgehen?
- Was genau irritiert Sie an diesem Vorschlag?
- Wo konkret sehen Sie Schwierigkeiten?
- Wer könnte uns dabei noch unterstützen?

Sie könnten auch in die Offensive gehen und die Killerphrase als solche aufdecken. Das sind dann allerdings deutliche Worte, mit denen vielleicht nicht jeder umgehen kann. Doch manchmal hilft eben auch Klarheit. Im Zweifel kann ich mich im Nachgang immer noch mal unter vier Augen entschuldigen. Hier wäre es dann wichtig, nicht zu sagen, dass man das nicht so gemeint hat. Sondern eher darauf abheben, dass die Worte wohl etwas deutlich waren und das Gegenüber vielleicht angegriffen haben, im Sinne von „Ich hoffe, ich bin dir vorhin nicht zu nahe gekommen. Falls doch, möchte ich mich dafür entschuldigen" Ein Beispiel die Killerphrase direkt zu entlarven könnte sein:

- Okay, das war jetzt das alte Totschlagargument und bringt uns in der Entscheidung nicht voran. Bitte lass uns respektvoll mit der knappen Zeit umgehen. Wir wissen ja, wieviel Energie das Jammern kostet. Ich möchte, dass wir die Energie nutzen und gemeinsam mutig in die Zukunft blicken, statt ängstlich den guten alten Zeiten hinterher zu jammen.

Schlagfertig kontern will gelernt sein. Auch hier macht Übung den Meister. Denn einige typische Killerphrasen kommen ja so regelmäßig, dass man sich darauf durchaus vorbereiten kann. Und vielleicht kann man dann mit Humor zum Gegenangriff ausholen.

Beispiel: „Sind Sie immer so naiv?"
Antworten: „Ich wollte auf Augenhöhe kommunizieren"

In einem Rehabilitationszentrum hat ein Psychologe regelmäßig die Zusammenarbeit mit der Sozialarbeiterin verweigert. In einem Führungstraining wurden hierzu mehrere Vorschläge der Reaktion für die Sozialarbeiterin gesammelt. Meine Lieblingsantwort ist diese paradoxe Intervention:

Psychologe: „Mit Ihnen rede ich nicht! Sie haben ja nicht
    mal studiert!"
Sozialarbeiterin: „Stimmt, aber dafür habe ich die 12.
    Klasse zwei Mal gemacht."

Mit dieser Antwort wird das Gespräch ad absurdum geführt und nennt dieses eine paradoxe Intervention.
Wenn Sie schon ahnen, dass auf Ihren Vorschlag mit einer Killerphrase reagiert wird, können Sie vorab an die Kommunikationsregeln ihres Teams erinnern:

- Bevor ich Euch einen Vorschlag mache, möchte ich uns alle noch mal an unsere Teamregeln erinnern, die wir uns erarbeitet haben. Insbesondere, dass wir respektvoll und wertschätzen miteinander umgehen wollen und von pauschalen Angriffen absehen, okay?

Praxistipp

Zum Thema Killerphrasen gibt es mittlerweile eine ganze Reihe an hilfreicher Literatur sowie Videos. Hier einige Tipps:

- Das Hörbuch von Sebastian Loos (Autor) und Max Hoffmann (Erzähler) (2020) Schlagfertigkeit: Kontern wie ein Profi: Wie Du mit den wirkungsvollsten Techniken Manipulation und Killerphrasen erfolgreich abwehrst und siegreich zum Gegenschlag ausholst. Work:change (Verlag)
- Matthias Nöllke (2009) Schlagfertig. Die 100 besten Tipps. Planegg/München: Haufe
- Lackner, Tatjana: Schwarze Rhethorik, youtube

Fazit

Die Kommunikation unter Kollegen im Gesundheitswesen ist häufig unprofessionell

- Sowohl bei Pflegefachkräften als auch bei Ärzt*innen kommt es vor, dass sie unprofessionell mit Kolleg*innen kommunizieren und reicht von Lästern (schlecht über jemanden reden) bis hin zu verdeckter (Sarkasmus, Ignorieren, Sabotage) oder offener Feindseligkeit (Beschimpfen, Einschüchtern, Demütigen).
- Die Folgen dieser lateralen Gewalt sind Verluste durch unzufriedene Mitarbeiter*innen mit steigenden Krankheitsraten, hohe Fluktuation oder Burnout. Die daraus entstehenden Kosten sind für das Gesundheitswesen enorm und werden auf 119 Mio. Euro täglich geschätzt [221].
- Eine lange Tradition des Wegsehens bei unprofessioneller Kommunikation hat sich im Gesundheitswesen ausgebreitet. Deshalb wird feindseliges Verhalten unter Kolleg*innen selten zum Thema mit dem Angreifer gemacht oder bei Vorgesetzten angezeigt.

- Solange diejenigen, die sich im Ton vergreifen kein Feedback für ihr Verhalten bekommen, haben diese keinen Grund ihr Verhalten zu verändern

Menschen im Gesundheitswesen sind von Gewalt bedroht

- In Kriegszeiten sind Gesundheitseinrichtungen beliebte Angriffsziele. Gewalt erfahren die Mitarbeiter*innen im Gesundheitswesen auch durch Zugehörige oder Patienten, insbesondere in der Notfallambulanz, der Psychiatrie und Geriatrie. Diese externe Gewalt ist als bedrohlich erlebt und kann die Mitarbeiter*innen enger zusammenschweißen.
- Bei lateraler Gewalt, auch horizontale Feindseligkeit genannt, greifen die Mitarbeiter*innen sich untereinander an. Diese Form der Aggression wird als belastender als externe Gewalt erlebt, da hier gegen weniger Schutzmechanismen erlernt wurden.

Teamarbeit braucht Vertrauen, Respekt und gute Kommunikation

- Wenn über Kolleg*innen gelästert wird, werden diese dadurch entwertet. In „lästerbegabten" Teams sehen sich Mitarbeiter*innen oft genötigt selbst mit zu lästern, aus Angst, selbst Opfer dieser abwertenden Gespräche zu werden.
- Bei hohem Lästerpotenzial sinkt die Moral und es wächst das Misstrauen. Das ist fatal, denn Vertrauen ist die Basis gelingender Teamarbeit.
- Lästern darf also nicht als Psychohygiene missverstanden werden, sondern muss als gefährlicher Virus begriffen werden, der die gesamte Teamarbeit negativ beeinflusst.

- Mit ständigen Entwertungen von Kolleg*innen und Vorgesetzten entwertet man auch sich selbst. Dieses ist ein Teufelskreis: einerseits haben die meisten lästernden Menschen wenig Selbstwertgefühl, andererseits entwerten sie sich auch selbst dabei, was das Selbstbewusstsein weiter sinken lässt.

- Antilästertrainings mit dem Fokus auf vertrauensvolle Zusammenarbeit, dem Erlernen von Feedback und Stärkung des Selbstwertes sind hier das Mittel der Wahl.

Was Organisationen gegen laterale und interprofessionelle Gewalt tun können

- Die Einrichtungen müssen systematisch dem feindseligen Verhalten von Mitarbeiter*innen nachgehen und hierzu eine Null-Toleranz Politik vertreten.

- Aus sämtlichen Abteilungen müssen hierzu Daten erhoben und jährlich darüber berichtet werden, so die Empfehlung der Joint Commission.

- Strukturelles Empowerment fördert die Autonomie und Partizipation bei wichtigen Entscheidungen aller Mitarbeiter*innen. Hier gilt es insbesondere die Pflege zu unterstützen, ihnen Forschungsmöglichkeiten und stimmberechtigte Mitsprachen in sämtlichen Entscheidungsgremien zu geben.

- Teambildende Maßnahmen sowie Fort- und Weiterbildungen zum Thema mit klarem Auftrag zur Umsetzung einer respektvollen Kommunikation sind notwendig.

- Psychologische Sicherheit etablieren und Führungskräfte entsprechend schulen und ihnen Rückhalt geben.

Auszubildende und neue Kolleg*innen werden häufiger Opfer von feindseligem Verhalten

- Auszubildende und neue Kollegen müssen unter einen besonderen Schutz gestellt werden.
- Die Mentor*innenarbeit ist hier besonders bedeutsam und muss strukturell unterstützt werden, indem Mentor*innen entsprechend qualifiziert und für ihre Tätigkeit freigestellt werden.
- Neue Kolleg*innen benötigen eine Art „Welpenschutz" vom gesamten Team und eine begleitende Unterstützung, die auf ein Jahr angelegt sein sollte.

Was betroffene Mitarbeiter*innen gegen feindseliges Verhalten machen können

- Verbal gilt es direkt auf den Angreifer zu reagieren und ihm ein Feedback zu seinem Verhalten zu geben. Hier ist die www.feedback.de-Methode nützlich.
- Bei einem größeren Vorfall sollte der Fall notiert werden und mit dem Vorgesetzten besprochen, um das Thema dann anzugehen. Es kann auch notwendig sein, den Betriebsrat oder Personalrat hinzu zu ziehen.
- Nonverbal gilt es bei Blickkontakt körperlich Abstand zu halten und nach einem ruhigen Ort zu suchen, an dem die unprofessionelle Kommunikation besprochen werden kann.
- Techniken der gewaltfreien Kommunikation einsetzen.

Was Pflegende tun können, um eine interprofessionelle Zusammenarbeit zu fördern

- Das „doctor-nurse-game" aufgeben und verbal auf Augenhöhe mit Ärzt*innen gehen.
- Reflektieren, was die Anrede „Schwester" auslöst und über Alternativen nachdenken. Hierzu kann die Schweiz ein Vorbild sein, die vor Jahren die „Schwester"

abgelöst haben in Herr und Frau (Nachname), was heute von den Patienten gut angenommen wird.

- Pflegende sollten sich stärker berufspolitisch engagieren und sich so selbst für bessere Arbeitsbedingungen, wie beispielsweise den Personalschlüssel, einsetzen.
- Die Rollenklarheit gilt es zu verbessern. Hierbei kann ein Pflegestudium hilfreich sein.
- Klares sofortiges Feedback, wenn jemand eine Grenze überschritten hat.

Was Ärzt*innen tun können, um interprofessionelle Zusammenarbeit zu fördern

- Empathietrainings ermöglichen das Verständnis für ein gelingendes Miteinander.
- Sich bewusst machen, dass die Frustration durch Autonomie- und Statusverluste nicht an anderen Berufsgruppen auszulassen ist.
- Lernen, sich gegen die laterale Gewalt von Kolleg*innen zu wehren und eine Bereitschaft für echte interprofessionelle Zusammenarbeit entwickeln.
- Die Angst loslassen, dass durch Teamarbeit auf Augenhöhe mit anderen Berufsgruppen das eigene Ansehen geschmälert werden könnte.

Killerphrasen stören die Entwicklung von Teams und von Innovationen

- Auf typische Killerphrasen kann man sich vorbereiten und kontern.
- Es gibt verschiedene Fragetechniken, wie auf Killerphrasen reagiert werden kann.

5

Erlernen professioneller Kommunikation

5.1 Professionelle Kommunikation zahlt sich aus

Rednerische Begabung war eine der wichtigsten Voraussetzungen eines Mannes für die Wahl zum Häuptling. Dieses ging so weit, dass bei den Azteken ein und dasselbe Wort für »Häuptling« und »Redner« gebraucht wurde. (Rudolf Kaiser; dt. Indianerforscher und Sprachwissenschaftler)

Unprofessionelle Kommunikation ist kostenintensiv und verursacht Missverständnisse und Fehler, die im Gesundheitswesen tödliche Folgen haben können. Darüber hinaus führt unprofessionelle Kommunikation zu viel Kummer und Leid, was allen Beteiligten Kraft kostet. Rein ökonomisch gesehen können sich Mitarbeiter*innen im Gesundheitswesen diese Energieverluste gar nicht leisten.

© Der/die Autor(en), exklusiv lizenziert an Springer-Verlag GmbH, DE, ein Teil von Springer Nature 2023
R. Tewes, *Wie bitte? – Kommunikation in Gesundheitsberufen,* Top im Gesundheitsjob, https://doi.org/10.1007/978-3-662-66738-5_5

Die täglichen Herausforderungen an jeden Einzelnen sind auch so schon enorm.

Im stationären Alltag erleben wir sowohl offen aggressives Verhalten, wie Beschimpfen, Beschuldigen oder Beleidigen, als auch passiv-aggressives Verhalten, wie Lästern oder Verschieben von Konflikten durch eine Harmoniekultur. Der Hang zur Konfliktscheue kostet die Volkswirtschaft Milliarden [27].

Eine Investition in professionelle Gesprächsführung zahlt sich immer aus. Kommunikativ kompetente Mitarbeiter*innen setzen ihre Energie dort ein, wo sie benötigt wird, statt sie in Prozesse und Dynamiken zu stecken, die niemandem nützen, sondern nur schaden.

5.2 Kommunikationskompetenz braucht Emotionssteuerung

Bei gelingender Kommunikation wird nicht nur der Verstand eingeschaltet, sondern auch das Herz. Das wird jeden enttäuschen, der bisher dachte, durch eine gute Rhetorik könne man die Gefühle außen vor lassen. Erfolgreiche Kommunikation braucht neben Sachverstand auch emotionale Kompetenz.

Was ist das genau? Unter emotionaler Kompetenz wird die Fähigkeit verstanden, sowohl die eigenen Gefühle als auch die Anderer steuern zu können. Die eigenen Gefühle kann ich über Selbstreflexion (wahrnehmen, bewerten, handeln) beeinflussen, indem ich mir z. B. die Frage stelle: „Lohnt sich dieser Ärger eigentlich?" oder „Tut es mir gut, mir darüber Sorgen zu machen?" Um die Gefühle anderer steuern zu können braucht es empathischer Fähigkeiten. Ich muss lernen zwischen den Zeilen zu lesen und meine Gesprächsführungstechniken gut zu entwickeln, damit ich z. B. eine Teamdynamik positiv beeinflussen oder bei Patient*innen Hoffnung wecken kann.

Es ist gesund die eigenen Gefühle zum Ausdruck zu bringen. Im beruflichen Kontext bedeutet dass, dass ich entsprechende Orte dafür finden muss. Wenn ich entsetzlich finde, was einem Patienten widerfahren ist, sollte ich ihm das nicht mit der Intensität rückmelden, die ich gerade verspüre. Zum Patienten lässt sich beispielsweise sagen „Herr Watzke, es tut mir wirklich leid zu sehen, was Sie alles durchgemacht haben", um dann meine Fassungslosigkeit darüber später mit meinen Kolleg*innen zu besprechen. Das kann z. B. passieren, wenn eine Patientin vergewaltigt worden ist oder ein Patient durch einen betrunkenen Autofahrer schwer verletzt wurde.

Zwei Dinge sind wichtig zu wissen: a) wie ich emotional kompetente Kommunikation erlerne und b) wie ich mich gefühlsmäßig in Gespräche einlasse, ohne dabei emotional überwältigt zu sein.

5.2.1 Erlernen emotional kompetenter Kommunikation

Der berufliche Alltag im Gesundheitswesen gibt uns täglich hunderte von Gelegenheiten unsere emotionale Kompetenz zu trainieren. Hier einige Beispiele:

- Darauf achten, dass ich selbst gut für mich sorge, meinen Selbstwert positiv pflege, ohne in die distanzierte Arroganz zu gehen oder in die Selbstleugnung meiner Bedürfnisse.
- Mein Verhalten immer wieder reflektieren. Eine hilfreiche Frage in ärgerlichen Situationen ist beispielsweise „Was trage ich in mir, was mich an dir stört?" Denn immer, wenn wir uns über etwas besonders ärgern, hat das was mit uns zu tun. Immer!

- Eine weitere Möglichkeit der Selbstreflexion ist das Überdenken eines Gespräches, was ich geführt habe und mir dazu meine Fragen ehrlich beantworte, wie:
  - War ich suggestiv oder manipulativ?
  - Habe ich Emotionen von Kolleg*innen/ Patient*innen abgewehrt?
    nicht ernst genommen: „wird schon werden"
    verniedlicht: „ist doch nicht so schlimm"
    überhört durch schnellen Themenwechsel
    gemaßregelt: „jetzt reiß dich mal zusammen"
  - habe ich das jetzt für den Patienten oder für mich gemacht?
- Jammereinladungen ausschlagen und stattdessen das Thema wechseln.
- Sich schützend vor Kolleg*innen stellen, über die gelästert wird, indem ich die Lästerer direkt auf ihr Verhalten aufmerksam mache.
- Meinen Vorgesetzten bitten das Thema Lästern und seine Folgen in der Dienstbesprechung einzubringen, um gemeinsam zu überlegen, wie das Team hier insgesamt eine Verhaltensänderung in Gang setzen kann.
- Bei feindlichen Übergriffen ein sofortiges und direktes Feedback an den Angreifer geben. Hier ist die www.feedback.de-Regel sinnvoll. Gegebenenfalls die Weiterbildungsabteilung darum bitten, eine gute Kommunikationstrainerin zu finden, die sich auf Feedback spezialisiert hat und ein solches Training anbieten kann.
- Statt Zugehörige mit fachlichen Informationen zu überschütten (insbesondere auf der Intensivstation) mit der VALUE-Methode für eine gute Arbeitsbeziehung sorgen.
- Techniken des aktiven Zuhörens und Paraphrasierens zum Einsatz bringen und unausgesprochene, aber in der Luft liegende, Gefühle von Patienten oder Kollegen vorsichtig ansprechen.

- Mutig unprofessionelle Kommunikation ansprechen, statt sich still zu ärgern und später darüber zu Lästern (z. B. „Ich möchte kein Spielverderber sein, aber mir ist wichtig, dass wir respektvoll miteinander umgehen").
- Einem Distanztypen nicht mit gefühlsbetonter Kommunikation zu nahe kommen („Herr Doktor, ich mache mir solche Sorgen um die arme Frau Süß") und lieber auf der Faktenebene das Wichtigste zusammenfassen („Frau Süß ist heute bereits drei Mal mit ihrem Puls unter 40 gewesen und eine Bradykardie ist bei ihr bisher nicht bekannt").
- Einem Dauertypen nicht Spontanität abverlangen („Hast Du Lust heute Abend spontan mit ins Kino zu kommen?") und lieber langfristig planen („Im nächsten Herbst geht der neue James-Bond Film an den Start. Meinst Du, wir können da mal zusammen ins Kino gehen?").
- Bei sämtlichen Gesprächen (Assessment, Entlassungsgespräch, Beratung etc.) immer vorab überlegen, welche Informationen notwendig sind und welche Gefühle Beachtung brauchen. Im Gespräch selbst gilt es dann die Emotionen anzusprechen („Wie geht es Ihnen mit der Neuigkeit, dass Sie Freitag entlassen werden?") und dann aber auch zuhören, was geantwortet wird. Bei unangenehmen Gefühlen, wie Ängste oder Sorgen entweder nachfragen oder paraphrasieren. Niemals verniedlichen, im Sinne „wird schon werden".

5.2.2 auf Gefühle im Gespräch einlassen, ohne ins Burnout zu gehen

Nähe und Distanz sind ein großes Thema im Gesundheitswesen. Auf der einen Seite braucht es eine professionelle Nähe, um Vertrauen aufzubauen und andererseits darf man schmerzhafte Prozesse mit Patient*innen nicht zu sehr an sich heranlassen. Einige lösen das für sich, indem sie sich sehr stark vom Leid anderer distanzieren. Das führt auf Dauer zu einer Art Gefühlskälte, die zwar einerseits kurzfristig schützt, jedoch langfristig schadet. Es macht einfach nicht zufrieden, wenn ein großer und wichtiger Teil des menschlichen Miteinanders komplett ignoriert wird und man sich auf Zahlen, Daten, Fakten (ZDF) zurückzieht. Irgendwann macht sich dann eine innere Leere breit und genau das, was ich eigentlich verhindern wollte, nämlich ein Burnout, rückt jetzt in greifbare Nähe.

Gefühle auszublenden ist einzig Notfallsituationen vorbehalten. Hier ist es wichtig, dass persönliche Emotionen unterdrückt werden, um einem*einer Notfallpatient*in professionell zu versorgen. Doch diese unterdrückten Emotionen müssen danach wieder integriert werden. In der Psychologie nennt man diesen Mechanismus, des Abschottens gegenüber berührenden Gefühlen den Abwehrmechanismus der Isolierung. In der Psychiatrie zählt die Isolierung zu den pathologischen Reaktionen. Das macht deutlich, welche krankmachende Wirkung die Isolierung auf Dauer haben kann. Im Gesundheitswesen müssen wir uns professionell schützen, indem nach einem Notfall die unterdrückten Gefühle im Kreise der Kolleg*innen zugelassen und besprochen werden. Denn das Unterdrücken von Emotionen ist auch ein wichtiger Aspekt beim Burnout. Nicht umsonst ist die Suizidrate bei Ärzt*innen und Rettungskräften besonders hoch. Der Zusammenhang zu nicht verarbeiteten oder nach einer Isolierung nicht integrierten Gefühlen spielt hier eine entscheidende Rolle [186].

5.2.2.1 Integration der Emotionen nach einem Notfall

Nach einer Notfallsituation kommen die unterdrückten Gefühle hoch und es entsteht ein Bedürfnis darüber zu reden. So wird die aufregende, vielleicht sogar dramatische Situation immer wieder Gesprächsthema. Das kann als ein gesunderhaltender Mechanismus verstanden werden, den wir von Natur aus mitbringen. Wichtiger als über das „Drama" zu sprechen ist allerdings, die eigenen Gefühle dazu zu benennen und diese nun zuzulassen. Das sind meist unangenehme Gefühle, über die wir nicht gern reden, wie beispielsweise Hilflosigkeit, Versagensgefühle oder auch Angst. Um diese auszusprechen, braucht es einen geschützten Raum und Verständnis aller Beteiligten. Hier ist es Führungsaufgabe allen am Notfall Beteiligten danach die Gelegenheit zu geben, ihre Emotionen ehrlich offenzulegen, um diese so wieder zu integrieren. Ungeübte Helfer brauchen ein unter 4-Augen Angebot. Sind Notfallteams im Umgang mit ihren Gefühlen geschult, schaffen sie die Integration und somit Verarbeitung ihrer Emotionen auch in der Gruppe der Beteiligten. Doch oft bedarf es der Hilfe durch Supervision oder der Berarbeitung des Ereignisse mit Unterstützung durch den Vorgesetzten.

Im beruflichen Alltag sehen wir hier oft Widerstand, die eigene Verletzlichkeit zum Ausdruck zu bringen. Dann wird über einen Notfall auch im Nachgang „heroisch" berichtet, um keine unangenehmen Gefühle aufkommen zu lassen. Man möchte nicht als „Weichei" dastehen, da sich Kolleg*innen hierüber leicht lustig machen. Dabei kommt es dann zu einer weiteren Isolierung nach dem Vorfall und bietet eine Steilvorlage für ein Burnout.

5.2.2.2 Emotionsarbeit im Gesundheitswesen

Was also tun, um Gefühle ausreichend zuzulassen und dennoch nicht emotional überwältigt zu werden? Hier gibt es eine Reihe von Möglichkeiten. Die Klassiker sind:

- Supervision
- Kollegiale Beratung
- Reflexion im Team oder mit einem Kolleg*innen
- Balintgruppen

Wir brauchen Orte der Emotionsverarbeitung
Entscheidend ist es, das Wahrnehmen der eigenen Gefühle nicht zu verlernen und diese dann ehrlich zum Ausdruck bringen. Wenn sich also ein*e Kolleg*in uns offenbart, und uns mitteilt, dass er sich hilflos, mutlos oder ängstlich fühlt, braucht er unsere ganze Empathie und keine abwertenden Sprüche.

In einigen Einrichtungen wird hierauf besonderen Wert gelegt, wie in der Psychiatrie, der palliativen Pflege oder der Hospizarbeit. Dort gehören regelmäßige Supervisionen oft zum beruflichen Alltag und halten so, das „Nervenkostüm" zusammen. Diese Orte der Emotionsverarbeitung benötigen wir auch in allen anderen Bereichen des Gesundheitswesens wo Menschen leiden, Angst haben, sich Sorgen machen, verzweifelt oder hilflos sind oder versterben. All dieses Leid abzuschirmen und hier von professioneller Distanz zu sprechen, kann ein Fehler sein, der letztlich unsere eigene Lebensfreude auf's Spiel setzt. Karin Kersting hat dieses gefährliche Verhalten erforscht und nennt es Coolout. Dabei meint sie einen Zustand der Abstumpfung und Gleichgültigkeit den Patient*innen gegenüber, die sich im Spannungsfeld zwischen Pflegeanspruch und ökonomischen Zwängen entwickeln kann [107].

Für diese Orte können wir uns alle einsetzen, die wir im Gesundheitswesen tätig sind. Hier einige Beispiele dafür:

- Nachfragen, wie die Sterbebegleitung von Frau Kramer persönlich für die Kollegin war.
- Gefühle benennen, wenn diese nur vorsichtig angedeutet werden: „Du sagst, der neue Stationsarzt sei zu nix zu gebrauchen und dass du genervt bist über seine neunmalklugen Kommentare. Das klingt sehr anstrengend für mich. Wie geht es dir damit?"
- Kolleg*innen einladen, anstrengende Prozesse zu besprechen, um sie danach gemeinsam loslassen zu können. Z. B. Bei einer Dienstbesprechung zu sagen „Ich bin sehr erschöpft davon, dass wir gerade extrem pflegeintensive Patient*innen haben. Ich würde gern erfahren, wie es euch damit geht."
- Loslass-Rituale miteinander entwickeln. Ich kenne eine Abteilung, die sich nach extrem anstrengenden Schichten im Dienstzimmer trifft und bei Musik 5 min alles gemeinsam aus sich herausschütteln. Meist endet eine solche Kurzintervention mit einem gemeinsamen Lachanfall.

5.3 Was beinhaltet professionelle Kommunikation

> Die wahre Kunst der Kommunikation liegt nicht darin, nicht nur das Richtige am richtigen Ort zur richtigen Zeit zu sagen, sondern das Falsche im verlockenden Augenblick ungesagt zu lassen. (Dorothy Nevel)

Ein großer Teil der Kommunikation ist nonverbal. Allein die Kleidung, die Körperhaltung sowie Mimik und Gestik sind Kommunikation. So verlieh die früher übliche klassische Dienstkleidung mit strengerem Äußeren oft den Pflegekräften selbst mehr Stolz und wertete die Berufsgruppe auch nach außen hin auf. Die heutigen unförmigen Kasacks und lässigen T-Shirts beeindrucken auch Patiente*innen weniger [178].

Neben bewusst gewählten Worten senden wir auf verschiedenen Ebenen Signale, ohne uns dessen bewusst zu sein. Deshalb spielen auch persönliche Gefühle, Werte und Weltanschauungen eine wichtige Rolle in der Kommunikation (Top im Job: Einfach ein gutes Team).

Die professionelle Kommunikation umfasst viele Ebenen:

- persönliche Haltung, Einstellung und Erwartungshaltung,
- (Vor)urteile gegenüber dem*der Gesprächspartner*in oder Thema,
- eigene Wertvorstellungen und Weltanschauungen,
- kognitive Fähigkeiten,
- Umgang mit Gefühlen und Beziehungen,
- Selbstbewusstsein,
- nonverbale Kommunikation,
- sprachliche Kompetenzen,
- Gesprächsführungstechniken.

Der verbale Anteil der Kommunikation macht lediglich 7 % der Botschaft aus, während das Nonverbale 70 % ausmacht ([4]; Tab. 5.1). Diese Ergebnisse machen deutlich,

Tab. 5.1 Anteile der Kommunikation

Kommunikationsart	Anteil der Botschaft (%)
Verbal (Sprachgebrauch)	7
Ton der Stimme (Tonfall)	23
Nonverbal (Körpersprache)	70

wie wichtig die Beziehungsebene und ein guter Umgang mit den Gefühlen im Gespräch sind. Damit kann der Inhalt eines Gesprächs weniger entscheidend sein, als vielmehr, die Art und Weise wie es gesagt wurde.

5.4 Wie lässt sich professionelle Kommunikation erlernen?

Ein wesentliches Moment beim Erlernen professioneller Kommunikation liegt in der Selbstreflexion und im Üben. Deshalb lässt sich das auch schlecht aus Büchern lernen. Um das kommunikative Verhalten zu reflektieren, gibt es unterschiedliche Instrumente, wie die kollegiale Beratung, die Supervision, das Mitarbeitergespräch, die Teambesprechung oder auch das Übergabegespräch.

Da wir alle unsere blinden Flecken haben ist es sinnvoll, Gesprächspartner*innen zu haben, die unsere Worte und unser Verhalten spiegeln. Auch Videoaufzeichnungen sind hilfreich zur Selbstreflexion. Entscheidend für ein echtes Dazulernen ist die Bereitschaft, das eigene Verhalten zu überdenken, Kritik zuzulassen und Feedback anzunehmen.

Ebenso entscheidend wie die Reflexion des eigenen kommunikativen Verhaltens ist das aktive Zuhören. Häufig steigen wir schon nach wenigen Minuten aus dem Zuhören aus und sind bei unseren eigenen Geschichten.

Ich bau mir meine Geschichte
Im folgenden Beispiel berichtet A von einer Begegnung mit einer Patientin. Bei den ersten beiden Sätzen hört B noch zu, danach geht sie ihren eigenen Gedanken nach.

A: »Neulich hatte ich eine Patientin, die mit einer gebrochenen Rippe und Prellungen am ganzen Körper aufgenommen wurde.«

B hört zu.

A: »Angeblich war sie die Treppe runtergefallen.«

B hört zu.

A: »Es war wohl grad geputzt worden und die Stufen waren noch feucht, als sie mit ihrem Gehstock ausrutschte.«

B steigt hier aus dem Gespräch aus, indem sie eine eigene Geschichte entwickelt und denkt: »Ah ja, das kennt man ja! Wird dem Ehemann wohl seine Hand ausgerutscht sein.«

Interessanterweise merkt B gar nicht, dass sie beim dritten Satz aus der Geschichte von A ausgestiegen ist und ihre eigene Story entwickelt. Das ist typisch für Gespräche. Oft haben die Zuhörer bis zum Ende der Geschichte das Gefühl, die ganze Zeit zugehört zu haben. Dadurch vermischt sich die eigene Geschichte mit der des Gegenübers.

Die Methode des Paraphrasierens ist hilfreich, da sie zum Zuhören diszipliniert. Zugleich können wir uns beim Gegenüber versichern, ob wir das Gehörte auch richtig verstanden haben.

5.4.1 Vorbereitung auf ein Gespräch

Wenn die Möglichkeit besteht, sich auf ein Gespräch vorzubereiten, kann ein professionelles Gespräch leichter fallen. Gerade bei herausfordernden Gesprächen zahlt sich die Vorbereitung aus. Empfehlenswert ist es, folgende Fragen vorab ehrlich für sich zu beantworten [102]:

1. Was sind meine persönlichen Motive für dieses Gespräch? (Anliegen, Gefühle).
2. Was möchte ich mit diesem Gespräch erreichen? (Ziel konkret und positiv formulieren).
3. Welche Motive und Ziele sind vom Gegenüber zu erwarten?

4. Welche Themen möchte ich wie ansprechen?
5. Welche möglichen Konflikte sehe ich?
6. Welche möglichen Übereinkünfte sehe ich?
7. Was ist mir bei der Lösung wichtig?

Gesprächsvorbereitung
Der pflegerische OP-Leiter Richard Patos bereitet sich auf ein Gespräch mit dem Oberarzt Dr. Ludwig Sauer vor. In den letzten Wochen waren die geplanten Operationstermine immer wieder zeitlich überschritten worden, sodass es bei den Pflegefachkräften zu deutlichen Überstunden gekommen ist. Die Ursache lag dabei in persönlichen Absprachen des Oberarztes mit Privatpatient*innen, die zusätzlich operiert wurden, ohne dass diese auf dem Operationsterminplan auftauchten.

Die Pflegedirektorin (PD) hatte Herrn Patos wissen lassen, dass sie eine bessere Koordination von ihm erwartet und nicht bereit sei, diese Überstunden weiter zu vergüten. Herr Patos bereitet sich mit folgender Checkliste auf das Gespräch mit dem Oberarzt (OA) vor, den er vorab als Dauer-Distanz-Persönlichkeit analysierte.
Persönliche Motive:

1. Weitere Überstunden der Mitarbeiter*innen vermeiden, um Anforderung der PD gerecht zu werden.

Mein Ziele:

2. Verständnis des Oberarztes für Überstundenverzicht erreichen.
3. Oberarzt zu einer Verhaltensveränderung bewegen, im Sinne einer gemeinsamen transparenten Operationsplanung.

Motive und Ziele des Gegenübers (hier Oberarzt):

4. Fallzahlen erhöhen, um mehr Gewinn für die Klinik zu erreichen.
5. Persönliches Interesse an Privatpatient*innen, da der Oberarzt eine Gewinnbeteiligung hat.

Mögliche Konflikte:

6. Die ausgeprägte Leistungsorientierung des Oberarztes zeigt wenig Verständnis für Rahmenbedingungen, da er seine eigenen Grenzen gern überschreitet und dieses auch von anderen erwartet.

Mögliche Übereinkünfte:

7. 2 × wöchentlich setzen sich OP-Koordinator und Oberarzt zusammen und planen die selektiven OP's inklusive der von Privatpatienten.
8. Ausschließlich Notfälle dürfen als zusätzliche OP kurzfristig auf den Tagesplan.
9. Überbelastung der Mitarbeiter*innen ist keine Dauerlösung, da sie sich auf Krankheitsraten und Fluktuation auswirkt.
10. Es braucht langfristige Sicherheit für alle Beteiligten, damit der Betrieb reibungslos laufen kann.

Wichtige Themen:

11. Untersuchungsergebnisse über Arbeitszufriedenheit und die Einhaltung von Dienstzeiten.
12. Fluktuationsraten bei Überbelastung von Mitarbeitern.
13. Mit der Einhaltung des OP-Plans kann auf Dauer eine hohe Leistungsfähigkeit aller Beteiligten ermöglicht werden.

Wichtig für Lösung:

14. Gemeinsames Grundverständnis über das Problem.
15. Gegenseitige Akzeptanz und Wertschätzung der Person.
16. Betonung von Fakten (z. B. Ergebnisse der Mitarbeiter*innenbefragung zur Berufszufriedenheit).
17. Betonung der Bedeutung einer gemeinsamen Lösung.

Richard Patos ist mit seiner Vorbereitung des Gesprächs zufrieden und behält sich vor, bei „Rückfällen" des Oberarztes den Chefarzt und ggf. die Geschäftsleitung einzubeziehen.

5.4.2 Die hohe Kunst des Fragenstellens

Ein Weiser gibt nicht die richtigen Antworten, sondern er stellt die richtigen Fragen. (Claude Lèvi-Strauss)

Wer jemanden überzeugen möchte, sollte möglichst viel über diese Person wissen. Im Gespräch lässt sich mit den richtigen Fragen hierzu viel herausfinden. Um dem Gesprächspartner Raum zu geben empfiehlt es sich mit offenen Fragen zu beginnen. Mit offenen Fragen gebe ich dem Gegenüber Gelegenheit, seine Ansicht zum Thema mitzuteilen. Die Fragen signalisieren Interesse und öffnen, im wahrsten Sinne des Wortes. Beispiele für offene Fragen:

- »Wie sind Sie zu dem Hobby des Eisfischens gekommen?«,
- »Was fasziniert Sie an diesem Fachgebiet?«,
- »Sie haben sich sehr für die Patientin Frau Gebhard engagiert. Was ist für Sie das Besondere an diesem Fall?«.

Dagegen lassen sich geschlossene Fragen mit »ja« oder »nein« beantworten und dienen eher der Abklärung von Inhalten. Beispiele hierfür sind:

- »Haben Sie häufiger Rückenbeschwerden?«,
- »Sind Sie verheiratet?«.

Wenn das Gesprächsthema umrissen wurde, bieten sich Sondierungsfragen an, um sich ein genaueres Bild machen zu können. Hierzu bieten sich die W-Fragen an, wie z. B.:

- »Wann sind die Rückenbeschwerden zum ersten Mal aufgetreten?«,
- »Wo treten die Beschwerden häufiger auf?« (Büro, zuhause, beim Hobby, …),
- »Wie machen sich die Rückenschmerzen bemerkbar?« (brennen, stechen, beißen, ziehen, …),
- »Was in Ihrem Leben ist bei Rückenschmerzen beeinträchtigt?« (Konzentration, Beweglichkeit, …),
- »Wer bekommt ihre Beschwerden mit oder ist davon betroffen?« (Enkel, Chef, Ehefrau, …).

Eine Möglichkeit der indirekten Befragung sind die zirkulären Fragen. Hier befrage ich nicht das Gegenüber direkt, sondern beziehe eine dritte (imaginäre) Person mit ein. Das hat den Vorteil, dass der*die Gesprächspartner*in nicht direkt zu seiner Meinung befragt wird, sondern er aus der Perspektive einer anderen Person antwortet. Das kann entlasten. Ein Beispiel hierfür ist:

1. »Herr Dr. Krüger, wenn ich Ihre Frau fragen würde, warum Sie selbst aus dem Urlaub bei uns im Krankenhaus anrufen, um zu hören, ob alles in Ordnung ist, was würde sie mir dazu wohl sagen?«.

Dagegen könnte die direkte Frage: »Warum rufen Sie selbst im Urlaub noch bei uns an?« eher als Angriff verstanden werden. Zirkuläre Fragen können im Gespräch eine wichtige und entlastende Funktion einnehmen. Deshalb empfiehlt es sich, diese Frageform zu üben.

Suggestivfragen unterstellen eine gewisse Absicht des Verhaltens und sollten nur vorsichtig verwendet werden, da diese Fragen manipulativ erlebt werden können. Beispiel hierfür:

1. »Wie viele Stunden täglich schauen Sie fern?«,
2. »Welchen Unterschied haben Sie seit dem letzten Besuch festgestellt?«.

Eine wichtige Unterscheidung beim Fragen liegt in der Problem- oder Lösungsorientierung. Liegt das primäre Interesse darin, das Problem zu verstehen und von allen Seiten zu beleuchten? Oder konzentrieren Sie ihre Energie auf Fragen, welche Lösungsmöglichkeiten anbieten? Grundsätzlich sollten Sie sich auch Zeit für Lösungen einräumen und nicht ausschließlich in der Problembeschreibung hängen bleiben. Besonders günstig ist, wenn Sie sich zuvor bereits einige Lösungen überlegt haben und diese dann einbringen können. Falls das nicht der Fall ist, können Sie im Gespräch umleiten mit:

- »Okay, ich glaube die Problematik ist nun für alle deutlich sichtbar. Jetzt möchte ich gern mit Ihnen überlegen, welche Möglichkeiten uns dazu einfallen, dieses Problem zu lösen.«.

Der Fokus auf Probleme kostet uns Energie (es lässt uns Stresshormone produzieren) und die Ausrichtung auf Lösungen ermöglicht uns Einfluss zu nehmen und verleiht eher Kraft (unser Körper belohnt das mit Glückshormonen). Dennoch ist die Problemorientierung so beliebt im Gesundheitswesen. Woran liegt das? Es gibt zwei Gründe. 1. Im Gesundheitswesen ist sämtliches Handeln an der Diagnose oder Störung eines*einer Patient*in ausgerichtet. Damit eignen wir uns einen pathologischen Blick an und sehen schneller, was nicht in Ordnung ist. 2. Diese Pathologie-Orientierung in der Aufmerksamkeit wird zur Routine. Je öfter wir etwas machen, desto stärker festigen sich in unserem Hirn die entsprechenden Nervenbahnen dazu. Und damit fällt es uns leichter, ein Verhalten zu zeigen, wenn wir es gewohnt sind, obwohl wir dazu körperlich in Stress geraten.

Die langjährigen Routinen der Problemorientierung lassen sich also nicht so leicht aufbrechen. Denn hierzu wurden nahezu Autobahnen im Hirn angelegt, auf denen man nur so durchrauscht. Wenn wir neues Verhalten lernen, wie beispielsweise den lösungsorientierten Blick, fängt unser Hirn dazu erst mal wieder mit Feldwegen an Synapsenverschaltungen an, bis diese breit gefahren sind. Und bis dahin können sie uns ermüden, da diese Hirnstrukturen neu zu schaffen sind.

5.4.3 Die Kunst zu überzeugen

Wenn jemand überzeugt werden soll, gilt es 4 Dinge zu berücksichtigen [61]:

- Klarheit,
- Verstehen,
- Offenheit,
- Sinnstiftung.

Die grundsätzliche Voraussetzung im Überzeugungsprozess ist die eigene Glaubwürdigkeit und eine Atmosphäre des Vertrauens.

Mit Klarheit ist insbesondere die Fähigkeit gemeint, sich verständlich und präzise auszudrücken. Das gelingt leichter, wenn der Schwerpunkt im Gespräch nicht auf dem »reden wollen« sondern auf dem »verstanden werden wollen« gelegt wird.

Verstehen beinhaltet Empathie, also die Fähigkeit sich in das Gegenüber hineinzuversetzen. Es gilt herauszufinden, was mein Gesprächspartner will und was ihm wichtig ist.

Mit Offenheit ist die Fähigkeit gemeint, das eigene Anliegen ehrlich, offen und authentisch anzusprechen. Diese Fähigkeit ist vertrauensfördernd und kann entwaffnend wirken.

Sinnstiftung meint die Fähigkeit, das Verhandlungsthema in einen sinnstiftenden Kontext zu stellen und somit die Bedeutung zu unterstreichen. Das Wissen um Sinn und Zweck einer Angelegenheit kann einen Erklärungsrahmen bieten und zur Mitarbeit motivieren.

5.4.4 Überzeugungstypen

Beim Überzeugen gibt es vier verschiedene Persönlichkeiten, wie Menschen etwas lernen. Jeder von Ihnen braucht andere Informationen, um zuzustimmen oder abzulehnen [135]. Hier die vier Fragen, die für die vier Typen beantwortet werden sollten:

1. Was?
   Dieser Überzeugungstyp benötigt Informationen zum Geschehen. Was soll warum passieren? Kurz gesagt, dieser Mensch benötigt Zahlen, Daten, Fakten (ZDF).
2. Warum?
   Hier fragt sich die zu überzeugende Person, warum sollte ich das tun? Was habe ich davon?

3. Was wenn?

   Die Frage hier lautet: was passiert, wenn nichts passiert? Hier geht es um das Ausmalen des worst-case Szenarios, was passiert, wenn jetzt niemand aktiv wird.

4. Wie?

   Dieser Überzeugungstyp will einfach nur wissen, was konkret zu tun ist. Also, wie gehen wir vor?

Idealerweise entwickeln Sie für die Überzeugung mehrerer Kolleg*innen Informationen zu allen vier Typen. Dann sind Sie auf der sicheren Seite und haben alle im Boot.

5.4.5 Eine Frage der Haltung

Beim Erlernen kommunikativer Kompetenz geht ist nicht nur um die Wahl des passenden Modells oder rhetorisch geschickter Formulierungen, sondern um die persönliche Haltung. In der Kommunikation bringe ich immer auch meine Werte zum Ausdruck, meine Einstellung zu den Dingen und ob ich Menschen mag oder lieber Technik.

Auch diese kommunikationsgelingende Haltung lässt sich in Trainings zur Gesprächsführung üben und durch die Selbstreflexion von Gesprächen, die ich geführt habe. Eine hilfreiche Haltung ist durch folgende Aspekte gekennzeichnet:

- Sie gibt Vorschussvertrauen in neue Mitarbeiter
- Ist fehlerfreundlich
- Hat keine Angst vor Emotionen und kann die eigenen Gefühle selbst steuern
- Nimmt sich und andere ernst (ich bin okay- du bist okay)
- Spricht Konflikte offen an

- Ist lösungsorientiert
- Hat *teaming* verinnerlicht und übernimmt auch in spontan zusammen gesetzten Teams Verantwortung

Fazit
Kommunikationskompetenz braucht Emotionssteuerung

- Neben Sachverstand ist für eine gelingende Kommunikation ein emotional kompetentes Verhalten wichtig. Dieses lässt sich lernen.
- Das Gesundheitswesen hat den eigenen Umgang mit Emotionen über Jahre vernachlässigt, was einer unprofessionellen Kommunikation Türe und Tore geöffnet hat.

Gefühle aus den Gesprächen lange Zeit auszublenden ist gefährlich

- Das Unterdrücken von Emotionen ist dem Notfall vorbehalten. Alle ausgeblendeten Gefühle müssen anschließend wieder integriert werden, damit man psychisch gesund bleibt.
- Die Integration ausgeblendeter Emotionen kann zu zweit oder in der Gruppe der am Notfall Beteiligten geschehen, bedarf aber einiges an Training.
- Werden Gefühle über einen langen Zeitraum ausgeblendet, so liefert dieses eine Steilvorlage für ein Burnout.
- Damit wird der Schutzmechanismus des Cool-out, um Dinge nicht zu nah an sich heranzulassen, fragwürdig.

Emotionsarbeit ist dringend notwendig und lässt sich lernen

- Das Ernstnehmen von persönlichen Gefühlen im Beruf ist ein entscheidender Schritt in die Richtung einer professionellen Kommunikation.
- Es braucht Orte der Emotionsverarbeitung, wie z. B. Supervision, Kollegiale Beratung und das gemeinsame Reflektieren im Team.
- Jedes Team kann gemeinsam Loslass-Rituale entwickeln, um den manchmal belastenden beruflich Alltag zu verdauen.

Nonverbales beeinflusst sehr die Wirkung von Kommunikation

- „Kleider machen Leute" auch im Gesundheitswesen. Nachlässige oder sehr lässige Kleidung sind persönlich wenig Identitätsfördernd und verschaffen keinen Respekt.

Professionelle Kommunikation lässt sich lernen

- Es gibt eine Fülle an Techniken und Modellen, mit denen die individuellen Gesprächsführungskenntnisse bereichert werden können, wie die systematische Vorbereitung auf ein wichtiges Gespräch, Paraphrasieren.
- Fragenstellen ist eine gute Klärungs- und auch Führungsmethode. Die systemischen Fragen bieten hier eine Vielfalt an Ideen, wie z. B. das zirkuläre Fragen.

Überzeugen mit Methode

- Wollen wir jemanden überzeugen gilt es darauf zu achten, dass wir klar und offen sind, dass wir verstanden werden und das ganze Sinn macht.
- Die vier unterschiedlichen Überzeugungstypen lassen sich mit der 4Mat Methode erreichen.

Kommunikation ist eine Frage der Haltung

- Im Gespräch drücken wir auch immer unsere Haltung aus.
- Um gute Gespräche führen zu können, sollten wir uns unserer Haltung bewusst sein und diese reflektieren, um eigene blinde Flecken auszuräumen.

6

Communication Center im Krankenhaus

Nicht mit Erfindungen, sondern mit Verbesserungen macht man Vermögen. (Henry Ford)

Die Organisation eines Krankenhauses bindet die unterschiedlichsten kommunikativen Prozesse. Da die Bedeutung professioneller Kommunikation gerade im Zeitalter der Computerisierung zugenommen hat, entschließen sich immer mehr Kliniken ihre Häuser mit eigenen Communication Centern auszustatten.

Der Erwerb und Transfer von Information und Wissen hat mit der Einführung personaler Computer (PC) immens an Bedeutung gewonnen. Manch ein*e Patient*in ist bereits umfassend über seine Erkrankung und die Behandlungsoptionen informiert, bevor er*sie die Klink betritt. Das Medium Computer ist zum alltäglichen Bestandteil der Bevölkerung geworden, so dass auch Krankenhäuser dieses Kommunikationsmittel nutzen müssen, um:

© Der/die Autor(en), exklusiv lizenziert an Springer-Verlag GmbH, DE, ein Teil von Springer Nature 2023
R. Tewes, *Wie bitte? – Kommunikation in Gesundheitsberufen*, Top im Gesundheitsjob, https://doi.org/10.1007/978-3-662-66738-5_6

- ihre Dienstleistungen für alle transparent zu machen,
- Kund*innenzufriedenheit durch zeitgemäße Kommunikation zu fördern,
- sich am Markt sichtbar zu platzieren und
- einen schnellen Wissenstransfer zu gewährleisten.

Neben dem Computer spielt insbesondere das Telefon eine wichtige Rolle, um Kontakte zu ermöglichen und Anfragen schnell zu bearbeiten. Unabhängig vom gewählten Medium ist die Fähigkeit zur professionellen Kommunikation die Basis für gelingende Kommunikation innerhalb der Organisation und nach außen.

Erwin Hammes und Wolfgang Joseph erklären bereits 2001 »der Bedarfszeitpunkt für die Einführung von Communication Center in Krankenhäusern wurde bereits überschritten« [85].

6.1 Was ein Communication Center leistet

Im Gesundheitswesen muss die Kommunikation als Basis der Dienstleistung verstanden werden. Deshalb zahlt sich eine Investition in professionelle Kommunikation stets aus. Neben der Nutzung verschiedenster Medien ist insbesondere die Schulung des Personals die zentrale Aufgabe.

Telekommunikation im Sinne eines Call Centers wird zum Aushängeschild einer Organisation. Hier wird Kund*innennähe und Kund*innenbindung ermöglicht. Dazu empfiehlt sich ein Front Office für die Erreichbarkeit und ein Back Office für Rückfragen [85].

Mit erarbeitetem Informationsmaterial können Patient*innen ihre Erkrankung besser bewältigen [54].

Dieses kann in Form von Flyern geschehen oder auch als Video oder DVD.

Je nach Größe und Anspruch der Gesundheitsorganisation kann das Communication Center mit Fachkräften besetzt werden, die gleichzeitig Beratungen über das Telefon oder Online durchführen. Hier bieten sich Pflegefachkräfte an [77]. Wichtig ist eine Rückkopplung der erarbeiteten Beratungskonzepte mit dem Personal des Hauses. Hier müssen die wesentlichen Informationen über das Intranet zugänglich sein.

Informierte Patient*innen können besser am Gesundungsprozess mitarbeiten, was sich nur positiv auswirken kann. Und informierte Angehörige können ihre kranken Verwandten besser unterstützen.

Bei dem Aufbau eines Communication Center im Krankenhaus muss genau ermittelt werden, welche Ziele damit verbunden sind, welche Ressourcen notwendig und welches Outcome damit ermöglicht wird. Im Mittelpunkt sollte dabei immer das Servicezentrum für Patient*innen stehen [139].

Die sieben Leistungen eines Communication Centers [77]:

- Akquisition und verkaufsförderndes Marketing (z. B. Erstkontaktaufnahme).
- Informationsservice (z. B. mit Info-Hotlines) und Terminvereinbarungen.
- Kund*innenpflege, Nachbetreuung, Beschwerdemanagement und Reklamationswesen.
- Markt- und Imageanalysen.
- Notfall- und Unterstützungsangebote (z. B. mit Support-Lines).
- Aus EDV-Systemen entstehende Telefonate (Inkasso, Bestellungen).
- Betreuung der Internet- und Multimediaaktivitäten.

6.2   Schulung von Mitarbeitern für das Communication Center

Geschulte Mitarbeiter*innen sind das A und O eines Communication Center. Sie benötigen fachliche Kompetenz, eine freundliche Stimme, soziale Intelligenz, sprachliche Kompetenz und insbesondere die Fähigkeit den*die Kund*in so anzunehmen, wie er*sie ist. Hierzu empfehlen sich Studiengänge mit dem Schwerpunkt auf Gesundheitskommunikation. Die gezielte Ausbildung und Vorbereitung auf den Einsatz im Communication Center muss als wichtige Investition verstanden werden [100].

Fazit
Communication Center können, mit gut geschulten Mitarbeiter*innen, den Service gegenüber dem Patient*innen deutlich verbessern, indem mittels professioneller Kommunikation die Informationsweitergabe optimiert wird. Besser informiert kann der Patient*innen besser zur eigenen Genesung beitragen.

7

Kommunikationsmodelle

Wer die Wahl hat….

Kommunikationsmodelle sind im beruflichen Alltag eine praxistaugliche und hilfreiche Sache. Deshalb wurden hierzu für eine ganze Reihe besondere Anlässe Modelle von Experten entwickelt, die sich bereits bewährt haben.

Die Vielzahl an Kommunikationsmodellen, die bereits im Buch besprochenen wurden, seien hier noch einmal anschaulich beschrieben.

Würde des Patienten im Blick	ABCD Modell
Anamnese von Patienten	Four Habit Modell
Personenzentrierte Gesprächsführung	WWSZ Modell
Umgang mit Angehörigen	VALUE
Umgang mit Emotionen im Gespräch	NURSE Modell

© Der/die Autor(en), exklusiv lizenziert an Springer-Verlag GmbH, DE, ein Teil von Springer Nature 2023
R. Tewes, *Wie bitte? – Kommunikation in Gesundheitsberufen,* Top im Gesundheitsjob, https://doi.org/10.1007/978-3-662-66738-5_7

Feedback geben	• DESC Modell
	• www.feedback.de-Methode
Notfallkommunikation für Pflegende	SBAR
Menschen überzeugen	4MAT
Burnout	• O.U.T Programm
	• App gegen Stress und Burnout
Überbringen schlechter Nachrichten	• SPIKES
	• 10 Schritte Modell zum Übermitteln unangenehmer Nachrichten
	• PEWTER
Risikoeinschätzung und Entscheidung	FORDEC

7.1   ABCD Modell

Das ABCD-Modell hilft beim Reflektieren der eigenen respektvollen Haltung. Die Würde des Menschen können wir im Blick behalten, wenn wir uns im Gespräch mit unserem Gegenüber einige Fragen zu den folgenden vier Aspekten bewusst machen. Das gilt natürlich insbesondere für Patient*innen, die auf unsere Hilfe angewiesen sind, aber auch für Kolleg*in, Mitarbeiter*in und andere Berufsgruppen. Der respektvolle Umgang mit Patient*innen umfasst eine Menge Einzelaspekte, wie die Autonomie der*des Patient*in, Wahlmöglichkeiten im Behandlungsverlauf, Privatsphäre, personenzentrierte Gesprächsführung und die professionelle Haltung des Personals. Aber auch der Personalnotstand und organisatorische Abläufe im Gesundheitswesen beeinflussen die Würde des*der Patient*in. [64]. Zur Erleichterung und Selbstreflexion respektvollen Verhaltens sei hier nun das ABCD Modell beschrieben [42].

A = attitude, Einstellung	Wie ist meine Einstellung? Habe ich eine vorgefasste Meinung? Bin ich durch persönliche Erfahrungen oder Ängste beeinflusst?
B = behavior, Verhalten	Verhalte ich mich freundlich und respektvoll? Bin ich verbindlich? Was sagt mein Tonfall aus? Bitte ich um Erlaubnis, wenn ich z. B. einen*eine Patient*in berühren möchte? Halte ich Blickkontakt? Entschuldige ich mich für Unannehmlichkeiten? Lasse ich meinem*meiner Gesprächspartner*in Zeit zu antworten und höre ich ihm*ihr zu?
C = compassion, Mitgefühl	Versetze ich mich in die Lage meines Gegenübers? Versuche ich ihn als Menschen wahrzunehmen oder sehe ich nur den*die Patient*in/Mitarbeiter*in? Zeige ich Interesse an ihm? Sind meine Berührungen respektvoll? Habe ich einen verständnisvollen zugewandten Blick?
D = dialogue, Dialog	Berücksichtige ich im Gespräch den emotionalen Einfluss der Situation (z. B. bei einer Erkrankung)? Bin ich ehrlich und vertrauensvoll? Frage ich nach und versuche mein Gegenüber zu verstehen? Gehe ich auch auf die ausgesprochenen und unausgesprochenen Emotionen ein?

7.2   Four Habit Modell

Das Four Habit Modell findet seinen Einsatz bei Anamnesegesprächen um sicherzustellen, dass die Perspektive des*des Patient*in einbezogen und mitfühlendes Verhalten transportiert wird (Tab. 7.1).

Tab. 7.1 Four Habit Model in Anlehnung an The Expanded Four Habit Model von Lundeby et al. (2015) [124]

Grundhaltung	Fähigkeit (Skill)
Investiere in den Beginn	Stelle einen guten Kontakt her
	Eruiere die Sorgen des*der Patient*in
	Beziehe den Patienten in die Entscheidungen mit ein
Erkunde die Perspektive des Patienten	Frage den*die Patient*in nach seiner*ihrer Meinung
	Erkunde die spezifischen Fragen des*der Patient*in
	Sondiere, welche Auswirkungen dies auf das Leben des*der Patient*in hat
	• Emotionales Erkunden: sei sensitiv und erkunde die Emotionen des*der Patient*in
	• Kognitives Erkunden: erkunde die Patient*innenperspektive und sein*ihr Verständnis
	• Coping Erkundung: schätze die Ressourcen und Stärken des*der Patient*in ein
Zeige Empathie	Öffne Dich für die Emotionen der*des Patient*in
	Zeige verbale und nonverbale Empathie
	• Sei explizit empathisch bei emotionalen Inhalten

Grundhaltung	Fähigkeit (Skill)
Investiere in das Ende	Teile diagnostische Informationen Beziehe den*die Patient*in in die Entscheidungsfindung ein Beende das Gespräch mit einer Zusammenfassung • ermögliche Einblicke in ein besseres Verstehen • fördere Empowerment durch den Fokus auf Coping

7.3   WWSZ Modell

Das Akronym WWSZ beschreibt vier typische Techniken der patientenorientierten Gesprächsführung und steht für Warten, Wiederholen, Spiegeln und Zusammenfassen. Dieses Modell wird auch an Universitäten im Medizinstudium gelehrt.

Warten	Durch Warten wird der Patient eingeladen anzukommen oder über etwas nachzudenken oder auch Fragen zu formulieren. Nach emotionalen Äußerungen eine kleine Pause einzulegen zeigt Verständnis, wenn hier auch noch der Blickkontakt gehalten wird Durch Warten können bestimmte Aussagen auch hervorgehoben werden, sowie durch fehlendes Warten geschmälert
Wiederholen	Bei stockendem Redefluss empfiehlt sich das Wiederholen des Gesagten, um dem Patienten zu zeigen, dass man zuhört und dabei ist
Spiegeln	Beim Spiegeln werden angedeutete Emotionen vorsichtig benannt, um auch die Gefühlsebene zu berücksichtigen. Z. B. „Sie haben gerade so schwer geatmet, das klingt so, als ob Sie sich Sorgen machen"

Zusammenfassen	In der Zusammenfassung lässt sich noch einmal prüfen, ob ich den Patienten richtig verstanden habe und ob der Patient alles verstanden hat. Auch längere Redepassagen des Patienten können summarisch pointiert werden, z. B. wenn der Patient ausführlich über seine Belastungen in der Ehe spricht. Dann bietet sich die Möglichkeit zu sagen: „Da machen Sie gerade eine schwere Zeit durch"

Ein kleines Lehrvideo zur Anwendung des WWSZ-Modells hat Olaf Reddemann angefertigt. Den Link dazu finden Sie im Literaturverzeichnis [224].

7.4   VALUE Modell

Das VALUE Modell dient der Verbesserung der Gespräche mit Zugehörigen. Es passiert nicht selten, dass Zugehörige wie Kolleg*innen behandelt werden und die Gespräche einer Übergabe gleichen. Damit sind diese oft überfordert und fühlen sich nicht abgeholt. Ursprünglich wurde das VALUE Modell für Intensivstationen entwickelt, ist aber in allen Bereichen des Gesundheitswesen gut verwendbar. Studien aus Frankreich belegen, dass sich durch den Einsatz des VALUE Modells auf Intensivstationen der Stress, die Angst und auch langfristige Stressbelastungen (PTSD) bei Zugehörigen praktisch halbierten [6].

Das Akronym beschreibt folgende 5 Grundprinzipien:

Value (würdigen)	Wertschätzen Sie, was der Zugehörige sagt z. B. „Es freut mich zu hören, dass Sie die letzte Nacht endlich mal durchschlafen konnten"
Acknowledge (anerkennen)	Erkennen Sie die Gefühle des Zugehörigen z. B. „Wenn Sie Ihren Arbeitsalltag schildern, klingt da viel Belastung heraus"

Listen (zuhören)	Hören Sie aktiv und empathisch zu – vermeiden Sie zu viel zu reden und vermeiden Sie in die eigene Geschichte einzutauchen, statt wirklich zuzuhören (siehe 3.2.3 aktives Zuhören) Hier empfiehlt sich Blickkontakt und kleine Gesten, wie nicken oder lächeln
Understand (verstehen)	Versuchen Sie den*die Patient*in als Mensch zu verstehen – stellen Sie Fragen zu seiner*ihrer Person z. B. „Was hat Ihr Mann für Hobbies?"
Elicit (hervorlocken)	Entlocken Sie den Zugehörigen Fragen zum besseren Verständnis z. B. „Wie kann ich mir Ihren Familienalltag mit 5 Kindern vorstellen? Wollen Sie mir mal einen typischen Tag schildern?"

7.5 NURSE Modell

Das NURSE Modell eignet sich für den Umgang mit Emotionen und findet international seinen Einsatz, insbesondere im Umgang mit Patient*innen. Das Akronym steht für Naming, Understanding, Respecting, Supporting und Exploring.

Naming (benennen)	Emotionen benennen
Understanding (Verständnis zeigen)	Wenn möglich Verständnis für die Emotionen ausdrücken
Respecting (respektieren)	Dem Patienten Respekt oder Anerkennung zollen
Supporting (unterstützen)	Dem Patienten Unterstützung anbieten
Exploring (ausloten)	Weiteres Ausloten von zusätzlichen Emotionen

Naming entspricht dem Spiegeln der Gefühle, indem diese benannt werden. Das ist dann sinnvoll, wenn Patient*innen Emotionen andeuten, diese aber nicht

aussprichen. Mit dem Benennen werden Gefühle greif-
barer und nimmt ihnen etwas von der Bedrohlichkeit.

Understanding meint das Ausloten, ob ich die
benannten Gefühle wirklich verstehe. Durch Nachfragen
kann ich sicher stellen, was diese für den*die Patient*in
bedeuten. Mein Bemühen um ein echtes Verständnis erlebt
der*die Patient*in oftmals als wohltuend und entlastend.
Nun ist er*sie nicht mehr allein mit seinen*ihren Sorgen.

Respecting ist eine wundervolle Haltung, dem Patienten
Anerkennung für seine schwierige Lebenssituation zu
zeigen. Statt zu verurteilen, was misslungen ist (z. B.
unregelmäßige Einnahme der Medikamente) sein*ihr
Bemühungen zu unterstreichen (z. B. seine Anstrengungen
wertzuschätzen, die schwierige Situation zu meistern und
dem Behandlungsplan Folge leisten zu wollen).

Supporting ist der nächste logische Schritt beim
Umgang mit Emotionen. Es gilt auszuloten, welche
Unterstützung der*die Patient*in benötigt, um seine
Emotionen zu bewältigen und welchen Support ich ihm
anbieten kann. Wenn Patient*innen sich nicht trauen über
die Diagnose mit ihrem Partner zu sprechen, kann ich
anbieten, beim Gespräch dabei zu sein.

Exploring ist dann wichtig, wenn noch Emotionen
mitschwingen, aber unklar ist, worum es sich handelt.
Dann sollte ausgelotet werden, welche Gefühle noch eine
wichtige Rolle spielen. Vielleicht steckt hinter der Wut,
dass der Partner sich gerade jetzt trennt, als die belastende
Diagnose das Leben durcheinander wirbelt, ja noch die
Angst, das nicht allein bewältigen zu können.

7.6   DESC Modell

Das DESC Modell hat sich im Gesundheitswesen als
Feedbackmethode bewährt. Dieses Akronym steht für
describe, express, specify und consequence.

Hier wird zunächst die Situation geschildert (describe), dann mitgeteilt, welche Auswirkung dieses Verhalten auf mich, meine Kolleg*innen oder die Organisation hat (express). Nun wird genau benannt, was das Gegenüber ändern soll (specify), um schließlich die Konsequenzen aufzuzeigen (consequence). Bei den Konsequenzen empfiehlt es sich, die positiven Folgen zu beschreiben, die eintreten, wenn das Verhalten geändert wird.

Describe (beschreiben)	Beschreiben, was passiert ist „Du hast mich nicht über die vorzeitige Verlegung von Frau Schuster informiert"
Express (mitteilen)	Die Auswirkungen dieses Verhaltens auf die Arbeit/ die Kolleg*innen/mich selbst/die Organisation benennen „Meinen Verlegungsbericht habe ich deshalb noch nicht geschrieben"
Specify (sagen, was geschehen muss)	Konkret benennen, was sich ändern soll „Ich möchte, dass Du mich zukünftig sofort informierst, wenn eine so wichtige Entscheidung, wie die Verlegung meiner Patientin getroffen wird"
Consequence (Konsequenzen)	Vorzugsweise werden hier positive Folgen beschrieben, die eintreten, wenn das Verhalten geändert wurde. Es können auch negative Konsequenzen benannt werden, die einsetzen, wenn sich das Verhalten nicht ändert „Wenn Du mich auf dem Laufenden hältst, wirkst sich das auch positiv auf unsere Zusammenarbeit aus"

7.7   www.feedback.de-Methode

Die WWW- Methode ist sehr beliebt und wird in sämtlichen Branchen verwendet. Das mag daran liegen, dass die Methode einfach zu lernen und effektiv in ihrer Wirkung ist.

Wahrnehmung	Zunächst wird wertfrei berichtet, was passiert ist
	Beispiel: „Die Besprechung wurde zwei Tage zuvor angekündigt"
Wirkung	Hier darf es subjektiver werden, wenn geschildert wird, welche Wirkung das auf mich hatte. Die Situation wird bewertet und mit einer Ich-Botschaft beschrieben
	Beispiel: „Dadurch hatte ich nicht ausreichend Zeit, mich vorzubereiten"
Wunsch	Hier mache ich einen konkreten Lösungsvorschlag. Es sollte sich um einen klaren Appell handeln, indem ich meine Erwartung zum Ausdruck bringe
	Beispiel: „Ich brauche eine Woche Vorlauf für die Vorbereitung und bitte Dich, dass bei zukünftigen Meetings zu berücksichtigen"

Danken	Auch wenn das Feedback unangenehm ist, gilt es hier, sich zu bedanken
Entscheiden	Danach entscheide ich, was ich von dem Feedback annehme und sofort umsetze, was ich ggf. später umsetze und was ggf. gar nicht

7.8   SBAR Modell

Das SBAR Modell wurde für Notfallsituationen entwickelt und ursprünglich bei der Navy eingesetzt, um mit dieser standardisierten Sprachregelung Katastrophen zu vermeiden. Im Gesundheitswesen ist es hilfreich, um die unterschiedliche Kommunikation zwischen Ärzt*innen und Pflegefachkräften auszugleichen und ein besseres Verständnis zu erreichen.

Das Akronym steht für Situation, Background, Assessment, Recommendation.

Situation
Hier wird die aktuelle Situation geschildert.

1. Ich rufe an wegen der Patientin Schneider
2. Die Patientin hat…. (hier Symptomatik oder Diagnose angeben)
3. Frau Schneider klagt über Schmerzen im Brustbein, die in den Kiefer ausstrahlen
4. Ich habe die Patientin gerade gesehen und sie hat einen arrythmischen Puls von 50, einen Blutdruck von 160/200 mmHG
5. Sie ist unruhig, kaltschweißig und hat Atemnot

Background
Es erfolgt eine knappe Darstellung des notwendigen Hintergrundes.

6. Frau Schneider wurde gestern mit unklaren Bauchschmerzen auf die Station aufgenommen

Assessment
Nun schätzt die Pflegefachkraft die Situation und mögliche Ursache der Symptomatik ein.

z. B. „Ich glaube sie bekommt einen Herzinfarkt"

Recommendation
Hier wird nun eine Empfehlung ausgesprochen, was zu tun ist.

z. B. „Ich schlage vor, Sie kommen umgehend auf die Station und machen sich selbst ein Bild, während ich schon mal nach einem freien Bett auf der Intensivstation sehe."

Das SBAR-Modell wird in deutschen Kliniken zusehends beliebter und wird in einigen Abteilungen (Zentrale Notfallaufnahme und Intensivstation) als strukturierte Übergabe des Patienten angewendet [55].

7.9   4MAT Modell

Das 4MAT Modell bietet sich an, wenn es darum geht Menschen zu überzeugen. Es gibt vier unterschiedliche Typen bei der Entscheidungsfindung, die jeweils auf verschiedene Informationen triggern. Mit dem 4MAT Modell wird für jeden Typen das richtige Argument vorbereitet. Am besten ist es, alle 4 Argumente vorzubereiten, damit für jeden das Passende dabei ist. Während die Typen in der Bevölkerung etwa gleichmäßig verteilt sind kommt der Warum-Typ mit 35 % etwas häufiger vor [134].

Was-Typ	Der Was-Typ will wissen, worum es geht und benötigt Zahlen, Daten, Fakten
Warum-Typ	Dieser Typ will wissen, warum dieses Thema für ihn persönlich relevant ist und warum er sich damit jetzt beschäftigen sollte
Was-wäre-wenn-Typ	Dieser Typ will wissen, welche Risiken und Chancen mit dem Thema verbunden sind und was passiert, wenn keiner was machen würde
Wie-Typ	Der Wie-Typ will wissen, was zu tun ist, wie das funktioniert und man es ausprobieren kann

Wie kann ich diese 4 Typen nun überzeugen?

Was-Typ	Hier reichen Zahlen, Daten, Fakten mit denen meine Argumente untermauert werden „Ich möchte ein Projekt zur Vermeidung von kommunikativen Missverständnissen initiieren und damit im Oktober beginnen"
Warum-Typ	Hier hilft es die Brisanz aufzuzeigen und Bezüge zu wichtigen aktuellen Ereignissen herzustellen. Dabei beziehe ich mich auf seine persönlichen Bedürfnisse und spreche diese an „Missverständnisse führen oft zu Behandlungsfehlern. Das wird in einer Reihe von Studien belegt, die ich hier zum Nachlesen mitgebracht habe. Wir hatten im letzten Monat in unserer Abteilung 2 nachgewiesene Behandlungsfehler und vier berichtete Beinahe-Fehler."
Was-wäre-wenn-Typ	Hilfreich sind hier worst-case Szenarien, die aufzeigen, was passieren würde, wenn das Thema nicht angegangen wird. Auch Informationen darüber, wie die Gefahren umschifft werden können und welche Chancen in dem Thema liegen sind sinnvoll „Unsere Klinik hat sich ein besseres Fehlermanagement auf die Fahne geschrieben, und hierzu Fördermittel für Projekte eingeworben.

Außerdem steht die Down-Sizing-Initiative unserer Klinik an, bei dem nur die rentabelsten Abteilungen weiter bestehen werden. Mit einer sichtbaren Reduktion unserer Behandlungsfehler leisten wir einen wichtigen Beitrag zur Kostenreduktion (Fehler sind teuer) und können unsere Rentabilität unter Beweis stellen. Damit sichern wir die Zukunft unserer Abteilung."

Wie-Typ

Dieser Typ braucht Informationen, wie nun konkret vorgegangen werden soll. Wenn es schon mal irgendwo zur Anwendung kam, ist das hilfreich hier zu erwähnen und aufzuzeigen, wie es anderen gelungen ist „Mit der Projektleitung würde ich gern Elmar beauftragen und es können sich noch zwei Interessierte melden, die dieses Projekt unterstützen möchten. Es gibt Mittel für Fragebögen und auch Interviews sind denkbar. Sinnvoll ist, wenn die drei Projektmitglieder sich unter-professionell zusammensetzen, denn die meisten Missverständnisse zeigen sich in den Studien zwischen den unterschiedlichen Berufsgruppen. Sobald das Projektteam mir einen Projektplan vorgelegt hat, verhandele ich das zeitliche Budget für die Projektmitglieder mit der Geschäftsführung."

7.10 O.U.T. Programm

Das O.U.T. Programm wurde von dem Mediziner [22] entwickelt und zeigt Möglichkeiten zum Umgang mit Burnout auf. Das Akronym steht für Own, Useful Utilities und Therapy.

Own beschreibt, was aus eigener Kraft getan werden kann. Dazu zählt die Beschäftigung mit dem eigenen Körper, der Seele und den geistigen Bedürfnissen, um zu lernen, sich selbst in Balance zu bringen. Auch die Stärkung der eigenen Empfindungen und Empathie fällt hierunter. Auch kann der Betroffene seine Arbeitsumgebung entsprechend gestalten.

Useful Utilities meint eine sinnvolle Unterstützung durch andere. Das können Kommunikationstrainings sein, um zu lernen, sich besser abzugrenzen oder Übungen zur Stärkung der eigenen Willenskraft. Auch ein systematisches Stressmanagement fällt hierunter, wie beispielsweise die HeartMath Techniken.

Therapy beschreibt verschiedene therapeutische Möglichkeiten. Wenn ich das Bedürfnis habe, meine Situation tiefgreifend aufzuarbeiten, kann eine Psychoanalyse Sinn machen. Ansonsten gibt es eine Vielfalt von therapeutischen Optionen, wie z. B. Paartherapie, Gestalttherapie, Familientherapie oder Verhaltenstherapie.

Es gibt auch Kliniken, die sich auf die Behandlung von Burnout spezialisiert haben.

7.11 App gegen Burnout

Es wurden bereits eine Reihe von Apps gegen Burnout entwickelt. So stellt die Firma Novego ein Online-Programm zur Prävention und Bewältigung von depressiven Symptomen, Angststörungen, Burnout, Stress und Schlafproblemen bereit, welches auf Rezept von den Krankenkassen finanziert wird.

Mit dieser modernen Kommunikationsform werden die Teilnehmer umfassend und kurzweilig informiert. Dabei werden Videos, Infotexte und aktive Übungen abwechslungsreich eingesetzt. Der Vorteil dieser Technik liegt darin, dass Sie jederzeit anfangen können, ohne lange Wartezeiten auf einen Termin bei einem Psychologen.

7.12 SPIKES Modell

Das SPIKES Modell gibt eine gute Orientierung zum Überbringen schlechter Nachrichten. Es wurde von Walter Baile [12] speziell für die Übermittlung schlechter Nachrichten im Gesundheitswesen entwickelt und findet international große Anerkennung. Dieses Modell sieht sechs Schritte vor, nämlich:

1. Situation,
2. Patientenwissen,
3. Informationsbedarf,
4. Kenntnisvermittlung,
5. Emotionen ansprechen,
6. Strategie und Zusammenfassung.

Situation steht für die Vorbereitung des Gesprächs. (Welcher Raum? Wie viel Zeit? Was für eigene Ängste sind vorhanden?)

Patientenwissen meint die Ermittlung des bisherigen Kenntnisstandes und der Erwartungen des*der Patient*in.

Informationsbedarf steht für das Herausfinden, welche Informationen der*die Patient*in benötigt. (Gibt es Abwehr?)

Kenntnisvermittlung meint die Erklärung von Diagnose, möglichen Therapien und Prognose in allgemein verständlicher Sprache.

Emotionen sollten unbedingt angesprochen werden und auf Gefühlsausbrüche mit Empathie eingegangen. (»Ich kann verstehen, dass Sie das wütend macht.« »Ja, das macht sie traurig.«)

Strategie meint hier, das bisherige noch einmal zusammenzufassen und gemeinsam das weitere Vorgehen besprechen.

7.13 Das 10-Schritte-Modell

Auch das 10-Schritte Modell wird zur Übermittlung schlechter Nachrichten herangezogen und findet insbesondere in der Pflege von Krebspatienten seinen Einsatz [137].

- Machen Sie sich bereit
- Ermitteln Sie, was der*die Patient*in bereits weiß
- Ermitteln Sie, was der*die Patient*in wissen möchte
- Geben Sie ein Zeichen (verbal oder nonverbal), dass es sich hierbei um ein ernstes Gespräch handelt
- Sprechen Sie behutsam über die schlechte Nachricht
- Erkennen Sie den Stress des*der Patient*in und unterstützen ihn dabei, seinen Gefühlen Ausdruck zu verleihen
- Erkennen und Kategorisieren Sie die Sorgen des*der Patient*in
- Unterstützen Sie den*die Patient*in dabei seine aktuellen Fragen zu formulieren
- Ermitteln Sie das Helfer-Netzwerk des*des Patient*in
- Ermitteln Sie die notwendige Hilfe und was danach passieren wird

7.14 PEWTER Modell

Auch das 6-schrittige Modell PEWTER ist praktikabel für die Pflege und gibt dem herausfordernden Gespräch einen guten Rahmen.

P prepare	Vorbereitung auf • Wissen welche Information vermittelt werden soll • Wissen, wie diese Information in klarer und einfacher Alltagssprache zu übermitteln ist • Gespräch soll in Ruhe und ohne Unterbrechung stattfinden
E evaluate	• Einschätzen, was der *diePatient*in/seine*ihre Zugehörigen bereits wissen oder erwarten • Sich des kognitiven und psychologischen Status des*der Patien*in bewusst sein • Sich die Emotionen des*der Patient*in bewusst machen und auf verbalen und nonverbalen Ausdruck achten (Körperhaltung, Gesichtsausdruck)
W warning	• Ein kurzes verbales oder nonverbales Signal geben, mit dem die Ernsthaftigkeit des Gespräches unterstrichen wird (danach empfiehlt sich eine kurzes Innehalten, bevor weiter gesprochen wird)
T telling	• Die Übermittlung der Nachricht sollte ruhig aber direkt erfolgen • Die schlechte Nachricht sollte stückweise übermittelt werden und nicht mehr als drei negative Informationen auf einmal enthalten • Für weitere schlechte Nachrichten ein neues Gespräch vereinbaren

| E emotional Response | • Die emotionale Reaktion des*der Patient*in auf die Nachricht einschätzen und ggf. ein (oder mehrere) Nachgespräche anbieten |
| R regrouping Preparation | • Es gilt nun zwischen Patient*in und Pflegefachkraft eine neue Ebene der Zusammenarbeit einzuleiten. Dabei gilt es herauszufinden, wie auf die schlechten Nachrichten zu reagieren ist. Diese Phase gilt oft als die wichtigste |

Das PEWTER Modell ist zunächst an Schulen ausprobiert worden, bevor es in der Pflege zum Einsatz kam und hier als praxisnahes Vorgehen seine Berechtigung findet [35].

7.15 FOR-DEC

FOR-DEC ist ein Modell zum Umgang mit einer akuten Gefahrensituation. Das Wort FOR-DEC ist ein Akronym und steht für folgenden Begriffe:

F – Facts	Fakten: Was ist das Problem? Wie ist die Situation?
O – Options	Optionen: Welche Handlungsmöglichkeiten ergeben sich aus den Fakten?
R – Risks & Benefits	Risiken und Chancen: Was spricht gegen die Option (Risiko)? Was spricht für die Option (Chance)?
D – Decision	Entscheidung: Wie lautet die Entscheidung? Was tun wir?
E – Execution	Ausführung: Was sind die einzelnen Schritte? Wer tut was, wann, wie und wo?
C – Check	Überprüfung: Ist alles richtig? Haben wir uns verbessert? Haben wir neue Fakten? FOR-DEC erneut starten?

Die ersten drei Buchstaben stehen für die Disziplin „Analyse", die letzten drei Buchstaben für die Disziplin „Umsetzung". (Als Schreibweise bevorzuge ich FOR-DEC, da diese die Trennung auch im Akronym zeigt.)

7.15.1 Beispiel zum FOR-DEC Modell

Fakten

Eine unruhige agitierte Bewohnerin Frau Bieba stört den Ablauf und die Mitbewohner durch ihr Verhalten im Pflegeheim. Sie nimmt Mitbewohnern Dinge weg (Löffel, Taschentücher und ganz besonders Nahrungsmittel), öffnet die Flurfenster bei winterlichen Minusgraden, läuft anderen ständig hinterher, jammert laut vor sich hin, reagiert verärgert, wenn man ihr sagt, dass sie etwas nicht tun soll (nein, lassen Sie die Wäsche bitte im Schrank) und räumt Gegenstände an unmögliche Stellen (Untertassen hinter die Heizung). Dabei achtet sie oft darauf, dass jemand sieht, was sie tut.

Das Personal reagiert verärgert, da sie ihre Abläufe oft unterbrechen müssen, um die Bewohnerin zu ermahnen, die Gegenstände anderer Bewohner zurückzuholen oder Schränke wieder einzuräumen. Die Mitbewohner sind genervt, weil sie ständig auf die eigenen Dinge achten und das ständige Jammern ertragen müssen.

Optionen

- Hausärztin soll Medikation überprüfen
- Ermittlung von Schmerzen bei Demenz mit dem Pain Assessment in Impaired Cognition (PAIC 15)
- Dementia Care Mapping zur Beobachtung, wann sich die Bewohnerin wohl fühlt
- Eigenes Beschäftigungsprogramm

- Angehörigengespräch zur möglichen Ursachenklärung der Unruhe und des Sich-Aneignens fremder Dinge
- Mehr Aufmerksamkeit durch häufige Berührung (streicheln der Hände, in den Arm nehmen)

Risken und Chancen

Option	Risiko	Chance
1. Medikamente prüfen	Keins	Sicherheit korrekter Einstellung der Medikamente
2. Schmerzermittlung	Keins	Schmerz als Ursache bestätigt oder ausgeschlossen
3. Dementia Care Mapping	Kosten klären	Wissen, was bei der Bewohnerin Wohlempfinden auslöst
4. Individuelle Beschäftigung	Andere Bewohner könnten sich vernachlässigt fühlen	Herausfinden, was Frau Bieba mag und gut tut
5. Angehörigengespräch	Keins	Wissen über biografische Zusammenhänge, welche die Unruhe erklären könnte
6. Berührung	Keins	Körperlicher Kontakt könnte Beziehung stärken und mögliche Ängste reduzieren

Decision: Entscheidung treffen

Das Team einigt sich auf folgendes Vorgehen in genannter Reihenfolge:

1. Beurteilung von Schmerz bei Demenz mithilfe des Pain Assessment in Impaired Cognition (PAIC 15). Hier werden 5 Kategorien bei einer Aktivität (in diesem Beispiel Treppen steigen) beobachtet: Atmung, negative Lautäußerungen, Gesichtsausdruck, Körperbewegungen und Vokalisation eingeschätzt [114, 119].
2. Aktives Einsetzen gezielter Berührung an den Armen, der Schulter und wenn möglich Umarmung der Bewohnerin mit einem freundlichen Lächeln.
3. Angehörigengespräch mit dem Sohn von Frau Bieba, um mögliche biografiebedingte Ereignisse der Unruhe zu recherchieren und hilfreiche Interventionen zu erfahren.
4. Dementia Care Mapping für einen Beobachtungstag beantragen und gleichzeitig die Dementia Care Mapping Ausbildung zum Mapper für drei Teamkolleginnen beantragen.
5. Hausärztin zur Medikamentenprüfung einbestellen und Befunde zum Schmerzassessment einbeziehen.
6. Täglich eine Stunde Einzelbetreuung mit dem Ziel herauszufinden, welche Beschäftigung für Frau Bieba geeignet ist.

Execution: Ausführung der Entscheidungen

Die Verantwortlichen für die o. g. Maßnahmen werden benannt und zeitliche Vereinbarungen getroffen.

Check: Überprüfung der Ergebnisse

Die Schmerzeinschätzung brachte keine erfassbaren Befund. Auf die gezielten Berührungen reagiert Frau Bieba positiv mit Lächeln und lässt sich gern in den Arm nehmen. Das Gespräch mit dem Sohn ergab, dass Frau Bieba als junge Frau im Krieg lange Zeit auf der Flucht war und nur deshalb überlebte, weil sie Nahrungsmittel gestohlen hat. Aber auch Gegenstände (wie Wasserkessel, Suppenkelle oder Werkzeug) nahm sie an sich, um diese gegen Lebensmittel einzutauschen. Die Beobachtung durch die Dementia Care Mapper ergab, dass Frau Bieba sehr häufig durch das Personal reglementiert wurde und ständig ein Nein zu hören bekam. Das führte bei ihr dazu schneller oder heimlicher zu agieren und förderte ihre Unruhe. In der Stunde der Einzelbeschäftigung war sie sichtbar ruhiger und genoss die Aufmerksamkeit der Betreuerin. Im Gespräch mit dem Sohn erfuhren das Pflegeteam, dass dieser einige Zeit für das örtliche Tierheim Hunde ausgeführt hat und noch eine Reihe Menschen kennt, die das heute noch machen. Er will herausfinden, ob sich einer von diesen vorstellen kann, auf die übliche Hunderunde seine Mutter mitzunehmen, die Hunde mag, körperlich sehr fit ist und gern Spaziergänge macht. Die Hausärztin hat sich die Medikamente angesehen, aber keine Veränderung vorgenommen.

8

In aller Kürze

Professionelle Kommunikation ist nicht nur ein Faktor für beruflichen Erfolg sondern hat auch direkte Auswirkungen auf die Wirtschaftlichkeit einer Organisation. Denn unprofessionelle Kommunikation ist kostenintensiv. Missverständnisse, Lästereien, Vorenthalten von Informationen beeinflussen die Gesundheit und Arbeitszufriedenheit der Mitarbeiter*innen maßgeblich.

Der Gallup Engagement Index ermittelt alljährlich die Berufszufriedenheit der Mitarbeiter*innen in sämtlichen Branchen Deutschlands. Hierbei zeigt sich ein Trend zunehmender beruflicher Unzufriedenheit, der durch der Corona Pandemie noch verstärkt wurde. Lediglich 17 % haben eine hohe emotionale Bindung an ihren Arbeitgeber, 69 % machen Dienst nach Vorschrift und 14 % haben bereits innerlich gekündigt. Die volkswirtschaftlichen Kosten aufgrund von innerer Kündigung beliefen sich im Jahr 2021 auf durchschnittlich 105 Mrd. Euro[74].

© Der/die Autor(en), exklusiv lizenziert an Springer-Verlag GmbH, DE, ein Teil von Springer Nature 2023
R. Tewes, *Wie bitte? – Kommunikation in Gesundheitsberufen,* Top im Gesundheitsjob, https://doi.org/10.1007/978-3-662-66738-5_8

Die Formen unprofessioneller Kommunikation sind dabei vielfältig: so werden Kolleg*innen gemobbt und über Mitarbeiter*innen gelästert, die eigene Organisation »durch den Kakao gezogen«, einfach gelogen, Informationen nur an die Lieblingskolleg*innen weiter gegeben oder auch Diebstahl begangen (Medikamente, Pflaster etc.).

Da unprofessionelle Kommunikation Unsummen im Gesundheitswesen verschlingt zahlt sich eine Investition in die Schulung professioneller Kommunikation aus. Die meisten Gesundheitsberufe werden primär in Bezug auf Fachkompetenz ausgebildet. Eine systematische Schulung in Gesprächsführung zählt in der Regel nicht dazu. Dabei bestimmt die Kommunikation im Gesundheitswesen den beruflichen Alltag. Interessanterweise wird im Sozial- und Gesundheitswesen 7-mal häufiger gemobbt, als z. B. in technischen Berufen, so der Mobbingforscher Dieter Zapf [214, 215].

Mit diesem Buch haben Sie Zugriff auf eine Vielfalt von praktikablen Kommunikationsmodellen, die Ihnen Ihren beruflichen Alltag erleichtern können, wenn Sie z. B. Feedback geben möchten oder jemanden überzeugen wollen. Die beschriebenen Fallbeispiele helfen gute von schlechter Kommunikation zu unterscheiden.

Ich möchte Sie ermutigen die alltäglichen Situationen des beruflichen Alltags zum Üben zu nutzen, und so die eigene kommunikative Kompetenz Stück für Stück zu erweitern. Die professionelle Kommunikation hilft nicht nur Fehler zu vermeiden und damit Kosten zu sparen, sondern steigert auch das Selbstwertgefühl und trägt somit zu Ihrer Gesundheit bei. Ich wünsche Ihnen viel Freude beim Ausprobieren der Kommunikationsmodelle und Erweitern Ihrer kommunikativen Fähigkeiten!

Literatur

1. Abel J, Dennison S, Senior-Smith G et al (2001) Breaking bad news—development of a hospital-based training workshop. Lancet Oncol 2:380–384. https://doi.org/10.1016/S1470-2045(00)00393-4
2. Aiken LH (2002) Hospital Nurse Staffing and patient mortality, nurse burnout, and job dissatisfaction. J Am Med Association 288:1987–1993. https://doi.org/10.1001/jama.288.16.1987
3. Aiken LH, Sloane DM, Bruyneel L et al (2014) Nurse staffing and education and hospital mortality in nine European countries: a retrospective observational study. The Lancet 383:1824–1830. https://doi.org/10.1016/S0140-6736(13)62631-8
4. Akca S, Kugler C (2016) Empowerment von Pflegenden in Akutkrankenhäusern. Zusammen – Arbeit – Gestalten
5. Amelung V, Berchtold P (2008) Neue Schlüsselqualifikationen und Berufsfelder in Managed Care. Care Management 1:8–11
6. Anderson WG, Arnold RM, Angus DC, Bryce CL (2008) Posttraumatic stress and complicated grief in family

members of patients in the intensive care unit. J Gen Intern Med 23:1871–1876. https://doi.org/10.1007/s11606-008-0770-2

7. Aquino K, Thau S (2009) Workplace Victimization: aggression from the Target's Perspective. Annu Rev Psychol 60:717–741. https://doi.org/10.1146/annurev.psych.60.110707.163703

8. Arnet I (2000) Individualisierung der Compliance. Therapeutische Umschau, 552–556

9. Arnold E (2019) Relationship skills in healthcare communication. Interpersonal relationships: professional communication skills for nurses

10. Artiran Igde F, Sahin MK (2017) Changes in empathy during medical education: An example from Turkey. Pak J Med Sci. https://doi.org/10.12669/pjms.335.13074

11. Auerbach SM, Kiesler DJ, Wartella J et al (2005) Optimism, satisfaction with needs met, interpersonal perceptions of the healthcare team, and emotional distress in patients' family members during critical care hospitalization. American Journal of Critical Care: An Official Publication, American Association of Critical-Care Nurses 14:202–210

12. Azoulay E, Timist J-F, Sprung CL (2009) Prevalence and factors of Intensive Care Unit Conflicts. The Conflicus Study. Am J Respir Crit Care Med 180:853–860

13. Back AL (2007) Efficacy of communication skills training for giving bad news and discussing transitions to palliative care. Arch Intern Med 167:453. https://doi.org/10.1001/archinte.167.5.453

14. Baile WF, Buckman R, Lenzi R et al (2000) SPIKES—A six-step protocol for delivering bad news: application to the patient with cancer. Oncologist 5:302–311. https://doi.org/10.1634/theoncologist.5-4-302

15. Bambi S, Guazzini A, De Felippis C et al (2017) Preventing workplace incivility, lateral violence and bullying between nurses A narrative literature review. Acta Bio-Medica: Atenei Parmensis 88:39–47

16. Barrett A, Piatek C, Korber S, Padula C (2009) Lessons learned from a lateral violence and team-building intervention. Nurs Adm Q 33:342–351. https://doi.org/10.1097/NAQ.0b013e3181b9de0b

17. Bartholomew K, Bartholomew K (2009) Feindseligkeit unter Pflegenden beenden: wie sich das Pflegepersonal gegenseitig das Leben schwer macht und den Nachwuchs vergrault - Analysen und Lösungen, 1. Aufl. Huber, Bern

18. Batt-Rawden SA, Chisolm MS, Anton B, Flickinger TE (2013) Teaching empathy to medical students: an updated, systematic review. Acad Med 88:1171–1177. https://doi.org/10.1097/ACM.0b013e318299f3e3

19. Bauer J (2016) Das Gedächtnis des Körpers: wie Beziehungen und Lebensstile unsere Gene steuern, Aktualisierte und erweiterte Ausgabe. Piper, München

20. Beach MC, Sugarman J, Johnson RL et al (2005) Do patients treated with dignity report higher satisfaction, adherence, and receipt of preventive care? Ann Fam Med 3:331–338. https://doi.org/10.1370/afm.328

21. Becker R (2017) Beratung als pflegerische Aufgabe: Arbeitsmaterialien für Unterricht und Praxis. Verlag W, Kohlhammer, Stuttgart

22. Bergner, T (2008) Burnout bei Ärzten. Arztsein zwischen Lebensaufgabe und Lebens-Aufgabe. Schattauer Verlag, Stuttgart

23. Bergner TMH (2010) Burnout bei Ärzten: Arztsein zwischen Lebensaufgabe und Lebens-Aufgabe, 2e éd. révisée et actualisée. Schattauer, Stuttgart

24. Bischofberger I, Bisaz J (2008) Das kann ja heiter werden, 2., vollst. überarb. und erw. Aufl. Huber, Bern

25. Bischoff-Wanner C (1997) Frauen in der Krankenpflege: zur Entwicklung von Frauenrolle und Frauenberufstätigkeit im 19. und 20. Jahrhundert, 3., durchges. Aufl., überarb. und erw. Neuausg. Campus, Frankfurt a. M.

26. Blegen MA, Goode C, Johnson M et al (1993) Preferences for decision-making autonomy. J Nur Scholarship 25:339–344. https://doi.org/10.1111/j.1547-5069.1993.tb00269.x

27. Blöchlinger D (1989) »Schwester« - die unzeitgemäße Bezeichnung. Krankenpflege Soins infirmies, 74–78

28. Bonnaud-Antignac A, Campion L, Pottier P, Supiot S (2010) Videotaped simulated interviews to improve medical students' skills in disclosing a diagnosis of cancer. Psychooncology 19:975–981. https://doi.org/10.1002/pon.1649

29. Bowyer MW, Hanson JL, Pimentel EA et al (2010) Teaching breaking bad news using mixed reality simulation. J Surg Res 159:462–467. https://doi.org/10.1016/j.jss.2009.04.032

30. Braddock C (1989) Truth-telling and Withholding Information | UW Department of Bioethics & Humanities. https://depts.washington.edu/bhdept/ethics-medicine/bioethics-topics/detail/82. Zugegriffen: 2. Okt 2022

31. Brown R, Dunn S, Byrnes K et al (2009) Doctors' Stress Responses and Poor Communication Performance in Simulated Bad-News Consultations. Acad Med 84:1595–1602. https://doi.org/10.1097/ACM.0b013e3181baf537

32. Brown VA, Parker PA, Furber L, Thomas AL (2010) Patient preferences for the delivery of bad news—the experience of a UK Cancer Centre: Patient preferences for the delivery of bad news. Eur J Cancer Care 20

33. Brucksch M, Teyke T, Lenz C, Schurr M (2005) Compliance bei Arzneimitteln: ein unterschätztes Problem. Pharmaco- Economics German Research Articles 3:3–8

34. Buckman RA (2005) Breaking bad news: the S-P-I-K-E-S strategy. Commun Oncol 2:138–142. https://doi.org/10.1016/S1548-5315(11)70867-1

35. Bumb M, Keefe J, Miller L, Overcash J (2017) Breaking bad news: an evidence-based review of communication models for oncology nurses. Clin J Oncol Nurs 21:573–580. https://doi.org/10.1188/17.CJON.573-580

36. Burisch M (2014) Das Burnout-Syndrom: Theorie der inneren Erschöpfung - zahlreiche Fallbeispiele - Hilfen zur Selbsthilfe, 5, überarb. Springer, Berlin

37. Castaneda GA, Scanlan JM (2014) Job satisfaction in nursing: a concept analysis: job satisfaction in nursing. Nurs Forum 49:130–138. https://doi.org/10.1111/nuf.12056

38. Ceravolo DJ, Schwartz DG, Foltz-Ramos KM, Castner J (2012) Strengthening communication to overcome lateral violence. J Nurs Manag 20:599–606. https://doi.org/10.1111/j.1365-2834.2012.01402.x

39. Chen A (2019) Stress resilience. Elsevier, Cambridge

40. Chen D, Lew R, Hershman W, Orlander J (2007) A cross-sectional measurement of medical student empathy. J GEN INTERN MED 22:1434–1438. https://doi.org/10.1007/s11606-007-0298-x

41. Chen Y-M, Johantgen ME (2010) Magnet Hospital attributes in European hospitals: A multilevel model of job satisfaction. Int J Nurs Stud 47:1001–1012. https://doi.org/10.1016/j.ijnurstu.2009.12.016

42. Chiocchio F, Lebel P, Dubé J-N (2016) Informational role self-efficacy: a validation in interprofessional collaboration contexts involving healthcare service and project teams. BMC Health Serv Res 16:153. https://doi.org/10.1186/s12913-016-1382-x

43. Chochinov HM (2007) Dignity and the essence of medicine: the A, B, C, and D of dignity conserving care. BMJ 335:184–187. https://doi.org/10.1136/bmj.39244.650926.47

44. Chochinov HM (2022) Deutsche Gesellschaft für Patientenwürde. Freundlichkeit, Menschlichkeit, Respekt

45. Clark MJ (2008) Community assessment reference guide for community health nursing. Pearson Prentice Hall, Upper Saddle River

46. Cohen MH (2007) What you accept is what you teach: setting standards for employee accountability. Creative Health Care Management, Minneapolis

47. Corda RS, Burke HB, Horowitz HW (2000) Adherence to prescription medications among medical professionals. South Med J 93:585–589

48. Crombé X, Kuper J (2019) War breaks uut. J Humanitarian Aff 1:4–12. https://doi.org/10.7227/JHA.012

49. DePaulo B, Friedmann H (2010) Nonverbal communication. The handbook of social psychology

50. DeVito JA (2017) Essential. Pearson, Boston

51. Devlin MK, Kozij NK, Kiss A et al (2014) Morning handover of on-call issues: opportunities for improvement. JAMA Intern Med 174:1479–1485. https://doi.org/10.1001/jamainternmed.2014.3033

52. Dikici M, Yaris F, Cubukcu M (2009) Teaching medical students how to break bad news: a Turkish experience. J Cancer Education, 246–248

53. Dimarino TJ (2011) Eliminating lateral violence in the ambulatory setting: one center's strategies. AORN J 93:583–588. https://doi.org/10.1016/j.aorn.2010.10.019

54. Dommer E (2001) Patientenorientierte Information und Krankheitsbewältigung. Das Communication-Center im Krankenhaus

55. von Dossow V, Zwißler B Strukturierte Patientenübergabe in der perioperativen Phase – Das SBAR-Konzept*. Anästh Intensivmed 57:88–90

56. Duchscher JB (2008) A process of becoming: the stages of new nursing graduate professional role transition. J Continuing Edu Nurs 39:441–450. https://doi.org/10.3928/00220124-20081001-03

57. Dunbar-Jacob J, Erlen JA, Schlenk EA et al (2000) Adherence in chronic disease. Annu Rev Nurs Res 18:48–90

58. Eckhaus E, Ben-Hador B (2017) Gossip and gender differences: a content analysis approach. J Gend Stud 28:97–108. https://doi.org/10.1080/09589236.2017.1411789

59. Edmondson AC (2012) Teaming: how organizations learn, innovate, and compete in the knowledge economy. Jossey-Bass, San Francisco

60. Edmondson AC (2020) Die angstfreie Organisation: wie Sie psychologische Sicherheit am Arbeitsplatz für mehr Entwicklung. Verlag Franz Vahlen, München, Lernen und Innovation schaffen

61. Edmüller A, Wilhelm T (2019) Manipulationstechniken: erkennen und abwehren, 4. Auflage. Haufe-Lexware GmbH & Co. KG, Freiburg

62. Eisler R (1987) The chalice and the blade: our history, our future. HaperCollins, San Fransico

63. Eisler RT, Potter TM (2014) Transforming inter-professional partnerships: a new Framework for nursing and partnership-based health care. Sigma Theta Tau International, Indianapolis

64. Ekpenyong, MS, Nyashandu, M, Ossey-Nweze C, Serrant L (2021) Exploring the perceptions of dignity among patients and nurses in hospital settings: an integrative review. Journal of Research in Nursing 26/6:517–537. https://doi.org/10.1177/1744987121997890

65. Embree JL, Bruner DA, White A (2013) Raising the level of awareness of nurse-to-nurse lateral violence in a critical access hospital. Nutr Res Pract 2013:1–7. https://doi.org/10.1155/2013/207306

66. Fardousi N, Douedari Y, Howard N (2019) Healthcare under siege: a qualitative study of health-worker responses to targeting and besiegement in Syria. BMJ Open 9:e029651. https://doi.org/10.1136/bmjopen-2019-029651

67. Farrell G (1999) Issues in nursing: Violence in the workplace

68. Faulkner A (1998) ABC of palliative care: communication with patients, families, and other professionals. BMJ 316:130–132. https://doi.org/10.1136/bmj.316.7125.130

69. Fleisch NH, Thomann C (2020) Das Quartett der Persönlichkeit: das Riemann-Thomann-Modell in Beziehungen und Konflikten, 1. Aufl. Haupt Verlag, Bern

70. Footer KHA, Meyer S, Sherman SG, Rubenstein L (2014) On the frontline of eastern Burma's chronic

conflict – Listening to the voices of local health workers. Soc Sci Med 120:378–386. https://doi.org/10.1016/j.socscimed.2014.02.019

71. Forcina V, Vakeesan B, Paulo C et al (2018) Perceptions and attitudes toward clinical trials in adolescent and young adults with cancer: a systematic review. Adolesc Health Med Ther 9:87–94. https://doi.org/10.2147/AHMT.S163121

72. Fouad FM, Sparrow A, Tarakji A et al (2017) Health workers and the weaponisation of health care in Syria: a preliminary inquiry for The Lancet –American University of Beirut Commission on Syria. The Lancet 390:2516–2526. https://doi.org/10.1016/S0140-6736(17)30741-9

73. Franke J (1999) Stress burnout and addiction. Tex Med 95:42–52

74. Gallup (2021) Engagement Index 2021

75. Geisler LS (2008) Arzt und Patient – Begegnung im Gespräch: Wirklichkeit und Wege, 5., [erw.] aktualisierte Aufl. pmi Verl, Frankfurt a. M

76. Georganta K, Panagopoulou E, Montgomery A (2014) Talking behind their backs: Negative gossip and burnout in Hospitals. Burn Res 1:76–81. https://doi.org/10.1016/j.burn.2014.07.003

77. George W (2001) Das Communication-Center im Krankenhaus, 1. Aufl. Huber, Bern

78. Gillespie GL, Grubb PL, Brown K et al (2017) "Nurses eat their young": a novel bullying educational program for student nurses. J Nurs Educ Pract 7:11. https://doi.org/10.5430/jnep.v7n7P11

79. Gilmour D, Hamlin L (2003) Bullying and harassment in perioperative settings. Br J Perioperative Nurs (United Kingdom) 13:79–85. https://doi.org/10.1177/175045890301300203

80. Grabbe Y, Nolting H, Loos S (2005) DAK-BGW Gesundheitsbericht 2005 stationäre Krankenpflege. DAK-BGW

81. Grabbe Y, Nolting H, Loos S, Krämer K (2006) DAK-BGW.Gesundheitsreport 2006.Ambulante Pflege. Arbeits-

bedingungen und Gesundheit in ambulanten Pflegediensten

82. Griffith CH, Wilson JF, Langer S, Haist SA (2003) House staff nonverbal communication skills and standardized patient satisfaction. J Gen Intern Med 18:170–174. https://doi.org/10.1046/j.1525-1497.2003.10506.x

83. Günther U (2003) Basics der Kommunikation. In: Auhagen A, Bierhoff H (Hrsg) Angewandte Sozialspsychologie. Das Praxishandbuch. Beltz PVU, Weinheim, S 17–42

84. Haar RJ, Read R, Fast L et al (2021) Violence against healthcare in conflict: a systematic review of the literature and agenda for future research. Confl Heal 15:37. https://doi.org/10.1186/s13031-021-00372-7

85. Hammes E, Joseph W (2001) Kundenzufriedenheit durch zeitgemäße Publizität mit Hilfe von Communication Center. Das Communication-Center im Krankenhaus

86. Händeler E (2018) Die Geschichte der Zukunft: Sozialverhalten heute und der Wohlstand von morgen: Kondratieffs Globalsicht, 11., aktualisierte Aufl. Brendow, Moers

87. Hasselhorn H-M, Müller BH Arbeitsbelastung und -beanspruchung bei Pflegepersonal in Europa. Ergebnisse der NEXT-Studie. Fehlzeitenreport 2004

88. Hayes B, Bonner A, Pryor J (2010) Factors contributing to nurse job satisfaction in the acute hospital setting: a review of recent literature: nurse job satisfaction. J Nurs Manag 18:804–814. https://doi.org/10.1111/j.1365-2834.2010.01131.x

89. Herth K (1993) Hope in the family caregiver of terminally ill people. J Adv Nurs 18:538–548. https://doi.org/10.1046/j.1365-2648.1993.18040538.x

90. Hindle S (2003) Psychological factors affecting communication. Interpersonal communication in nursing: theory and practice

91. Hofmann I (2001) Schwierigkeiten im interprofessionellen Dialog zwischen ärztlichem und pflegerischem Kollegium. Pflege, 207–213

92. Hojat M, Mangione S, Nasca TJ et al (2004) An empirical study of decline in empathy in medical school. Med Educ 38:934–941. https://doi.org/10.1111/j.1365-2929.2004.01911.x

93. Holitzka M, Remmert E (2006) Systemische Organisations-Aufstellungen für Konfliktlösungen in Unternehmen und Beruf ein Praxisbuch nach Bert Hellinger und anderen, 1. Aufl. Schirner, Darmstadt

94. Hollik J, Kerres A (2004) Pflegevisite. Kohlhammer, Stuttgart

95. Huber J (2012) Städte der Zukunft

96. Hwang DY, Yagoda D, Perrey HM et al (2014) Consistency of communication among intensive care unit staff as perceived by family members of patients surviving to discharge. J Crit Care 29:134–138. https://doi.org/10.1016/j.jcrc.2013.09.009

97. Jacobson N (2009) Dignity violation in health care. Qual Health Res 19:1536–1547. https://doi.org/10.1177/1049732309349809

98. Jacobson PM (2012) Evidence synthesis for the effectiveness of interprofessional teams in primary care. Canadian Health Services Research Foundation, Ottawa

99. Josi R, Bianchi M, Brandt SK (2020) Advanced practice nurses in primary care in Switzerland: an analysis of inter-professional collaboration. BMC Nurs 19:1. https://doi.org/10.1186/s12912-019-0393-4

100. Junge S Schulung und Vorbereitung für den Einsatz eines KKC. Das Communication Center im Krankenhaus

101. van Kampenhout D (2008) Die Tränen der Ahnen: Opfer und Täter in der kollektiven Seele, 1. Aufl. Carl-Auer-Systeme-Verlag, Heidelberg

102. von Kanitz A (2009) Gesprächstechniken. Haufe, München

103. Kanning U (1999) Selbstwertdienliches Verhalten und soziale Konflikte im Krankenhaus. Gruppendynamik 30:207–229

104. Katsuki A, Ogasawara K, Miyata N et al (2009) How to tell a patient the truth?—a case report from a

psycho-oncology outpatient clinic. Japan J Cancer and Chemother, 1511–1514

105. Kaye P (1996) Breaking bad news: a 10 step approach. EPL, Northampton

106. Keefe-Cooperman K, Savitsky D, Koshel W et al (2018) The PEWTER study: Breaking bad news communication skills training for counseling programs. Int J Adv Couns 40:72–87. https://doi.org/10.1007/s10447-017-9313-z

107. Kersting K (2019) „Coolout" in der Pflege: eine Studie zur moralischen Desensibilisierung. Mabuse-Verlag, Frankfurt a. M.

108. Kessels RPC (2003) Patients' memory for medical information. J Royal Soc Med 96:219–222. https://doi.org/10.1258/jrsm.96.5.219

109. Knill M Killerphrasen

110. Koerner J (2011) Healing Presence: The essence of nursing. Springer, New York

111. Koloroutis M, Dingman S, Kelling G, Watson J (2011) Beziehungsbasierte Pflege: ein Modell zur Veränderung der Pflegepraxis, 1. Aufl. Huber, Bern

112. Koloroutis M, Wessel S, Felgen J (2021) Einbeziehen von Herz und Verstand, um beziehungsbasierte Kulturen voranzubringen. Innovative Personalentwicklung im In- und Ausland für Pflege- und Gesundheitseinrichtungen

113. Kong M (2018) Effect of perceived negative workplace gossip on employees' behaviors. Front Psychol 9:1112. https://doi.org/10.3389/fpsyg.2018.01112

114. Kunz M, Waal MWM, Achterberg WP et al (2020) The Pain Assessment in Impaired Cognition scale (PAIC15): A multidisciplinary and international approach to develop and test a meta-tool for pain assessment in impaired cognition, especially dementia. Eur J Pain 24:192–208. https://doi.org/10.1002/ejp.1477

115. Lalouschek J, Menz F, Wodak R (1990) Alltag in der Ambulanz. Gunter Narr, Tübingen

116. Lange S, Burr H, Conway P, Rose U (2019) Mobbing in der deutschen Erwerbsbevölkerung: Prävalenz, Folgen und Ursachen. Düsseldorf, S s-0039–1694388

117. Langkafel P, Lüdke C (2008) Breaking bad news: das Überbringen schlechter Nachrichten in der Medizin. Economica, Bonn

118. Laurette A, Darmon M, Megarbane B et al (2007) A communication strategy and brochure for relatives of patients dying in the ICU. N Engl J Med 356:469–478. https://doi.org/10.1056/NEJMoa063446

119. Lautenbacher S, Kunz M (2019) Schmerzerfassung bei Patienten mit Demenz. Anaesthesist 68:814–820. https://doi.org/10.1007/s00101-019-00683-8

120. Lemaire JB, Wallace JE, Lewin AM et al (2011) The effect of a biofeedback-based stress management tool on physician stress: a randomized controlled clinical trial. Open Medicine: A Peer-Reviewed, Independent, Open-Access Journal 5:e154–163

121. Linz R, Engert V (2018) Interactions of monetary thought content and subjective stress predict cortisol fluctuations in a daily life experience sampling study. Sci Rep 8:15462

122. Linz R, Singer T, Engert V (2018) Interactions of momentary thought content and subjective stress predict cortisol fluctuations in a daily life experience sampling study. Sci Rep. https://doi.org/10.1038/s41598-018-33708-0

123. Lotz M (2000) Zur Sprache der Angst: Eine Studie zur Interaktion im pflegerischen Aufnahmegespräch. Mabuse, Frankfurt a. M.

124. Lundeby T, Gulbrandsen P, Finset A (2015) The expanded four habits model—a teachable consultation model for encounters with patients in emotional distress. Patient Educ Couns 98:598–603. https://doi.org/10.1016/j.pec.2015.01.015

125. Ma J-C, Lee P-H, Yang Y-C, Chang W-Y (2009) Predicting factors related to nurses' intention to leave, job satisfaction, and perception of quality of care in acute care hospitals. Nurs Econ$ 27:178–184, 202

126. Mächler K, Kubern S (2011) Schwester Susan oder Frau Schneider? Ein Vergleich der Anrede von Pflegefachkräften

in Deutschland und der Schweiz. Bachelorarbeit an der EHS Dresden

127. Mack B (2000) Führungsfaktor Menschenkenntnis: Mitarbeiter besser verstehen, typgerecht führen, optimal motivieren. mi, Verl. Moderne Industrie, Landsberg

128. Maguire P (2002) Key communication skills and how to acquire them. Br Med J 325:697–700. https://doi.org/10.1136/bmj.325.7366.697

129. Mahnke A, Müller-Schilling M, Baumer B et al (2021) Pflegende und Ärzte: Kommunikation auf Augenhöhe: das Regensburger Modell - interprofessionell und wegweisend. Schlütersche, Hannover

130. Manderino MA, Berkey N (1997) Verbal abuse of staff nurses by physicians. J Prof Nurs 13:40–50

131. Matiti MR (2002) Patient dignity in nursing : a phemomenological study. doctoral, University of Huddersfield

132. May DD, Grubbs LM (2002) The extent, nature, and precipitating factors of nurse assault among three groups of registered nurses in a regional medical center. J Emerg Nurs 28:191

133. McAdam JL, Puntillo K (2009) Symptoms experienced by family members of patients in intensive care units. Am J Crit Care 18:200–209. https://doi.org/10.4037/ajcc2009252

134. McCarthy B (1987) The 4MAT system: teaching to learning styles with right/left mode techniques. EXCEL Inc, Barrington, Ill

135. McCarthy B, McCarthy D (2006) Teaching around the 4MAT cycle: designing instruction for diverse learners with diverse learning styles. Corwin Press, Thousand Oaks,

136. McCormack B, Peelo-Kilroe L, Codd M, Baldie D (2021) Der Mut der Iren! Ein strategisches Programm zur Entwicklung einer personenzentrierten Kultur im Gesundheitswesen. Innovative Personalentwicklung im In- und Ausland: Für Einrichtungen im Gesundheitswesen

137. McGuigan D (2009) Communicating bad news to patients: a reflective approach. Nurs Stand 23:51–56. https://doi.org/10.7748/ns2009.04.23.31.51.c6934

138. McKinley CJ, Perino C (2013) Examining communication competence as a contributing factor in health care workers' job satisfaction and tendency to report errors. J Commun Healthc 6:158–165. https://doi.org/10.1179/17538076 13Y.0000000039

139. Melcher O (2001) Die Dienstleistungsorientierung als Handlungsparadigma. Das Communication-Center im Krankenhaus

140. Mento C, Silvestri MC, Bruno A et al (2020) Workplace violence against healthcare professionals: A systematic review. Aggress Violent Beh 51:101381. https://doi.org/10.1016/j.avb.2020.101381

141. Meredith C, Symonds P, Webster L et al (1996) Information needs of cancer patients in west Scotland: cross sectional survey of patients' views. BMJ 313:724–726. https://doi.org/10.1136/bmj.313.7059.724

142. Meuerling, L, Hedman, L, Sandahl, C et al (2013) Systematic simulation –based team training in a Swedish intensive care unit: a diverse response among critical care professions. Br Med J Qual Saf, 485–494

143. Miller JF, Mueller R, Hinrichs S (2003) Coping fördern – Machtlosigkeit überwinden: Hilfen zur Bewältigung chronischen Krankseins. Huber, Bern

144. Milligan F, Wareing M, Preston-Shoot M et al (2017) Supporting nursing, midwifery and allied health professional students to raise concerns with the quality of care: A review of the research literature. Nurse Educ Today 57:29–39. https://doi.org/10.1016/j.nedt.2017.06.006

145. Mischo-Kelling M (2012) Zur Theorie des Pflege-handelns – eine explorative Studie zur Bedeutung des Selbst, Selbstkonzepts und Körperbilds für die Trans-formation des Pflegemodells nach Roper, Logan & Tierney in eine pragmatischtisch-interaktionistische Theorie des Pflegehandelns

146. Modler P (2020) Das Arroganz-Prinzip: so haben Frauen mehr Erfolg im Beruf, 3, erweiterte. FISCHER Taschenbuch, Frankfurt a. M.

147. Morse JM, De Luca HG (1997) The comforting interaction. Developing a model of nurse-patient relationship. Sch Inq Nurs Pract 11:321–343

148. Muijsers P (2001) „Wir verstehen uns … oder?": Gesprächskultur für Gesundheitsberufe. Huber, Bern

149. Nagpal K, Arora S, Vats A et al (2012) Failures in communication and information transfer across the surgical care pathway: interview study. BMJ Qual Saf 21:843–849. https://doi.org/10.1136/bmjqs-2012-000886

150. Namie G, Namie R (2000) The bully at work: what you can do to stop the hurt and reclaim your dignity on the job. Sourcebooks, Naperville, Ill

151. Newton BW, Barber L, Clardy J et al (2008) Is There hardening of the heart during medical school? Academic Medicine 83:244–249. https://doi.org/10.1097/ACM.0b013e3181637837

152. Nock Interprofessionelles Lehren und Lernen in Deutschland – Entwicklung und Perspektiven

153. Oelke U (2001) Schlüsselqualifikationen als übergreifende Bildungsziele einer gemeinsamen Pflegeausbildung. Pflege lehren - Pflege managen: eine Bilanzierung innovativer Ansätze

154. Olsman E (2020) Hope in Health Care: A synthesis of review studies. In: van den Heuvel SC (Hrsg) Historical and multidisciplinary perspectives on hope. Springer, Cham, S 197–214

155. Orlando IJ (1996) Die lebendige Beziehung zwischen Pflegenden und Patienten. Huber, Bern

156. Patsy B, Koepsell T, Wagner E et al (1990) The relative risk of incidence in coronary heart disease associated with recently stopping the use of beta-blockers. J Am Med Ass 263:1653–1657

157. Peplau HE (1995) Interpersonale Beziehungen in der Pflege: ein konzeptueller Bezugsrahmen für eine psychodynamische Pflege. Recom, Basel

158. Peters K, Kashima Y, Clark A (2009) Talking about others: emotionality and the dissemination of social information. Eur J Soc Psychol 39:207–222. https://doi.org/10.1002/ejsp.523

159. Pipe TB, Buchda VL, Launder S et al (2012) Building personal and professional resources of resilience and agility in the healthcare workplace: building resilience. Stress Health 28:11–22. https://doi.org/10.1002/smi.1396

160. Pössel P, Mitchell A, Harbison B, Fernandez-Botran GR (2019) Repetitive negative thinking, depressive symptoms, and cortisol in cancer caregivers and noncaregivers. Oncol Nurs Forum 46:E202–E210. https://doi.org/10.1188/19.ONF.E202-E210

161. Potter T (2013) The BASE of nursing. Unpublished manuscript. School of Nursing, University of Minnesota, USA

162. Pyne JM, Constans JI, Wiederhold MD et al (2016) Heart rate variability: Pre-deployment predictor of post-deployment PTSD symptoms. Biol Psychol 121:91–98. https://doi.org/10.1016/j.biopsycho.2016.10.008

163. Rathje E (2001) Der Patient im Spannungsfeld zwischen Effizienz und Gerechtigkeit. Kohlhammer, Stuttgart

164. Reader TW, Flin R, Cuthbertson BH (2007) Communication skills and error in the intensive care unit. Curr Opin Crit Care 13:732–736. https://doi.org/10.1097/MCC.0b013e3282f1bb0e

165. Reimer C, Jurkat H, Mäulen B, Stetter F (2001) Zur Problematik der Suchtgefährdung von berufstätigen Medizinern. Psychotherapeut 46:376–385

166. Roberts SJ (2015) Lateral violence in nursing: a review of the past three decades. Nurs Sci Q 28:36–41. https://doi.org/10.1177/0894318414558614

167. Rosenberg M (2009) Gewaltfreie Kommunikation. Eine Sprache des Lebens. Junfermann, Paderborn

168. Rosengren DB (2020) Arbeitsbuch motivierende Gesprächsführung: Trainingsmanual, 3. Aufl. Probst Verlag, Westfalen

169. Rosenstein A (2002) Nurse-physician relationships: impact on nurse satisfaction and retention: AJN. Am J Nurs 102:26–34. https://doi.org/10.1097/00000446-200206000-00040

170. Rosenthal R, Hall J, DiMatteo R et al (1979) Sensitivity to nonverbal communication. The PONS Test

171. Satir V (2004) Kommunikation, Selbstwert, Kongruenz. Konzepte und Perspektiven familientherapeutischer Praxis. Junfermann, Paderborn

172. Satir V, Banmen J, Gerber J (2007) Das Satir-Modell: Familientherapie und ihre Erweiterung, 3. Aufl. Junfermann, Paderborn

173. Schaeffer D, Dewe B (2012) Zur Interventionslogik von Beratung in Differenz zu Information, Aufklärung und Therapie. In: Schmidt-Kaehler S (Hrsg) Lehrbuch Patientenberatung. Huber, Bern, S 71 f.

174. Schmidlechner R (2006) Nomen est omen? Abschlussarbeit des Universitätslehrgangs Führungskräfte im Gesundheitswesen, Die Anrede Schwester im Kontext der Professionalisierung. Eine empirische Untersuchung

175. Schönberger A (1995) Patient Arzt: der kranke Stand. Ueberreuter, Wien

176. Schuster RA, Hong SY, Arnold RM, White DB (2014) Investigating conflict in ICUs—Is the clinicians' perspective enough?*: Crit Care Med. 42:328–335. https://doi.org/10.1097/CCM.0b013e3182a27598

177. Shapiro J (2018) "Violence" in medicine: necessary and unnecessary, intentional and unintentional. Philos Ethics Humanit Med 13:7. https://doi.org/10.1186/s13010-018-0059-y

178. Shaw K, Timmons S (2010) Exploring how nursing uniforms influence self image and professional identity. Nursing Times

179. Shem S (1978) House of God. Urban & Fischer, München

180. Spence Laschinger HK, Leiter MP, Day A et al (2012) Building empowering work environments that foster civility and organizational Trust: testing an intervention. Nurs Res 61:316–325. https://doi.org/10.1097/NNR.0b013e318265a58d

181. Spielberg P (2020) Interprofessionelle Zusammenarbeit: Viel Eigeninitiative gefragt. Deutsches Aerzteblatt Online 117:A1398–A1198

182. Stein LI (1967) The Doctor-nurse game. Arch Gen Psychiatry 16:699–703. https://doi.org/10.1001/archpsyc.1967.01730240055009

183. Stein LI, Watts DT, Howell T (1990) The doctor-nurse game revisited. N Engl J Med 322:546–549. https://doi.org/10.1056/NEJM199002223220810

184. Stephenson C (1991) The concept of hope revisited for nursing. J Adv Nurs 16:1456–1461. https://doi.org/10.1111/j.1365-2648.1991.tb01593.x

185. Sutcliffe KM, Lewton E, Rosenthal MM (2004) Communication failures: an insidious contributor to medical mishaps. Acad Med 79:186–194. https://doi.org/10.1097/00001888-200402000-00019

186. Tewes R (1994) Bewusste und unbewusste Aspekte der Kontrolle bei Pflegekräften – Eine empirische geschlechtsspezifische Untersuchung

187. Tewes R (2003) Wenn die Kommunikation Pflegende belastet. Frauengesundheit: Perspektiven für Pflege- und Gesundheitswissenschaften

188. Tewes R (2015) Führungskompetenz ist lernbar: Praxiswissen für Führungskräfte in Gesundheitsfachberufen, 3, aktualisierte und, erw. Springer, Berlin

189. Tewes R (2021) Mutige Zukunft der Personalentwicklung im Gesundheitswesen. In: Tewes R, Matzke UC (Hrsg) Innovative Personalentwicklung im In- und Ausland: für Einrichtungen im Gesundheitswesen. Springer, Berlin, S 285–335

190. Tewes R, Horvárth I, Ulrich L (2022) Developing practice together with the university: changing health care to Be evidence-based and person-centred. Innovative staff development in healthcare

191. Tewes R (2015) Biofeedback und HeartMath-Training. Pflegezeitschrift 68:500–504

192. Tewes R (2018) Das Stress-war-gestern Programm. Pflege-zeitschrift 71:29–31

193. Thiry L, Lux V (2021) empCARE- Ein empathiebasiertes Entlastungstraining für Pflegende. Innovative Personal-entwicklung im In- und Ausland: für Einrichtungen im Gesundheitswesen

194. Thomas SP (2004) Transforming nurses' anger and pain: steps toward healing. Springer, New York

195. Tschudin V (1995) Counselling skills for nurses, 4. Aufl. Baillière Tindall, London

196. Tucker AL, Spear SJ (2006) Operational Failures and Interruptions in Hospital Nursing. Health Serv Res 41:643–662. https://doi.org/10.1111/j.1475-6773.2006.00502.x

197. Upenieks VV (2002) Assessing Differences in job satisfaction of nurses in magnet and nonmagnet hospitals: JONA. J Nurs Adm 32:564–576. https://doi.org/10.1097/00005110-200211000-00004

198. User des Forums Anrede Schwester

199. User des Pflegeboards Anrede Schwester: überholt? Anrede Schwester

200. Veit A (2004) Professionelles Handeln als Mittel zur Bewältigung des Theorie-Praxis-Problems in der Kranken-pflege, 1. Aufl. Huber, Bern

201. Verra S (2013) Menschen sind Augentiere. KOM Magazin für Kommunikation

202. Virani T (2012) Interprofessional collaborative teams. Canadian Health Services Research Foundation, Ottawa, Ont

203. Volmer T, Kielhorn A (1998) Compliance und Gesund-heitsökonomie. Compliance und Selbstmanagement

204. Volz N, Fringer R, Walters B, Kowalenko T (2017) Prevalence of horizontal violence among emergency attending physicians, residents, and physician assistants. W J Emergency Med 18:213–218. https://doi.org/10.5811/westjem.2016.10.31385

205. Walsh K, Kowanko I (2002) Nurses' and patients' perceptions of dignity. Int J Nurs Pract 8:143–151. https://doi.org/10.1046/j.1440-172X.2002.00355.x

206. Watson J (2004) Nursing theory and nursing practice

207. Weinert S, Grimm H (2008) Sprachentwicklung. Entwicklungspsychologie, Lehrbuch

208. Weintaub K (2019) Stress hormone cortisol linked to early toll on thinking ability. Sci Am 30:4–6

209. Wilkinson K (1996) The concept of hope in life-threatening illness. Prof Nurse (London, England) 11:659–661

210. Wilson BL, Phelps C (2013) Horizontal hostility: a threat to patient safety. JONA'S Healthc Law, Ethics, Regul 15:51–57. https://doi.org/10.1097/NHL.0b013e3182861503

211. Wloszczak-Szubzda A, Jarosz M (2015) Communication competences of medical and health professionals

212. Wolff G, Rosenkranz J, Kässler P, Koch-Tessarek Ch (2001) (Non-)Compliance — Einflussfaktor für das Langzeitüberleben. In: Frei U, Klempnauer J, Ringe B, Sperschneider H (Hrsg) Langzeitüberleben nach Nierentransplantation sichern. Springer, Heidelberg, S 157–165

213. Wysham NG, Mularski RA, Schmidt DM et al (2014) Long-term persistence of quality improvements for an intensive care unit communication initiative using the VALUE strategy. J Crit Care 29:450–454. https://doi.org/10.1016/j.jcrc.2013.12.006

214. Zapf D (2000) Mobbing – eine extreme Form sozialer Belastung in Organisationen. Psychologie der Arbeitssicherheit. Beiträge zur Förderung der Sicherheit und Gesundheit in Arbeitssystemen

215. Zapf D, Einarsen S (2010) Individual antecedents of bullying: the victims and the bullies. Bullying and Harassment in the Workplace

216. Zens J (1997) Sind Sie eine Kollegin? Über das Selbstverständnis, eine Schwester von jedermann zu sein. Sprache und Pflege

217. Zhou A, Liu Y, Su X, Xu H (2019) Gossip fiercer than a tiger: effect of workplace negative gossip on targeted employees' innovative behavior. Soc Behav Pers 47:1–11. https://doi.org/10.2224/sbp.5727

218. Zong B, Xu S, Zhang L, Qu J (2021) Dealing with negative workplace gossip: from the perspective of face. Front Psychol 12:629376. https://doi.org/10.3389/fpsyg.2021.629376

219. Zukunftsinstitut Megatrends. Die Megatrend-Map

220. Zukunftsinstitut Healthness. Healthness: Gesundheit wird ganzheitlich

221. (2017) Kommunikation zwischen Arzt und Patient. Das große Risiko des gegenseitigen Nichtverstehens. Kommunikation zwischen Arzt und Patient

222. (2022) Sentinel Event Alert 40: Behaviors that undermine a culture of safety | The Joint Commission. https://www.jointcommission.org/resources/sentinel-event/sentinel-event-alert-newsletters/sentinel-event-alert-issue-40-behaviors-that-undermine-a-culture-of-safety/#.Y0Zd-1LP3Fo. Zugegriffen: 12. Okt 2022

223. Workplace Violence Prevention Compendium of Resources | The Joint Commission (2022) https://www.jointcommission.org/resources/patient-safety-topics/workplace-violence-prevention/compendium-of-resources/. Zugegriffen: 12. Okt. 2022

224. Good Practice: WWSZ Technik. HHU, Düsseldorf

Printed in the United States
by Baker & Taylor Publisher Services